Piccola

NICOLA GRATTERI
ANTONIO NICASO

# FRATELLI
# DI SANGUE

*Storie, boss e affari della 'ndrangheta,
la mafia più potente del mondo*

OSCAR MONDADORI

© by Pellegrini Editore - Cosenza - Italy
Edizione su licenza di Luigi Pellegrini Editore

I edizione Strade blu gennaio 2009
I edizione Piccola Biblioteca Oscar aprile 2010

ISBN 978-88-04-59712-4

Questo volume è stato stampato
presso Mondadori Printing S.p.A.
Stabilimento NSM - Cles (TN)
Stampato in Italia. Printed in Italy

Anno  2012 - Ristampa        6 7

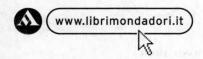

# Indice

# Fratelli di sangue

La disperazione peggiore di una società è il dubbio che vivere onestamente sia inutile.

CORRADO ALVARO

# Introduzione

Dopo undici edizioni, abbiamo deciso di aggiornare *Fratelli di sangue*, un libro che nel 2006 era nato dal desiderio di dimostrare come la 'ndrangheta, in tutti questi anni, avesse cambiato ambiti ma non abitudini, comportamenti ma non logiche, mantenendo le caratteristiche di sempre: adattabilità e tradizione, continuità e trasformazione, forza d'urto e mediazione, logiche tribali e cointeressenze politico-finanziarie.

Negli ultimi due anni, la 'ndrangheta è tornata sulle prime pagine dei giornali, come non succedeva da tempo. Dopo la strage di Duisburg, la mafia calabrese è stata inserita dal governo americano nella lista nera del narcotraffico. Molti media, soprattutto all'estero, hanno così scoperto la 'ndrangheta, che fino a quel momento era stata considerata come una versione stracciona, casereccia della mafia siciliana.

Cresciuta nel silenzio, oggi la 'ndrangheta è l'organizzazione che fa più paura, quella più potente, più pervasiva. Un dossier dei servizi segreti italiani ha recentemente messo in evidenza la possibilità di infiltrazione delle 'ndrine nei cantieri delle grandi opere, dall'alta velocità all'Expo 2015. In Italia, purtroppo, oggi non esiste niente in grado di raggiungere la stessa velocità di profitto. Con un volume di affari che si aggira sui 44 miliardi di euro – senza tenere conto dei proventi legati al riciclaggio di denaro sporco –

la 'ndrangheta è l'«azienda» più ricca, più aggressiva, più invasiva, quella che meglio è riuscita a infiltrarsi nell'economia e nelle istituzioni, ma anche l'unica veramente globalizzata, con filiali in quasi tutte le regioni d'Italia e ramificazioni in Europa, Africa, Asia, America e Oceania.

I produttori di droga la preferiscono perché, contrariamente alle altre mafie, è affidabile: non parla, né si pente. L'asfissia familistica la rende invulnerabile: il sangue non scolora e imprigiona con i suoi obblighi.

Oggi le 'ndrine vanno dove domanda e offerta si incontrano, adeguandosi ai tempi che cambiano. Nel giugno del 2008, un'indagine della Direzione distrettuale antimafia di Reggio Calabria ha scoperto altri inquietanti aspetti su questa organizzazione che ormai è diventata sistema, modello economico. Sebastiano Altomonte, un consigliere di maggioranza del comune di Bova Marina, conversando con la moglie, ignaro di essere intercettato dai carabinieri, ha detto di appartenere a un livello occulto della 'ndrangheta, quello degli «invisibili», inattaccabile e inarrivabile, contiguo a logge massoniche più o meno coperte, dove si prenderebbero le decisioni più importanti. Altomonte, arrestato assieme ad altri presunti mafiosi, alla figlia aveva detto anche di far parte della Gran loggia regolare d'Italia, un'obbedienza massonica fondata nel 1993 per rilanciare l'immagine della liberamuratoria, rifuggendo da commistioni con la politica e il malaffare. È un'altra traccia della logica di potere che ha sempre ispirato le 'ndrine sin dal tempo della picciotteria. Negli anni Sessanta la 'ndrangheta, per meglio tutelare i propri interessi, aveva dato vita alla Santa, una zona grigia di commistione fra la politica, le istituzioni e la massoneria deviata.

Gli unici a non accorgersi di questi preoccupanti intrecci di potere sono stati i politici, che ai velenosi miasmi con cui la 'ndrangheta ammorba e intossica il mondo finora hanno prestato scarsa attenzione. Il nodo dello sviluppo in Italia passa attraverso la lotta alla criminalità organizzata. La questione meridionale, come aveva intuito Leonardo Scia-scia, oggi è diventata questione nazionale.

Questo libro deve molto a molti, ma in modo particolare al comandante del Raggruppamento operativo dei carabi-nieri di Reggio Calabria, il tenente colonnello Valerio Giar-dina, e al suo vice, il capitano Gerardo Lardieri, al compian-to luogotenente della Compagnia dei carabinieri di Roccella Ionica Pasquale Galotto, al luogotenente del Gruppo ope-rativo antidroga della guardia di finanza di Catanzaro Er-cole d'Alessandro, al vicequestore aggiunto della Squadra mobile di Reggio Calabria Renato Panvino, al funzionario della Direzione investigativa antimafia di Reggio Calabria, il vicequestore aggiunto Leonardo Papaleo, e al luogotenen-te della Compagnia dei carabinieri di Taurianova, Gaetano Vaccari. Un ringraziamento va anche a Roberto Saviano, a Gianfranco Manfredi, a Raffaele Lopreiato e a Rosa Fram-martino per i suggerimenti e gli incoraggiamenti. Questa pubblicazione, comunque, non avrebbe mai visto la luce senza la lungimiranza di Walter Pellegrini, l'editore che ha pubblicato le prime undici edizioni di *Fratelli di sangue*.

Siamo soprattutto grati a Massimo Turchetta, direttore generale della Mondadori, che ha voluto ripubblicare que-sto libro, in una versione aggiornata e riveduta, nella colla-na Strade blu diretta da Edoardo Brugnatelli. Un ringrazia-mento anche a Francesco Anzelmo e a Sergio Pellaschiar, che hanno curato questa edizione. Un grazie infine a Mari-na, Antonella, Francesco, Marco, Massimo ed Emily.

# 'Ndrangheta:
## origini ed evoluzione del fenomeno

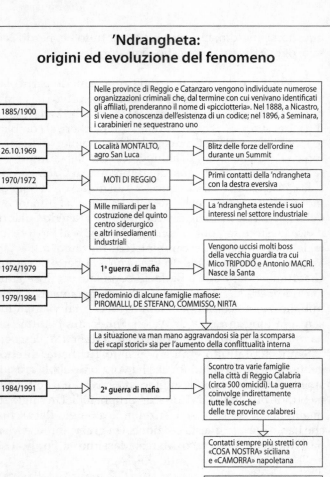

**1885/1900** → Nelle province di Reggio e Catanzaro vengono individuate numerose organizzazioni criminali che, dal termine con cui venivano identificati gli affiliati, prenderanno il nome di «picciotteria». Nel 1888, a Nicastro, si viene a conoscenza dell'esistenza di un codice; nel 1896, a Seminara, i carabinieri ne sequestrano uno

**26.10.1969** → Località MONTALTO, agro San Luca → Blitz delle forze dell'ordine durante un Summit

**1970/1972** → MOTI DI REGGIO → Primi contatti della 'ndrangheta con la destra eversiva

→ Mille miliardi per la costruzione del quinto centro siderurgico e altri insediamenti industriali → La 'ndrangheta estende i suoi interessi nel settore industriale

**1974/1979** → 1ª guerra di mafia → Vengono uccisi molti boss della vecchia guardia tra cui Mico TRIPODO e Antonio MACRÌ. Nasce la Santa

**1979/1984** → Predominio di alcune famiglie mafiose: PIROMALLI, DE STEFANO, COMMISSO, NIRTA

→ La situazione va man mano aggravandosi sia per la scomparsa dei «capi storici» sia per l'aumento della conflittualità interna

**1984/1991** → 2ª guerra di mafia → Scontro tra varie famiglie nella città di Reggio Calabria (circa 500 omicidi). La guerra coinvolge indirettamente tutte le cosche delle tre province calabresi

→ Contatti sempre più stretti con «COSA NOSTRA» siciliana e «CAMORRA» napoletana

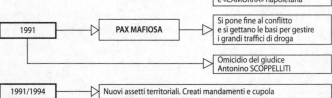

**1991** → PAX MAFIOSA → Si pone fine al conflitto e si gettano le basi per gestire i grandi traffici di droga

→ Omicidio del giudice Antonino SCOPPELLITI

**1991/1994** → Nuovi assetti territoriali. Creati mandamenti e cupola

# I

# Omertà senza tempo

È pari all'11,4 per cento del prodotto interno lordo il volume d'affari delle quattro principali organizzazioni criminali in Italia, un paese a legalità limitata, come lo ha definito l'Eurispes.[1] La 'ndrangheta, da tempo, è quella più ricca, ma anche quella più inserita nell'economia nazionale con gravi e pericolose infiltrazioni in Europa e nel resto del mondo.

Sovrana sulle province che scendono verso la Sicilia, la mafia delle 'ndrine ha ormai soppiantato Cosa Nostra, rafforzandosi nel silenzio, insinuandosi nelle logge massoniche deviate, nel sistema economico e corrompendo la politica come neanche la mafia siciliana era riuscita a fare.

Quella stessa organizzazione che, fino ad alcuni anni fa, era considerata un'accozzaglia di criminali, protetta da un'omertà senza tempo, minata da vecchie faide paesane e dedita prevalentemente al pizzo e ai sequestri di persona, è ormai diventata una holding del crimine che gestisce tonnellate di cocaina in tutto il mondo.

La droga ha cambiato tutto. Anche i pastori della Locride, quelli che tra Africo, San Luca, Platì e Natile di Careri fino al 1991 avevano messo a segno 147 rapimenti. Ora anche loro, assieme ai figli e ai nipoti, trafficano in droga, ma senza venire meno a quel modello di società tipico delle 'ndrine con regole e valori, come il silenzio e il vincolo di sangue.

Raccontano i pochi collaboratori di giustizia che la forza della 'ndrangheta sta nella sua natura, nella impenetrabilità della propria struttura e nella forza dei legami primari. Pentirsi significa tradire i propri congiunti e questo comporta problemi di ordine morale e psicologico assai più pesanti della paura di vendette e ritorsioni.[2]

Negli ultimi anni la 'ndrangheta in provincia di Reggio Calabria si è blindata ancora di più. Ha, infatti, modificato la propria struttura, dotandosi di un'organizzazione di tipo «verticistico-federativo», qualcosa di simile al vecchio Crimine, la «camera di controllo» degli anni Cinquanta e Sessanta, rispettosa degli equilibri geopolitici, ma soprattutto della natura parentale delle 'ndrine, basate sull'omertà, sulla coesione interna e sulla sostanziale autonomia nelle rispettive aree di influenza.

Per limitare i cruenti conflitti interni e per migliorare sensibilmente la gestione dell'elevato volume di affari in mano alla 'ndrangheta, sono stati creati tre mandamenti: quello ionico, da Monasterace a Condofuri; quello centrale, da San Lorenzo a Bagnara; e quello tirrenico, o della Piana, da Seminara al confine con la provincia di Vibo Valentia.[3]

Alcune intercettazioni ambientali hanno confermato, oltre ai nuovi assetti organizzativi, anche l'esistenza di una commissione, denominata «la Provincia»,[4] con funzioni di garanzia, soprattutto tese a evitare o a comporre situazioni di conflittualità tra i vari clan.

Nelle altre province calabresi, dove la struttura della 'ndrangheta è rimasta rigidamente a sviluppo orizzontale, è leggermente migliorato il dialogo tra le varie «famiglie», tanto da rendere le principali cosche operanti sul territorio meno conflittuali e più capaci di adeguare le proprie attività alle esigenze del mercato.

Spiega il generale Carlo Alfiero, ex direttore della Dia, la Direzione investigativa antimafia:[5] «La mafia calabrese ha notevolmente ampliato la sua presenza sul territorio nazionale, creando una rete operativa estremamente efficiente per compartimentazione e segretezza, riproducendo in Italia e all'estero le strutture ordinative presenti da decenni in Calabria».

La 'ndrangheta è entrata ormai nei più importanti circuiti dell'economia illegale, rivelando una grande capacità di adattamento ai processi di modernizzazione. Secondo la Dia, le 'ndrine usano molto Internet per riciclare i proventi delle loro lucrose attività.[6]

Nel marzo del 2000, una complessa indagine condotta con l'ausilio di satelliti e intercettazioni ambientali ha individuato un business di decine di milioni di euro relativo a falsificazioni di garanzie bancarie, clonazione di titoli e altre truffe a istituti di credito, tra i quali la Deutsche Bank di Milano.

Proprio questa capacità di adeguarsi alle nuove realtà ha fortemente contribuito ad aumentare il livello di affidabilità della 'ndrangheta, come confermano i solidi rapporti che essa è riuscita a creare con organizzazioni criminali italiane e straniere, ma anche con potenti gruppi terroristici.

Nel 1999, in acque internazionali, tra il Montenegro e le coste adriatiche, una nave controllata dalla mafia calabrese è stata sequestrata dalla polizia italiana in un'operazione coordinata dalle autorità britanniche grazie al lavoro sotto copertura dei servizi segreti del Regno Unito.[7] Trasportava armi ed esplosivo militare destinati all'Ira, l'organizzazione terroristica irlandese. L'affare era gestito dai clan di Africo.

Qualche anno dopo, un'intercettazione ambientale ha rilevato la presenza di gas nervino nella piana di Gioia Tauro, nell'ambito di un'indagine su un traffico internazionale di armi, nel quale erano coinvolti esponenti della cosca Pesce di Rosarno.[8]

Un'ulteriore conferma delle ramificazioni internazionali della 'ndrangheta è arrivata nel gennaio del 2004 dall'operazione «Decollo», grazie alla quale, oltre a smantellare un grosso giro di cocaina in Europa, Australia e Sudamerica, la Direzione distrettuale antimafia di Catanzaro ha scoperto i legami di alcune famiglie del Vibonese e del Reggino con gruppi paramilitari colombiani e con schegge dell'Eta, l'organizzazione terrorista basca.[9]

Spiega Pierluigi Vigna, l'ex procuratore nazionale antimafia: «Una volta, i gruppi terroristici si finanziavano proteggendo i cartelli della droga, ora invece partecipano direttamente alle operazioni di traffico e ai proventi che ne derivano». La stessa 'ndrangheta, negli ultimi anni, ha cominciato a investire anche nella produzione di cocaina, grazie ai rapporti che da tempo intrattiene con le Auc, le Autodefensas Unidas de Colombia, il braccio armato del narcotraffico colombiano. Proprio in Colombia è stato sequestrato un sommergibile che avrebbe dovuto trasportare in Italia tonnellate di cocaina, sfuggendo ai controlli radar.[10]

Ormai anche la Drug Enforcement Agency (Dea), l'Antidroga americana, parla di coca colombiana e di regia calabrese, tanto che nel giugno del 2008 la 'ndrangheta è stata inserita dal governo americano nella lista nera del narcotraffico, assieme ai ribelli del Pkk, il partito separatista curdo, e al potente cartello messicano di Sinaloa. Scrive il Servizio centrale operativo della polizia di Stato in un rapporto del 2007:[11] «È ormai consolidata la capacità dei sodalizi mafiosi calabresi di relazionarsi, a livello internazionale, con i cartelli dei narcos sudamericani, essendo in grado di esprimersi come una delle organizzazioni più incisive nel controllo dei flussi di importazione della cocaina dai luoghi di produzione, in special modo la Colombia, sino ai Paesi europei considerati come rotte di transito, in particolare Spagna e Olanda».

Oltre alla cocaina, i clan calabresi sono riusciti a mettere in piedi una holding che ha stretto affari con i più pericolosi narcotrafficanti dei paesi produttori di oppio. Rapporti che portano anche in Afghanistan e Pakistan, dove c'è il concreto pericolo di sinergie con trafficanti talebani legati a cellule di Al Qaeda per lo smercio dell'eroina.

Oggi, grazie soprattutto al traffico di droga, il fatturato della 'ndrangheta si attesterebbe attorno al 2,9 per cento del Pil nazionale,[12] più della ricchezza prodotta da un paese produttore di petrolio come il Qatar.

È l'ultima beffa: le 'ndrine diventano sempre più ricche mentre la Calabria resta inchiodata agli ultimi posti degli indicatori economici su reddito e occupazione, a dimostrazione che le mafie non producono ricchezza, ma condannano il territorio in cui operano al sottosviluppo e al degrado.

Con i proventi della droga, ma anche con il commercio delle armi e con lo smaltimento dei rifiuti urbani e tossici, nella logica della differenziazione degli affari, i boss calabresi hanno assunto una dimensione sempre più internazionale, riciclando e reinvestendo ingenti capitali in attività del tutto lecite non solo in Italia, ma anche all'estero.

Nel 1993 un clan della 'ndrangheta ha cercato di acquistare da un istituto di credito tedesco una somma di rubli per un valore di due miliardi di dollari, con la quale avrebbe dovuto rilevare una banca a San Pietroburgo, oltre a un'acciaieria e a una raffineria di petrolio.[13]

Nel marzo del 2004 un'inchiesta del Goa, il Gruppo operativo antidroga della guardia di finanza ha scoperto investimenti enormi della 'ndrangheta in Belgio, dove le cosche Ascone e Bellocco di Rosarno, alleate con quelle di San Luca, in un solo giorno erano riuscite a riciclare 28 milioni di euro, acquistando un intero quartiere di Bruxelles.[14]

Interessi da capogiro sono emersi anche in Germania, dove la 'ndrangheta controllerebbe una rete di trecento pizzerie, mentre a Roma alcune 'ndrine avevano messo le mani su un convento di suore ed erano in trattativa per acquistare una scuola privata.

Commenta Ercole D'Alessandro, luogotenente del Goa: «Seppure impastata di arcana crudeltà, la 'ndrangheta ha saputo inserirsi nei grandi flussi finanziari, sottomettendo la cultura della violenza ai dettami della razionalità economica».

È cresciuto anche il rapporto con la politica. La 'ndrangheta non delega più come un tempo, ma partecipa, corrompe, si infiltra e decide. Non ha preferenze, è bipartisan, ma non sta mai all'opposizione. Gli affari vengono prima di ogni connotazione politica. E per gli affari e la politica in Calabria si spara e si muore, come dimostrano gli omicidi di Vico Ligato e Francesco Fortugno.

Proprio in funzione degli affari, la 'ndrangheta ha cominciato anche a erogare servizi. Secondo il procuratore aggiunto della Direzione distrettuale antimafia di Catanzaro, Mario Spagnuolo, oggi le 'ndrine non solo controllano l'immigrazione clandestina indirizzandone i flussi verso il lavoro nero e la prostituzione, ma garantiscono anche prestiti alle imprese in difficoltà.

Crescente è anche l'interesse della 'ndrangheta nel settore dei rifiuti solidi urbani e speciali, ma anche nel giro degli ipermercati e degli ortomercati, come ha rivelato il processo di Milano a esponenti del clan di Africo.

Quella che paradossalmente viene fuori dalle indagini della magistratura calabrese è una 'ndrangheta sempre più forte che ha potuto contare su un vantaggio creato da decenni di disattenzione. Osserva Mario Guarino: «Se oggi è diventata l'organizzazione più pericolosa e forte lo si deve in gran parte ... alla colpevole acquiescenza di un certo potere politico e di apparati delle istituzioni, che con essa colludono».[15] Lo avevano intuito anche gli investigatori che all'inizio del Novecento davano la caccia al bandito Giuseppe Musolino: la 'ndrangheta gode nei centri in cui opera di uno strisciante consenso diffuso che la rende ancora più forte. Il mafioso persegue il potere, ma gran parte del suo potere glielo danno gli altri.

# II

# Le origini

Sulle origini della 'ndrangheta si sono fatte molte ipotesi. Il nome farebbe pensare a un etimo greco. Il linguista Paolo Martino sostiene che «'ndrangheta» deriverebbe dal greco classico, quello parlato nella zona di Bova, in provincia di Reggio Calabria, e precisamente da *andragathos* che significa uomo coraggioso, valente.[1] In molte zone del Reggino il verbo *'ndranghitiari*, dal greco *andragatizomai*,[2] significa «atteggiarsi a uomo valente», rispettato e temuto. Già nel periodo della Magna Grecia, individui sprezzanti del rischio e capaci di gesti coraggiosi avevano dato vita alle cosiddette *hetairiai*, associazioni in parte segrete di cittadini che, non di rado, conseguivano i loro scopi con l'intimidazione e anche con l'eliminazione fisica degli avversari. Molti secoli dopo, in un documento cartografico risalente al 1595 si è scoperto che una vasta area del Regno di Napoli, comprendente parti delle attuali regioni della Campania e della Basilicata, era nota come *Andragathia region*, «terra abitata da uomini degni di rispetto in virtù delle proprie capacità». Nel 1909, in un vocabolario del dialetto reggino curato da Giovanni Malara, si fa riferimento alla parola *'ndranghiti* con il significato di «uomo balordo».[3]

In Calabria, la 'ndrangheta, o meglio un'organizzazione criminale con tratti simili a quelli che oggi caratterizzano la mafia calabrese, ha cominciato a farsi notare all'interno del processo che accompagna la formazione dello stato unitario.

Nel luglio del 1861 le carceri di Reggio Calabria sono infestate di camorristi e, qualche anno dopo, in una lettera inviata al prefetto della città dello Stretto viene sollecitato l'arresto di «ladri e camorristi» che a Gallico «tirano e fanno tirare fucilate di notte e uccidono cittadini che si lagnano contro di loro per furti, e soprusi che commettono».[4] Otto anni dopo, sempre a Reggio Calabria vengono annullate le elezioni amministrative a causa di elementi mafiosi che avevano alterato l'esito della competizione. È una setta di «accoltellatori» guidata da Francesco De Stefano, Giovanni Pagano, messinese, Paolo Panzera e dal barone Fabrizio Sacco. Tra le persone colpite, anche il medico Annunziato Paviglianiti e il sindaco di Cardeto, Domenico Romeo.[5] Non è però un fenomeno limitato solo alla città di Reggio Calabria.

Nel 1877 a Nicastro, l'odierna Lamezia Terme, viene condannato un certo Giovanni Guzzi, già recidivo e «ammonito come ozioso, vagabondo e camorrista», mentre nel 1884 la Corte di appello delle Calabrie si pronuncia in merito al ricorso presentato da tre imputati, ammoniti «per maffia e camorra».[6]

Uno dei documenti più interessanti di quel periodo riguarda una lettera anonima scritta al prefetto di Reggio Calabria, Francesco Paternostro, nella quale viene denunciata la presenza di un'associazione di criminali, dotata di riti di iniziazione, che per stabilire ruoli e gerarchie ricorre continuamente alla tirata, una versione rusticana e plebea del duello, praticata anche nel Napoletano:[7]

Iatrinoli [l'odierna Taurianova]: paese di circa tremila abitanti sempre concorde e pacifico da cinque anni a questa parte per una associazione di malfattori camorristi chiamati in paese picciotti si trova al maggior segno demoralizzato. Spesso nelle pubbliche vie e piazze succede la tirata per mantenere il pubblico in aggitazione e mostrare nel tempo stesso che la setta nulla teme. La tirata viene fatta ad arte picciottesca e succede senza ferimento quindi impunita ... Il calabrese che per sua indole tende al brigantaggio vedendono che restano impuniti il furto, la violazione del tetto coniugale, l'attentato al pudore ... sperezza qualunque diritto, in guisa che la setta oramai si estesa su lunga scala. Ogni giorno si battezzano picciotti facendo lauti pranzi; e se così continuerà: per l'anima del sindaco che san Filippo Neri, patrono del paese, si farà battezzare picciotto.

Proprio dal nome dei suoi affiliati, l'organizzazione criminale che, in quegli anni, comincia ad affermarsi nelle province di Reggio Calabria e Catanzaro, viene definita «picciotteria». Essa ha caratteristiche simili alla camorra che, a sua volta, aveva tratto spunto dalla *garduña*, un'associazione costituita a Toledo intorno al 1417 e aperta a elementi di ogni condizione sociale. Il termine *garduña* in spagnolo significa faina, l'astuto animaletto che dà la caccia ai topi e insidia continuamente i pollai.

È possibile pensare che i prodromi della picciotteria siano da ricercare proprio nel periodo della dominazione spagnola in Italia e in particolare in quelle attività delittuose regolarmente impunite di bravacci legati ai potentati fondiari. Il fatto che non ci sia traccia di documenti prima del 1861 non significa che la picciotteria, come la mafia, sia nata dal nulla, improvvisamente. È verosimile ritenere che essa sia il risultato di un lungo periodo di incubazione che ha dato vita ad altri fenomeni di delinquenza organizzata, come gli *spanzati* nel Vibonese, di cui parla Giuseppe Maria Galanti nel suo *Giornale di viaggio in Calabria*, pubblicato dopo il terremoto del 1792. Gli *spanzati*, tra l'altro, svolgevano anche un ruolo di mediazione nel commercio della seta.

Non sembra, invece, esserci alcuna analogia con il brigantaggio – anarchico, tanto da perdere spesso il senso delle proporzioni – che ha caratteristiche diverse rispetto alla 'ndrangheta e alle altre organizzazioni criminali, tendenti sempre all'ordine e al compromesso. Inoltre, il brigantaggio è un fenomeno legato alla crisi del latifondo. La picciotteria, invece, attecchisce nelle zone meno povere della Calabria, quelle ricche di oliveti e vigneti.

Sulla *garduña*, progenitrice, o quanto meno ispiratrice della camorra, si sofferma diffusamente un comandante del corpo degli Chasseurs des Alpes dell'esercito francese, il quale, dopo l'occupazione napoleonica, viene in possesso di uno degli statuti dell'organizzazione sorta a Toledo.

«Qualunque uomo onorato che sia fornito di buon occhio, di buone orecchie e di buone gambe, e che non abbia lingua» recita l'articolo 1 del codice di questa setta, stilato nel 1420[8] «può divenire membro della *garduña*. Potranno divenirlo pure le persone rispettabili di una certa età che desidereranno servire la confraternita, sia tenendola al corrente delle buone operazioni da farsi, sia dando i mezzi per eseguirle.»

Miguel de Cervantes, nella novella *Rinconete e Cotardillo*, racconta di queste confraternite, *cofradias*, che allignavano a Toledo e a Siviglia, riferendoci di uomini d'onore che facevano la cresta sulle vincite nelle case da gioco, ma anche di organizzazioni come quella che faceva capo a Monipodio, dotata di codici e gerarchie – fratelli maggiori (*cofrades mayors*) e novizi (*noviciado*) –, specializzata in vendette private o delitti su commissione.

Proprio questa distinzione, tra fratelli maggiori e minori, compare il 16 luglio 1890 in una sentenza pronunciata dal tribunale di Reggio Calabria.[9] Si riferisce alla picciotteria che già allora era strutturata su due livelli sovrapposti per garantire al meglio il carattere di segretezza e di sicurezza. Del primo facevano parte i camorristi, del secondo i picciotti.

Il boss o capo bastone era Paolo Scudieri, un sarto di 37 anni. L'organizzazione annoverava numerosi giovani d'onore, «picciotti lisci» e «di sgarro», che dovevano «mostrarsi proclivi a delinquere contro le persone e le proprietà». Sorprende l'attualità di certi rituali. Per la promozione a camorrista, il picciotto di sgarro doveva versare al «puntaiolo», il cassiere-segretario dell'associazione, la «dritta», una quota non meglio specificata, che, come spiegano i giudici nella sentenza, «veniva utilizzata per preparare un pranzo al quale erano invitati tutti gli affiliati».

Facevano parte della cosiddetta «Minore», oltre al puntaiolo, anche il «picciotto di giornata», che aveva il compito di tenere i contatti con i singoli componenti, distribuire gli incarichi e svolgere funzioni di raccordo.

C'erano anche giuramenti e rituali, come quello che regolava l'ammissione dei picciotti lisci, prima dote della società Minore: «La mia votazione franca e libera, e affermativa per riconoscere in carne, pelle e ossa per mio fedele compagno N.N. e spartire con lui fino all'ultimo centesimo, difenderlo giusto e ingiusto qui e in qualsiasi punto ci possiamo incontrare. Quindi il bacio».

Le norme erano rigidissime e comportavano «fedeltà, rispetto e aiuto scambievole ... denuncia e sfregio delle spie oltre che ... addestramento al maneggio delle armi per la propria difesa e l'altrui offesa».

Aderire alla picciotteria non significava soltanto accettare queste regole, ma anche la loro spietata applicazione.

Da allora, sul piano ordinativo nulla è cambiato.

È del 1897 una sentenza del tribunale di Palmi nella quale si fa riferimento, per la prima volta, all'esistenza di un codice, scoperto a Seminara[10] e «contenente tutte le regole, sia in rapporto all'ammissione di coloro che intendevano prendervi parte e indicati di poi col nomignolo di picciotto, sia in rapporto agli obblighi inerenti, ed ai lucri e prebende, che si ripartivano a secondo i gradi».

Tutto si basava, come spiega ai giudici il maresciallo Michele Rocchetti, comandante della stazione dei carabinieri di Seminara, sulla forza di coesione del gruppo, caratterizzato da stretti vincoli di parentela o di affinità, che assicurava assoluta omertà ma anche solidarietà nel momento del bisogno e, in particolare, assistenza legale agli affiliati arrestati, sussidi economici ai loro familiari e, non di rado, corresponsione di stipendi fissi e prebende. Nel codice di Seminara viene più volte sottolineata l'importanza dell'omertà, cioè la capacità di essere uomo, che costituisce uno dei tratti fondamentali della picciotteria, assieme alla segretezza, alla violenza omicida, al collegamento con i pubblici poteri e al taglieggiamento di proprietari e commercianti.

Spiega Enzo Ciconte: «L'omertà è ... lo scudo protettivo, la vendetta lo strumento per non incrinare tale difesa, la famiglia il mezzo per vincolare gli associati e impedire eventuali tradimenti».[11]

In quegli anni la violenza era una delle poche industrie fiorenti in Calabria. E la picciotteria rappresentava, per i ceti subalterni, «una forza di recupero sociale».[12] Il picciotto era temuto e perciò rispettato; e questa era la sua rivalsa nei confronti di una società che prima lo aveva respinto, tenendolo ai margini. Lo scopo era quello di conquistare ricchezza e potere, due valori cumulabili. Ma anche, come scrive in un rapporto del 1901 Vincenzo Mangione, delegato di pubblica sicurezza a Santo Stefano d'Aspromonte,[13] «farsi rispettare, nel senso che la picciotteria dà a questa frase, vale a dire, imporsi ominamente con l'intimidazione, con la prepotenza, con la minaccia...».

Dopo il cosiddetto «decennio felice», gli anni Ottanta dell'Ottocento, nel quale si era notato un ampliamento delle terre messe a coltura e un attivismo dei massari – la nuova borghesia –, un'altra crisi agraria rimetteva in ginocchio la provincia di Reggio Calabria, mandando sul lastrico molte famiglie contadine.

Proprio in quegli anni si registra un'impennata di abigeati, furti di legname, di frutta e di erbe varie che, come spiega Gaetano Cingari, «da soli mostravano la direzione di base del ceto rurale e il conflitto con la borghesia terriera che si era appropriata delle terre demaniali».

Gli unici a trarre qualche beneficio sono i massari che avevano cominciato a utilizzare i primi picciotti come scherani,

una sorta di cuneo tra il vecchio ceto dominante e i contadini, al centro di una rete di prestazioni che andava sempre allargandosi, attraverso la capitalizzazione dell'onore,
del rispetto e della violenza.

Allora, il bisogno di protezione e l'insicurezza erano prevalenti in Calabria, una regione segnata dall'assenza dello
stato, ma soprattutto del senso dello Stato.

Osserva Mariano Meligrana:[14] «Non che il gabellotto
(massaro) di per sé coincida esaustivamente col mafioso
('ndranghetista), ma i suoi comportamenti per uscire dalla
"pendolarità" socioeconomica, connessa alla mancanza di
un orizzonte produttivo autonomo, anticipano esemplar-
mente la prassi e la tipicità comportamentale mafiosa».

In un secondo momento, il gabellotto rompe il suo ruolo di mediazione, la precarietà sociale della sua posizione,
e va a sostituirsi al proprietario. Un transito, questo, che è
comune a molte società contadine. Spiega Henner Hess:
«A una parte dei ceti medi, a cui si impedisce di diventare
borghesia moderna, si apre la prospettiva della cooptazione nella classe dominante con l'accesso alla proprietà terriera, passando attraverso la trafila della "gabella" che con-
sente di sfruttare e taglieggiare i contadini».

È questo il terreno nel quale germina la picciotteria, ma
più che essa, i picciotti con la loro retorica e la loro ideolo-
gia, basate sull'onore, cioè sulla capacità di farsi giustizia
da soli e sull'esaltazione del coraggio individuale.

Sono proprio l'onore e la vendetta a ispirare la leggenda che fa da sfondo alla 'ndrangheta come «cosa», come
mentalità, come comportamento individuale e poi come
organizzazione criminale diretta a praticare la violenza
organizzata.

Si narra che nel Seicento su una nave partita dalla Spagna si erano imbarcati tre nobili cavalieri costretti a fuggi-
re per aver lavato nel sangue l'onore di una sorella sedotta. Sbarcati sull'isola di Favignana, *Osso*, votandosi a san
Giorgio, decide di restare in Sicilia dove fonda la mafia,

*Mastrosso*, devoto alla Madonna, si trasferisce in Campania dove organizza la camorra, mentre *Carcagnosso*, con l'aiuto di san Michele Arcangelo, punta sulla Calabria dove dà vita alla 'ndrangheta.

Qualcosa di simile è successo anche in Cina con le Triadi che, secondo la leggenda, sarebbero state fondate da tre monaci buddhisti che avevano deciso di ribellarsi alla dinastia dei Manchù. Storie simili popolano l'immaginario dei *wakashu* o dei *chimpira*, i picciotti della yakuza, la mafia giapponese, sviluppando una sorta di identità collettiva che permette agli affiliati di riconoscersi tra di loro.

Nel caso della mafia calabrese, il modello organizzativo ricalca quello delle società patriarcali. La famiglia, detta anche 'ndrina, è la cellula primaria della 'ndrangheta. Essa è formata dalla famiglia naturale del capo bastone, alla quale se ne aggregano altre, non di rado con un qualche grado di parentela anche se, generalmente o perlomeno inizialmente, in modo subalterno, formando il «locale», su cui fino a qualche decennio fa non esistevano autorità sovraordinate.

In Calabria, infatti, non c'è mai stato un capo di tutti i capi, sul modello di Cosa Nostra, forse proprio a causa della particolare conformazione orografica di questa regione, frammentata e divisa, con difficoltà di collegamento tra un versante e l'altro. Tutto ciò ha influito sullo stesso sviluppo della 'ndrangheta, che è nata come struttura orizzontale, fortemente radicata nel territorio, e priva di un comando unico.[15] Ciò non toglie che vi siano stati (e vi siano tuttora) rapporti fra le diverse 'ndrine, che, sebbene autonome, non hanno disdegnato alleanze, scambi o contatti quasi sempre riconducibili alla gestione di interessi comuni o a logiche di potere.

Fino agli inizi degli anni Novanta l'unico elemento di raccordo è stata l'annuale riunione che si tiene a Polsi in occasione della tradizionale festa in onore della Madonna della Montagna nel mese di settembre, della quale si trova traccia in documenti giudiziari già agli inizi del Novecento. Così il capitano dei carabinieri Giuseppe Petella scrive nel 1903 riferendosi a una cosca operante nella zona di Africo, San Luca, Casalnuovo, Santo Stefano e Bruzzano:[16] «Risulta evidente il vincolo esistente tra le varie società delittuose, la corrispondenza tra i membri di esse, ed il luogo ove si riunivano che era il santuario della Madonna di Polsi posto quasi nel centro dei circondari di Gerace, Reggio e Palmi».

In quella stessa indagine gli inquirenti si sono avvalsi anche di un collaboratore, il quale racconta di aver fatto parte dell'Onorata Società, un altro nome con cui veniva identificata la picciotteria, confermando, tra l'altro, l'esistenza di una costituzione formale (e, quindi, di una struttura con organi gerarchicamente ordinati), nonché di un ordinamento giuridico con un sistema compiuto di istituti, norme e sanzioni. «Colui che tradiva la società era stipato arbitrariamente (sospeso) da colui che scopriva il tradimento o la mancanza; l'affare si portava quindi al Corpo di Società, cioè a tutta la società riunita che si costituiva in tribunale. Il capo fungeva da presidente, i sottocapi da giudici, si esaminavano i testimoni, i camorristi facevano d'avvocati l'uno nell'interesse dell'imputato, l'altro della Società. Le pene variavano secondo la gravità della mancanza, e consistevano nella espulsione dalla società, nella ingiuria mercé getto di sterco in faccia, nello sfregio, e nell'omicidio.»

Delle sanzioni previste dal codice della 'ndrangheta riferisce anche un detective della Pinkerton Agency, un'agenzia privata americana che per conto della polizia di Hillsville, in Virginia, nel 1906 si era infiltrato per diciotto mesi in un'organizzazione criminale guidata da un certo Rocco Racco e attiva in quella cittadina. Oltre a sottoporsi al rito di iniziazione che poi racconterà con dovizia di particolari, l'investigatore privato segnalò l'esistenza di punizioni, come le zaccagnate, ferite non profonde con la punta di un coltello, e l'uso di escrementi «per umiliare coloro che non si erano attenuti alle regole sociali».[17]

Spiega il giudice Saverio Mannino: «La 'ndrangheta tende sempre ad accreditarsi nei confronti dei suoi affiliati, così come presso i suoi interlocutori esterni, per l'ineluttabilità delle sue decisioni e l'inevitabilità delle punizioni irrogate».[18]

I picciotti sono al centro di questo complesso sistema di valori e di regole. Essi devono necessariamente farsi riconoscere, come succede con gli affiliati alla yakuza, che ricorrono ai tatuaggi, o alle bande dei motociclisti, che sulle spalle portano lo stemma della loro organizzazione. Oggi molti criminali sfruttano l'immaginario condiviso, ricorrendo al cinema per costruirsi un aspetto riconoscibile.[19]

Sul finire dell'Ottocento, come rilevano i giudici del tribunale di Nicastro,[20] i picciotti «portavano i capelli alla mafiosa; vestivano per lo più, onde riconoscersi, pantaloni larghi, e cappelli a cencio».

Corrado Alvaro, descrivendo questo particolare comportamento dei giovani picciotti, ne dipinge un quadro vivacissimo:[21] «Si facevano crescere le basette e il ciuffo, assumevano un'andatura dondolante e un po' leziosa, portavano a volte un fazzoletto di colore rigirato con molta cura attorno al collo, con annodature raffinate».

Poi, col tempo, queste abitudini sono venute meno, così come i tatuaggi, galloni acquisiti durante la gavetta carceraria. Proprio nel carcere, già nell'Ottocento, si comincia a fare uso del *baccagghju*, un linguaggio convenzionale attraverso il quale gli 'ndranghetisti riescono a comunicare. Nel 1897 una prostituta spiega ai giudici il significato di alcune espressioni tipiche del baccagghju: «*Marca carnente* è la donna innamorata; *maggiorigna*, la matrona che gestiva il postribolo; *strambola*, la sera; *putrimento*, il letto; *mutria*, la faccia; *sopracielo*, il cappello; *sferra*, il pugnale; *cerino*, il coltello; *lampanti*, gli occhi; *fangose* o *caminanti*, le scarpe; *putea*, la Questura; *zaffi*, le guardie; *carrubbi*, i carabinieri; *sciacche*, le prostitute; *muffa*, il fazzoletto; *'ntiuno*, l'orologio; *capezza*, la catena; *grasciume*, l'oro; *sfogliose*, le banconote, e *maniglie*, le vecchie lire».[22] Molti anni dopo a questo glossario si sono aggiunte altre espressione, come l'*utri ca fossa*, cioè l'omicidio, la pena comminata ai traditori.

C'era anche un linguaggio non verbale, quello dello sfregio, un linguaggio sul corpo, non del corpo, spesso più eloquente di mille parole, che si afferma come deterrente. Un tempo si usava il rasoio e spesso le controversie venivano risolte attraverso la tirata, il duello con *sferra* e *specchio*. La *sferra* serviva per colpire e lo *specchio* per abbagliare l'avversario, rendendone meno efficace la difesa.

Il linguaggio convenzionale degli 'ndranghetisti era detto *a mascolo*, da maschi, visto che la picciotteria escludeva l'affiliazione delle donne, ritenute vulnerabili a causa della maternità.

Fra le donne, però, non sono mancate le eccezioni. In una sentenza del tribunale di Palmi del 1892, si parla del loro coinvolgimento in un'organizzazione criminale della piana di Gioia Tauro:[23] «Vestite da uomini, prendevano parte alla perpetrazione de' furti e altri reati». A svelare questo importante aspetto ai magistrati di Palmi è Rosaria Testa, accusata di associazione a delinquere assieme a Concetta Muzzopapa, entrambe di Rosarno, riconoscendo che «le donne ammesse (nella picciotteria) dovevano pur esse prestare giuramento, facendosi uscire il sangue dal dito mignolo della mano destra». Non è un caso isolato. A Santo Stefano d'Aspromonte la polizia scopre che la picciotteria del luogo aveva anche una sezione femminile e il coinvolgimento delle donne trova riscontro anche in altre sentenze a Nicastro, dove il capo bastone del luogo, durante le operazioni notturne che si concludono con furti, portava con sé la propria cognata «armata e vestita da uomo».[24] Dal 1880 al 1906 in Calabria vengono condannate per associazione a delinquere dieci donne; altre otto, invece, vengono prosciolte in appello o in istruttoria. È, comunque, un fenomeno ristretto, tra Reggio Calabria, il circondario di Palmi e Nicastro.

Oggi le donne, oltre ad assolvere compiti di assistenza, facendo da tramite tra i congiunti detenuti e il resto del gruppo familiare, svolgono un ruolo meno remissivo.

Da un'analisi della Dia, nel 2000 emerge la presenza di 255 donne tra i 7358 presunti affiliati alla 'ndrangheta nella provincia di Reggio Calabria.[25] E sempre nel 2000 due sorelle, nipoti di un vecchio padrino della 'ndrangheta, vengono coinvolte in un'inchiesta e sospettate di essere a capo di una cosca operante a Taurianova. Altre operazioni metteranno a nudo il nuovo ruolo della donna, non più vivandiera o prostituta.[26]

Centrale è, invece, il ruolo femminile nelle faide, nella logica del sangue che chiama altro sangue. Sono le madri ad alimentare la vendetta perché a esse è tradizionalmente affidata la custodia della memoria e quindi dei morti. E sono sempre le donne a trasmettere la cultura e le regole mafiose ai propri figli. Il vincolo di sangue, infatti, non serve solo a proteggere la famiglia mafiosa, ma anche a rafforzare il potere della cosca.

'Ndranghetisti, per esempio, non si diventa soltanto per merito, ma anche per nascita. Nell'aprile del 2003, nel corso di un'intercettazione, la figlia di un boss della 'ndrangheta ha ammesso che la propria affiliazione era avvenuta per «discendenza».

Scrivono i magistrati della Direzione distrettuale antimafia di Reggio Calabria:[27] «L'età minima per essere iniziati e diventare picciotti è di 14 anni, anche se prima di questa età i figli degli affiliati vengono sottoposti a una forma di iniziazione a seguito della quale si dice che sono "mezzo dentro e mezzo fuori"».

Certi padri, davanti a familiari e consoci, come ricorda Antonio Zagari, ponevano vicino alle mani del bimbo, appena nato, un coltello e una grande chiave, di quelle di una volta. Si tratta di un'usanza con cui gli appartenenti alla 'ndrangheta volevano verificare, a seconda di quale oggetto il neonato avesse toccato, se sarebbe diventato malandrino oppure sbirro. Il coltello simboleggiava la 'ndrangheta, la chiave invece la «sbirraglia». In realtà, la chiave veniva collocata un po' distante in modo da non poter essere toccata.[28] Un'altra usanza era quella del capo locale che, quando andava a fare visita al nascituro, con una forbicetta gli tagliava le unghie. Era la prima forma di affiliazione: il bambino da quel momento diventava una piuma. Gesti carichi di simbolismi.

La 'ndrangheta è pedante nell'osservazione delle regole, ma è anche persuasiva, coercitiva. Come molte altre organizzazioni criminali, essa è una società segreta di cui tutti devono conoscere l'esistenza. Scrive Mangione:[29] «La minaccia, compresa talora nella forma più vaga, esercita tale influenza sull'animo del minacciato che egli si piega subito a tollerare, fare od omettere qualche cosa, perocché sia nota a tutti l'esistenza della società segreta detta Picciotteria, la quale è capace di compiere vendette, come danneggiamenti, incendi, sfregi, omicidi, senza che perciò i colpevoli temano i rigori della legge, sapendo essi sfuggire alle indagini di polizia giudiziaria con alibi ingegnosi, con prove testimoniali false e con minacce di morte fatte ai testimoni del delitto; ove per avventura se ne trovino».

Già allora – siamo nel 1901 – questo solerte investigatore, che dava la caccia al bandito Giuseppe Musolino, comprende che la forza della picciotteria trae origine dall'interazione, se non ancora identificazione, con ambienti di potere.[30] «Sono personalità politiche, avvocati, medici, possidenti, dei quali sorprende la buona fede; e queste persone rispettabili, cui vengono presentati i fatti, larvati dal sentimento di giustizia, finiscono per spiegare la loro attività nell'interesse dei raccomandati, i quali, se colpevoli di un reato, con queste raccomandazioni, con le false testimonianze che apprestano, con le abili difese che si procurano, spesso riescono a sfuggire a una condanna; e quando proprio non possono sottrarvisi, per la irrefragabilità delle prove della loro reità, il discarico li dipinge onesti, delinquenti d'occasione sventurati, per attenuare il rigore della legge; e anche dopo una mite condanna, con le medesime influenze, ottengono non di rado la grazia.» A Cosenza, nel 1903, durante un processo a un centinaio di affiliati alla malavita locale, per difendere don Stanu De Luca, il capo riconosciuto di quell'organizzazione, davanti ai giudici sfilarono gli uomini più in vista della città: deputati, massoni, avvocati.[31]

Le relazioni esterne, da sempre, costituiscono la forza, la capacità di adattamento, radicamento e diffusione degli 'ndranghetisti: una sorta di capitale sociale, senza il quale la 'ndrangheta non sarebbe stata e non sarebbe 'ndrangheta.

Negli anni, la mafia calabrese ha saputo combinare rigidità formale ed elasticità operativa, un mix di continuità e innovazione. Nell'ultima relazione della Commissione parlamentare antimafia la 'ndrangheta è stata paragonata ad Al Qaeda, un'organizzazione criminale medioevale e moderna con una «struttura tentacolare priva di direzione strategica ma caratterizzata da una sorta di intelligenza organica», capace, come le grandi catene di fast food, di garantire in tutto il mondo, anche in posti tra loro molti diversi, «l'identico, riconoscibile, affidabile marchio e lo stesso prodotto criminale».[32]

## III

# La 'ndrangheta e l'operazione Marzano

«Calati juncu, ca passa la china» dicono i siciliani per indicare l'estrema adattabilità della mafia a qualsiasi situazione avversa. Gli uomini delle 'ndrine, o meglio i loro referenti politici e imprenditoriali, con l'avvento del fascismo si sono riciclati, mimetizzandosi tra i fez della gerarchia fascista. Dietro le sbarre sono finite soltanto le mezze tacche.[1]

Scrive Nisio Palmieri:[2] «Il fascismo ... combatté la 'ndrangheta commettendo l'errore di considerarla una delinquenza concentrata nelle zone rurali ... Vi è di più, il regime, impegnato a combattere il movimento operaio e contadino, non contrastò in maniera efficace i capi bastone».

Alla caduta del fascismo, la 'ndrangheta non ha fatto fatica a rialzare la testa. Come è successo in Sicilia, anche nella provincia di Reggio Calabria alcuni mafiosi, che avevano aderito ai partiti della sinistra o che erano stati inviati al confino durante il Ventennio, sono stati nominati sindaci dal governo militare alleato.

In quegli anni la 'ndrangheta è considerata da molti studiosi come una forma di riscatto sociale, una sorta di alternativa al predominio dei potenti. La pensa in questo modo anche Corrado Alvaro, il quale, in un articolo pubblicato sul «Corriere della Sera» il 17 settembre 1955, così scrive: «Per la confusione di idee che regnava fra noi a proposito di giustizia e d'ingiustizia, di torto e di diritto, di legale e di illegale, per gli abusi veri e presunti di chi in qualche modo deteneva il potere, non si trovava sconveniente accompagnarsi con un 'ndranghitista». Nel 1948, in un articolo pubblicato dalla rivista «Crimen», settimanale di criminologia e polizia scientifica, per la prima volta era comparso il termine 'ndrangheta: «... in alcune zone della Calabria imperano bande organizzate di delinquenti che sottopongono le pacifiche popolazioni dei villaggi e dei piccoli centri ad ogni sorta di angherie e soprusi ... Nella Locride ... vengono designate col nome di 'ndrangheta e gli affiliati sono detti 'ndranghetisti».[3]

La guerra era finita da poco. A Reggio Calabria c'erano ancora le baracche che ospitavano i terremotati di cinquant'anni prima. E a quell'emergenza se ne aggiunse un'altra causata dalle alluvioni del 1952. In Calabria, la situazione generale era ai limiti del collasso: la povertà era diffusa, soprattutto tra le masse contadine, l'analfabetismo aveva indici da Terzo Mondo e il reddito procapite era il più basso d'Italia. Chi poteva emigrava.

Circa un mese dopo la pubblicazione dell'articolo di Alvaro, la 'ndrangheta, per la prima volta, diventa oggetto di discussione anche in Parlamento. Accade al termine dell'operazione Marzano, dal nome del questore inviato in Calabria dal ministro dell'Interno, Fernando Tambroni, per fronteggiare l'emergenza criminalità.

C'erano stati diversi omicidi e, in una circostanza, forse per errore, si era sparato anche contro l'auto su cui viaggiava la moglie del sottosegretario all'Agricoltura e Foreste Antonio Capua.

«Il delitto è andato assumendo via via le precise caratteristiche di un fatto organizzato» scrive nel maggio del 1955 il prefetto di Reggio Calabria, Pietro Rizzo.[4] Nel suo rapporto inviato al governo segnalava anche che gli autori dei vari crimini molto spesso riuscivano «ad assicurarsi l'impunità attraverso un ben ordinato sistema di protezione finanche nei settori politici».

Carmelo Marzano era arrivato a Reggio preceduto da ottime referenze, avendo partecipato in Sicilia alle ricerche del bandito Salvatore Giuliano. A Reggio Calabria era stato chiamato a sostituire il questore Pietro Sciabica.

Marzano adottò subito la linea dura, utilizzando metodi non molto diversi da quelli che avevano caratterizzato l'azione del prefetto Cesare Mori in Sicilia. Il nuovo questore legò il suo nome a un'imponente operazione di polizia, caratterizzata da un rigido controllo del territorio e dall'applicazione di misure amministrative, come il ripristino dell'ammonizione, il confino e la revisione delle licenze per il porto d'armi.

I risultati non si fecero attendere: in pochi mesi vennero arrestate 261 persone e sequestrate numerose armi da fuoco. Marzano non risparmiò neanche gli uffici della Questura, rimuovendo dai loro incarichi molti impiegati giudicati inaffidabili e respingendo il continuo flusso di raccomandazioni e sollecitazioni da parte di esponenti politici.

Commenta lo storico siciliano Salvatore Lupo:[5] «Le cosche "influenzavano" un buon numero di voti, e secondo quest'interpretazione il nuovo potere politico, la Democrazia cristiana, intendeva evitare che queste organizzazioni li convogliassero verso le opposizioni di destra o di sinistra. Alcuni capimafia vennero assegnati al "confino", ma di certo l'operazione non provocò alcuna flessione nel processo di ininterrotto rafforzamento della 'ndrangheta fino a oggi».

«Il tentativo era di politicizzare la 'ndrangheta, non di eliminarla» commentava «l'Unità» in un articolo pubblicato il 10 settembre 1955.

Terminata l'operazione, oggetto di vibranti discussioni in Parlamento, anche Marzano venne richiamato dal governo. Cinquantasette giorni di dura pressione – pensarono a Roma – possono bastare.

A nulla valsero le proteste del prefetto di Reggio Calabria, Rizzo, per il quale «la mafia che sarebbe presunzione ritenere di aver eliminato nel volgere di tre mesi ... ha purtroppo salde radici che soltanto un'azione paziente e graduale nel tempo potranno distruggere».[6]

Poi sulle 'ndrine calabresi calò il silenzio.

Dopo l'articolo di Alvaro, nel 1977 la parola 'ndrangheta compare per la prima volta in un libro di Saverio Strati dal titolo *Il selvaggio di Santa Venere*. Quattro anni prima era stato pubblicato *La famiglia di Montalbano*, un romanzo di Saverio Montaldo, scritto nel 1945, nel quale lo scrittore di San Nicola di Ardore era riuscito a cogliere il nesso tra la mafia calabrese e la politica, consapevole del fatto che la criminalità organizzata di stampo mafioso non era un fenomeno di semplice devianza legato alla marginalità sociale, bensì una realtà politica, economica e sociale attenta al consenso e alle dinamiche istituzionali.[7]

Già nel 1914, in un processo alla 'ndrina di Cittanova, un testimone aveva raccontato di essere stato invitato a far parte della «famiglia di Montalbano», un altro termine utilizzato per identificare la mafia calabrese, onde «acquistare rispetto e diventare omo».[8]

Sull'Onorata Società, invece, si era soffermato lungamente don Luca Asprea, nel suo libro *Il previtocciolo*, pubblicato nel 1971.[9]

In questo romanzo lo scrittore racconta le vicende di un prete che da giovane aveva appreso da un malandrino il rituale della 'ndrangheta. Il racconto di don Asprea, figlio di un boss di Oppido Mamertina, è documentato, meticoloso; i cerimoniali descritti ricalcano quelli illustrati dai primi collaboratori di giustizia, sin dalla fine dell'Ottocento. «Dopo la seconda lezione per l'iniziazione alla Società Onorata» racconta il protagonista del romanzo «diventai più saggio, più calmo; capii che non dovevo essere insultatore, riottoso, prepotente. Questo me l'insegnava la definizione dell'Omertà. Però, se fossi stato insultato da altri, non avrei dovuto mostrarmi debole. "Scagliati" m'insegnava Peppe Ballotta [il malandrino che lo istruisce sulla 'ndrangheta], "e rompigli i pruna! E se qualcuno ti sfida" insisteva "non ti rifaldare; ma parola detta e colpo menato!" mi raccomandava enfatico, con occhi da mastino minacciato. "Ha la meglio" affermava "chi colpisce per primo." "Meglio in galera" concludeva convintissimo e sicuro "che ai cipressi! Perché dalla galera c'è speranza di uscire; ma dalla fossa no."»

# IV

# Serafino Castagna

Serafino Castagna è il primo 'ndranghetista che, dopo la condanna, affida le sue confessioni a un libro, scritto in carcere in collaborazione con Antonio Perria e pubblicato nel 1967 con il titolo *Tu devi uccidere*. Racconta Perria nella prefazione:[1]

> Il 17 aprile 1955 una vampata d'orrore salì dalla Calabria. A Presinaci, piccola frazione del comune di Rombiolo, nel cuore di una delle più desolate contrade della provincia di Catanzaro, un contadino di 34 anni aveva assassinato cinque persone e tentato di ucciderne altre; compiuta la strage, batteva ora le aspre balze del Poro a caccia di altre vittime. Serafino Castagna – era questo il suo nome – non aveva aperto il fuoco all'improvviso sulla folla, in una di quelle subitanee esplosioni d'odio per il resto dell'umanità, tipiche dei raptus da pazzia omicida. Al contrario. I suoi delitti erano stati compiuti freddamente, secondo un piano preordinato, quasi che obbedissero a una loro imperscrutabile logica.

Castagna aveva deciso di ribellarsi alla 'ndrangheta che gli aveva imposto di diventare un assassino, vendicandosi delle logiche aberranti della mafia calabrese, dei suoi rituali foschi e ingenui, della sua morale così al di fuori del costume della moderna civiltà industriale e delle sue leggi spietate. Lo aveva fatto uccidendo cinque persone, tra cui il padre che lo aveva avviato lungo una strada senza ritorno, in un mondo oscuro pieno di regole che nessuno aveva mai compreso fino in fondo.

Scrive ancora Perria:

> Munitosi delle armi (una rivoltella a tamburo, un'automatica e un moschetto militare, cui aveva innestato la baionetta come per conferire solennità alla cerimonia), aveva affidato un memoriale fitto di nomi alla moglie, con l'incarico di consegnarlo ai carabinieri, quindi era uscito di casa. Fatti pochi passi era penetrato nell'abitazione di uno dei suoi nemici e, non avendolo trovato, aveva crivellato la madre di costui a colpi di pistola. Scavalcato il cadavere, si era fatto sulla porta [*sic*]; in quel momento, a non molta distanza, era passata una ragazza, rea ai suoi occhi di avergli recato offesa, avendo respinto l'offerta di matrimonio di un suo fratello scapestrato. Un colpo di moschetto, stavolta andato a vuoto, quindi il furioso inseguimento per le strade. Due vecchi coniugi gli si parano davanti, nel tentativo di impedirgli il nuovo crimine, ed egli li toglie di mezzo a revolverate.
>
> La ragazza, evidentemente protetta dalla sorte, non è però più degna d'attenzione. Serafino Castagna decide perciò di «graziarla» e, a passi lenti, attraversa il paese, fermandosi quasi di porta in porta. Dà un'occhiata all'interno della sezione comunista, si intrattiene brevemente nella sede della Democrazia cristiana, saluta, come le convenienze impongono, i conoscenti che incontra, informa il prossimo che deve trarre sanguinosa vendetta dei suoi avversari e, infine, raggiunge la campagna.
>
> Prima tappa, un pagliaio nel quale ha nascosto delle munizioni, una quarantina di caricatori per moschetto. Seconda tappa, una casetta rustica nella quale vive il padre, che egli accusa di insensibilità verso i figli e di tradimenti nei confronti della rispettiva moglie e madre. Ha deciso di ucciderlo, ma il suo gesto non sarà frutto di un moto insensato. Gli punta contro l'arma, sollevandola pian piano, e gli annuncia la fine prossima con parole di funebre maestosità.
>
> Prima di allontanarsi bacia la mano al cadavere, ligio alle formalità rispettose che sempre debbono presiedere ai rap-

porti fra padre e figlio e fra giovane e anziano. Ma non è che all'inizio, almeno nelle sue intenzioni. Batte ancora le campagne. Uccide un altro suo nemico e tenta di ammazzarne altri, scegliendo per ciascuno perfino la pallottola adatta. Circostanze estranee alla sua volontà gli impediranno, nel corso di sessanta lunghi giorni, di portare a compimento il suo piano. È zoppo, Serafino Castagna, per via di un difetto di nascita, e sofferente di cuore. La decisione di punire chi, a suo modo di vedere, ha mancato nei suoi confronti prevale però sulla debolezza della carne. Per sessanta giorni, saltellando su e giù per forre inospitali, acquattandosi fra i lupini, rubando un po' di calore alle bestie, riuscirà a sfuggire a una delle più colossali cacce all'uomo mai scatenate in Italia.

Nelle sue memorie, Castagna non racconta solo la sua vita, ma descrive anche le regole, e soprattutto i rituali della 'ndrangheta, così come li aveva appresi in anni di ferrea militanza. Nessuno era mai andato così a fondo su questo delicato argomento:[2]

> Dopo tante prove, venne anche per me il giorno di entrare a far parte della società ... Ricordo come se fosse oggi, il Lunedì Santo del 1941, precisamente il 7 aprile, quando il capo 'ndrina mi nominò picciotto. L'appuntamento era in una casetta di campagna di proprietà di mio padre, in contrada Sant'Agostino di Presinaci, a sera avanzata. Pietro Paoli che era il capo 'ndrina, mi presentò ai picciotti e affiliati di grado superiore, quindi con un cenno dette inizio alla cerimonia.
>
> Innanzi tutto si sedettero in cerchio, a capo scoperto, eccetto il mastro di giornata che, come seppi più tardi, aveva il diritto di tenere il berretto al suo posto; quindi Paoli salutò: «Buon vespero, saggi compagni».
>
> «Buon vespero» risposero gli altri. Come mi era stato insegnato, non risposi al saluto e mi tenni discosto dal cerchio.
>
> «Siete comodi cari compagni?» chiese Paoli.
>
> «Comodissimi. Per che cosa?»
>
> «Sulle regole sociali.»

«Comodissimi.»

«A nome della società organizzata e fedelizzata battezzo questo locale per come lo battezzarono i nostri antenati Osso, Mastrosso e Carcagnosso, che lo battezzarono con ferri e catene. Io lo battezzo con la mia fede e lunga favella. Se fino a questo momento lo riconoscevo per un locale oscuro, da questo momento lo riconosco per un locale sacro, santo e inviolabile, in cui si può formare e sformare questo onorato corpo di società.»

«Grazie» dissero in coro i presenti.

«Ora siete comodi per il sequestro delle armature?»

«Comodissimi.»

Paoli passò in giro per il cerchio portando via a ciascuno la sua arma, dicendo ogni volta: «A nome del nostro severissimo san Michele Arcangelo, che portava in una mano la bilancia e nell'altra la spada, vi sequestro l'armatura».

Le armi furono passate, di volta in volta, al mastro di giornata: vi erano coltelli, che chiamavano specchi, o sferri, e armi da fuoco, dette armi infami.

Il mastro, come appresi più tardi, era un «custode d'umiltà» e aveva compiti di sorveglianza, non soltanto durante le riunioni, ma nella vita di ogni giorno. Aveva l'obbligo di riferire ogni cosa al capo 'ndrina e di consigliarlo, se fosse stato necessario.

La cerimonia del sequestro non serviva per mettere al riparo la società dalle sorprese, ma per accertarsi che ciascuno, come prescrivevano le regole sociali, portasse appresso qualche arma. Se ne fosse stato sprovvisto, sarebbe stato sottoposto a una punizione. Lo stesso sarebbe toccato a chi avesse nascosto un coltello, mancando di consegnarlo.

Castagna aggiunge altri dettagli al suo racconto:

Terminata questa prima fase, vidi che Paoli si rimetteva a sedere. La riunione vera e propria cominciò allora. «Armiamoci» prese a dire il capo 'ndrina «cari compagni di coltello e di sventura, come si armarono i nostri antenati che fecero guerra in Calabria, in Sicilia e in tutto lo Stato Napoletano. La società è una palla che va girando per il mondo, fredda come il ghiaccio, calda come il fuoco e sottile come la seta. Chi la tradirà, giuriamo bei compagni che la pagherà con cinque o sei colpi di pugnale nel petto, per come prescrivono le regole sociali. Calice d'argento, ostia consacrata, con parole d'umiltà formo la società.»

«Grazie» fecero gli altri. A questo punto il cerchio si strinse e ciascuno incrociò le braccia con il vicino, a eccezione del mastro di giornata che girò attorno per sorvegliare che tutti stessero al loro posto. Lo stesso mastro ordinò a uno dei ragazzi di lasciare il circolo, gli affidò una pistola e gli ordinò di starsene discosto a far da sentinella; ogni dieci minuti, con un semplice cenno, provvide per il cambio, in modo che toccò un po' a tutti a stare di guardia. Poi si passò al voto.

C'era una formula che diceva il capo: «Fino a questo momento conosco il qui presente Serafino Castagna per un semplice contrasto. D'ora in avanti lo conoscerò come giovane d'onore, appartenente a questa onorata società». Se i presenti erano d'accordo dovevano ripetere la formula, oppure dire: «Confirmo». Tutto questo per tre volte di seguito.

Alla terza votazione positiva, Pietro Paoli si rivolse in giro dicendo: «Da questo momento conosco Serafino Castagna come picciotto appartenente a questo onorato corpo di società. Giuro con lui di spartire il giusto e l'ingiusto, qui e fuori di qui e in qualsiasi posto. Se macchie d'onore porterà, tragedia e infamità cadranno su di lui e non sulla società». La frase venne ancora una volta ripetuta da tutti, all'infuori che dal mastro e dalla sentinella.

Mi sentii caldo di commozione quando capii di essere diventato membro della società e vidi che il mastro si avvicinava a me con occhi sorridenti. Mi indicò di farmi accanto al capo 'ndrina, che strinse forte la mia mano e mi baciò sulle guance; poi fu la volta degli altri; per ultimi vennero il mastro e l'uomo che era stato di guardia. Dissi con voce chiara la formula del giuramento, che non mi è più uscita dalla memoria: «Giuro davanti alla società organizzata e fedelizzata, rappresentata dal nostro onorato e saggio capo e da tutti i soci, di adempiere tutti i doveri che mi spettano e che mi vengono imposti, se necessario anche con il mio sangue».

«Grazie» risposero gli altri in coro. Fui ammesso allora nel cerchio. A sinistra del capo 'ndrina sedeva il contabile, quindi venivano i camorristi di primo grado, chiamati di sgarro, secondo la loro anzianità di appartenenza alla mafia; poi vi erano i camorristi di sangue e, infine, i picciotti. A me toccò sedermi all'ultimo posto fra i picciotti, a chiusura del cerchio, venendomi così a trovare immediatamente alla destra del capo. Paoli mi spiegò subito le regole che avrei dovuto osservare: «Devi essere ubbidiente ai tuoi compagni perché la società insegna tante cose che tu non puoi ancora sapere. Dovrai imparare a conoscere la politica e la falsa politica: la politica la dovrai adoperare con i nostri saggi compagni e la falsa politica con i contrasti. Dovrai ricordarti che la tua dote è la zaccagna, il coltello che dovrai portare sempre con te, per difenderti e difendere i tuoi compagni». Pietro Paoli parlò a lungo, ripetendo diverse volte che la cosa principale è l'obbedienza. Se il capo 'ndrina dà un comando, spiegò, bisogna eseguirlo. Anche se si tratta di un furto, di una rapina, o di una morte. Mi spiegò anche che, al momento dell'affiliazione, avrei dovuto provvedere a pagare la dritta, una tariffa che allora era di pochi soldi e che più tardi venne portata a mille e cinquecento lire, che andava versata nella cassa comune, la baciletta, affidata al contabile. Paoli disse che i danari servivano come fondo per venire incontro a chi di noi avesse avuto una disgrazia, o fosse finito in prigione: sarebbero andati alle famiglie che non avrebbero dovuto così patire la fame; in caso di particolare bisogno si sarebbe fatta una raccolta fra gli affiliati.

Quando il capo 'ndrina ebbe finito, venne deciso lo scioglimento della riunione, fatto con una formula non molto diversa da quella d'apertura.

«Buon vespero, saggi compagni» disse Paoli «siete comodi per sformare la società?»

«Comodissimi.»

«Umiltà bella» disse allora Pietro Paoli «che mi hai coperto di rose e di fiori e mi hai portato all'isola di Favignana e mi hai insegnato i primi passi. Italia, Germania e Sicilia fecero una grande guerra nella quale si sparse tanto sangue per l'onore della società; e questo sangue, raccolto in una palla, va girando per tutto il mondo, fredda come il ghiaccio, calda come il fuoco e sottile come la seta. Giuriamo, bei compagni, che se qualcuno la tradirà, pagherà con cinque o sei colpi di coltello sul petto, per come prescrivono le regole sociali. Calice d'argento, ostia consacrata, con parole di omertà è sformata la società.»

«Grazie» dicemmo tutti.

Ma la cerimonia non era ancora finita. Gli uomini, che fino a quel momento erano rimasti in cerchio tenuti stretti per mano, si mossero. Il capo 'ndrina riprese a dire: «Col permesso della società organizzata e fedelizzata, a nome dei nostri tre vecchi antenati, cavalieri spagnoli *Osso*, *Mastrosso* e *Carcagnosso*, che per noi camminarono ventinove anni per fondare le regole sociali; a nome del nostro severissimo san Michele Arcangelo che porta in mano spada e bilancia, vi ridò le armature, specchi, sferri e armi infami».

Il collaboratore di giustizia, nel suo memoriale, descrive anche i riti di affiliazione previsti per l'accesso ai gradi superiori della gerarchia mafiosa. Ogni cerimonia prevede formule e gesti specifici, i cui dettagli variano da locale a locale.

Castagna, come molti altri, non comprende appieno il significato di quei rituali, di quel linguaggio allusivo che sembrava mutuato dalla liturgia ecclesiastica. Capisce però che la sua vita è cambiata e che lui non è più quello di prima ma, per usare le sue parole, è «uno che aveva una legge da rispettare e da far rispettare a chiunque». Aveva fatto un salto nel nulla. Ma se ne renderà conto troppo tardi.

# V

# La 'ndrangheta si urbanizza e si spacca

Peppe Zappia aveva il viso duro, asciutto, segnato dal sole, dall'aria aspra della montagna e dalle sofferenze. Durante il giorno era solito affacciarsi sull'uscio per poi attuffarsi in casa, come le lucertole che cercano, tra il capelvenere e le paretarie, un raggio di sole. Il 26 ottobre 1969, a Serro Juncari, una radura ai piedi di Montalto, sull'Aspromonte, aveva presieduto l'ultimo summit della 'ndrangheta agropastorale, quella che al suono della tarantella si baloccava con Osso, Mastrosso e Carcagnosso.

Era la mafia di 'Ntoni Macrì, Mico Tripodo e Mommo Piromalli, uomini tutti d'un pezzo, sanguinari e generosi. Della vecchia guardia era uno dei pochi sopravvissuti. Aveva subito tre attentati. «Sono impiombato come un pacco postale» raccontò un giorno a un giornalista che era andato a trovarlo, arrampicandosi lungo quella strada stretta che si aggrappa a mostruose creature di roccia e che sale, si piega, scende, si contorce sfiorando ciuffi di piante selvatiche, querce secolari, fino ad arrivare a San Martino di Taurianova, in provincia di Reggio Calabria.

La sua unica colpa era quella di appartenere a una generazione che lui stesso con accento gnomico definiva ormai lontana. Una generazione che si aspettava la ventura di morire nel proprio letto. Aveva superato la settantina, ma aveva ancora paura. Balzava dalla sedia a ogni rumore, interrompendo quella sua parlata gestuale tipica dell'antica consorteria. «È finita l'ominità» diceva. «I giovani d'oggi sono assatanati di denaro e non hanno rispetto per nessuno.»

La storia di Zappia è strettamente intrecciata a quella della 'ndrangheta, una storia di miti e di morte.

Era stato proprio lui a Montalto a esprimere l'esigenza di evitare divisioni. «Non c'è 'ndrangheta di Mico Tripodo, non c'è 'ndrangheta di 'Ntoni Macrì, non c'è 'ndrangheta di Peppe Nirta» aveva detto. «Si deve essere tutti uniti, chi vuole stare sta, chi non vuole se ne può anche andare.» Quel giorno i delegati dei vari «locali» della provincia si erano riuniti per affrontare molte questioni, alcune anche spinose.

Racconta Francesco Scopelliti, uno dei partecipanti al summit: «Per primo prese la parola Antonio Romeo di San Luca, il quale propose di trasferire l'annuale convegno di Polsi in un'altra località dell'Aspromonte. La proposta, su mio suggerimento, venne però respinta. Mentre discutevamo, improvvisamente scoppiò una lite in seno a un gruppo formato da sei persone di Condofuri, tre dei quali accusavano le altre di essersi allontanate dalla malavita ufficiale del luogo per formare una società a parte. La lite, che stava per degenerare, venne prontamente sedata. Fu a quel punto che Zappia invitò tutti a rimanere uniti».

Durante il summit si discusse, tra le altre cose, della necessità di inasprire la lotta contro la polizia, ricorrendo anche ad attentati dinamitardi.

Racconta Angelo Oliviero, anch'egli presente a Montalto: «Su questo argomento si sviluppò un acceso dibattito. Dopo Zappia presero la parola altri sette 'ndranghetisti per criticare le insopportabili iniziative del questore Emilio Santillo che continuava a mandare gente al confino. Ci fu anche chi propose di far saltare gli automezzi della Questura e chi di sparare contro la macchina del questore, ma su questo punto non tutti si trovarono d'accordo».

Si disse anche che quel summit doveva servire per convincere la 'ndrangheta ad allearsi con la destra eversiva, rappresentata dal «principe nero» Junio Valerio Borghese, ex gerarca della X Mas.[1] Le cose, però, non andarono come previsto. Qualcuno informò la Questura che, in poche ore, mise a punto un piano per sorprendere gli oltre 150 mafiosi convenuti da tutte le parti della provincia a Montalto, dove quell'anno si era deciso di spostare la tradizionale riunione di Polsi.

«Siamo venuti per raccogliere funghi» si giustificarono alcuni. Altri dissero di essere saliti su quell'altura tra faggi, pini e abeti per cacciare barbagianni e colombacci.

L'operazione venne coordinata dal commissario della polizia di Stato Alberto Sabatino.[2] «Per antica tradizione» scrisse Sabatino nel rapporto inviato all'autorità giudiziaria «la malavita della provincia di Reggio Calabria – denominata anche Onorata Società o 'ndrangheta – teneva ogni anno in Aspromonte un'assemblea di esponenti e delegati di tutti i nuclei, in occasione dei festeggiamenti che si svolgono a settembre in onore della Madonna nel Santuario di Polsi, sito nel territorio di San Luca. Mai la polizia aveva avuto modo di cogliere utili informazioni preventive sulle modalità e circostanze specifiche, di tempo e di luogo, con cui si organizzavano e si svolgevano tali assemblee, e sapeva tuttavia che a esse partecipavano gli esponenti più qualificati di tutti i comuni: i "capi bastone" o "capi società", i "contabili", i "mastri di sgarro".»

L'operazione Montalto portò davanti ai giudici del tribunale di Locri, competente per il territorio, 72 presunti affiliati alla 'ndrangheta chiamati a rispondere dei reati di associazione per delinquere, scorreria, detenzione abusiva e porto illegale di armi. Tra gli imputati, sebbene in contumacia, figuravano anche Antonio Macrì, Domenico Tripodo e Giuseppe Nirta, figure prominenti della 'ndrangheta del tempo. I gradi di giudizio che seguirono, le numerose condanne e le assoluzioni conseguenti, anche se consentirono di evidenziare l'esistenza storico-giudiziaria della malavita organizzata nella provincia reggina, non indebolirono o disgregarono affatto l'operatività criminale dell'organizzazione che già allora era in grado di reggere brillantemente all'urto di qualsiasi indagine giudiziaria.

Le divergenze che avevano animato il summit di Montalto esplosero violentemente agli inizi degli anni Settanta.

Molti sentivano la necessità di liberarsi di quella mentalità poco elastica che impediva ai boss della 'ndrangheta di avere contatti e rapporti con il potere politico ed economico.

«Ciò che avvenne in quegli anni fu un cambiamento epocale» racconta oggi un vecchio boss della 'ndrangheta che vive all'estero, dopo aver pagato i propri debiti con la giustizia. «È stato Mommo Piromalli assieme ai De Stefano a definire le nuove strategie della 'ndrangheta, cioè l'idea di andare oltre lo sgarro e di entrare in quella zona grigia, rappresentata dalla massoneria deviata, nella quale era possibile incontrare magistrati, poliziotti, politici, avvocati e commercialisti. L'idea è stata subito abbracciata dal locale di Toronto, dove vivevano alcuni autorevoli rappresentanti della 'ndrangheta, legati a Cosa Nostra americana.»

Venne così creata un'enclave all'interno della 'ndrangheta, detta «Santa», composta da trentatré persone, alle quali era permesso di affiliarsi a logge coperte della massoneria.[3]

Conferma Gaetano Costa, ex capo del locale di Messina: «Fu Mommo Piromalli che, attesi gli enormi interessi che all'epoca sussistevano nella zona di Reggio Calabria (il troncone ferroviario, la centrale siderurgica e il porto di Gioia Tauro ecc.), al fine di imporre una sua maggiore autorità, in vista del cambiamento all'interno della consorteria, onde poter gestire direttamente la realizzazione delle opere pubbliche, si fregiò del grado di "santista" che, a suo dire, gli era stato conferito direttamente a Toronto, dove esisteva una importantissima 'ndrina».

Dopo Piromalli anche Paolo De Stefano e Santo Araniti si fregiarono del titolo di «santista». Contrari a questa iniziativa si dimostrarono sin da subito 'Ntoni Macrì e Mico

Tripodo, entrambi «sgarristi», esponenti dell'ala tradizionalista della 'ndrangheta.

Macrì in particolare, come racconta Costa, «non volle riconoscere l'esistenza della "società di santa", che definiva bastarda, anche perché le regole di questa nuova società consentivano di tradire ed effettuare delazioni pur di tutelare un santista».

Cambiarono anche i riti di iniziazione. Ai mitici cavalieri spagnoli Osso, Mastrosso e Carcagnosso, i vecchi antenati, subentrarono eroiche figure massoniche, come Garibaldi, Mazzini e La Marmora.

«Giuro su questa arma e di fronte a questi nuovi fratelli di Santa» recita il nuovo testo del codice della 'ndrangheta sequestrato dalla Squadra mobile di Reggio Calabria e dalla Criminalpol calabrese nel giugno del 1987 nel covo del superlatitante Giuseppe Chilà[4] «di rinnegare la società di sgarro e qualsiasi organizzazione e far parte alla Santa Corona e dividere sorte e vita con questi nuovi fratelli.»

Ricorda Filippo Barreca, capo zona del quartiere di Pellaro: «Nel 1979 entrai a far parte dell'élite della 'ndrangheta, acquisendo un grado segreto che mi dava la possibilità di avere rapporti con esponenti della massoneria». Barreca racconta che a formare la loggia coperta, della quale egli entrò a far parte, assieme alle più importanti personalità cittadine, fu Franco Freda, esponente di punta della destra eversiva, al quale egli stesso aveva dato ospitalità nel 1979 prima della fuga del terrorista in Nicaragua. Cosa Nostra era rappresentata da Stefano Bontate e grazie a questa nuova dimensione la Santa riuscì a imporsi, assicurandosi il controllo di tutte le principali attività economiche, compresi gli appalti, e a infiltrarsi nelle istituzioni attraverso l'elezione di persone di gradimento e facilmente avvicinabili.

Anche per Giacomo Lauro, un altro collaboratore di giustizia, la nascita della Santa fu una svolta storica:[5] «Fino agli anni Settanta, la 'ndrangheta era subalterna alla massoneria» spiega il pentito. «Per la loro mediazione con le istituzioni percepivano un compenso, una percentuale sugli utili. Noi delegavamo a loro i nostri interessi. Il nostro ingresso nella massoneria deviata cambiò i rapporti di forza e noi cominciammo a dialogare direttamente con le istituzioni, senza più bisogno di mediatori. Fu così che Paolo De Stefano, Santo Araniti, Antonio, Giuseppe e Francesco Nirta, Antonio Mammoliti, Natale Iamonte e altri entrarono a far parte della massoneria.»

Che la politica fosse l'unico mezzo per acquisire potere e ricchezza la 'ndrangheta lo aveva capito da tempo. Nel 1959, in una relazione inviata al ministero dell'Interno, il prefetto di Reggio Calabria segnalava i legami delle 'ndrine «anche con esponenti politici, ai quali mantengono sottomano la clientela elettorale». Alle stesse conclusioni erano arrivati i giudici Guido Marino, Antonio Staltari e Luigi Cotrona nella sentenza per i fatti di Montalto: «Che il mondo della mafia tenda costantemente a fare binomio col mondo della politica è una verità ormai notoria».[6]

Gli investigatori, per definire la contiguità della mafia calabrese con politici corrotti e massoni legati a logge deviate, molti anni dopo, faranno ricorso a espressioni come «entità integrate», e «forme di pluralismo associativo». Parallelamente al rapporto con i politici, la 'ndrangheta, in quegli anni, cominciò a intensificare i rapporti con Cosa Nostra e in particolare con le famiglie mafiose di Palermo e Catania.

Il nuovo corso della 'ndrangheta coincise con la politica degli interventi straordinari nel Mezzogiorno. Il 1970 fu l'anno dell'istituzione delle Regioni. Tre politici calabresi – il segretario del Psi Giacomo Mancini, il ministro Dc Riccardo Misasi e il sottosegretario doroteo Ernesto Pucci – seduti attorno a un tavolo del ristorante La Vigna dei Cardinali a Roma decisero di assegnare il capoluogo a Catanzaro, l'università a Cosenza e le industrie a Reggio Calabria.

I reggini, che non erano rappresentati a Roma, contestarono quella spartizione. Il 14 luglio, tra tentativi eversivi di golpe e infiltrazioni della 'ndrangheta, Reggio Calabria si fermò. Vennero bloccati i binari dei treni, i commercianti chiusero i negozi e migliaia di giovanissimi provenienti dai quartieri periferici si riversarono in centro. Il 22 luglio una bomba sul treno Palermo-Torino esplose nei pressi della stazione di Gioia Tauro, causando la morte di sei persone e il ferimento di altre sessantasei. Fu una vera e propria guerriglia, alla quale il governo pensò di porre riparo, prima inviando in riva allo Stretto l'esercito e i carri armati, e poi disegnando un nuovo piano d'intervento produttivo (il noto «pacchetto») elaborato dall'allora presidente del Consiglio Emilio Colombo.

Scrivono i magistrati della Procura distrettuale antimafia di Reggio Calabria:

> L'irruzione nel ramo delle infrastrutture consentì il salto nella categoria imprenditoriale di numerosi esponenti dei casati vincenti e rappresentò l'occasione di conquistare un giro di affari senza precedenti e la possibilità di accesso nelle stanze della burocrazia politico-amministrativa. I risultati furono ovunque clamorosi, tali da spiegare ampiamente l'incoraggiamento che ne avrebbe ricavato la spregiudicatezza del "mafioso-manager" negli anni successivi: il servizio dei trasporti, la fornitura dei materiali, l'espropriazione dei terreni necessari, l'assunzione della manodopera, l'assegnazione stessa degli appalti vennero monopolizzati o condizionati dai capi zona e dai loro protettori con spiccato senso speculativo ... andarono egualmente a segno le manovre finalizzate all'accaparramento e appropriazione dei possedimenti agricoli ovunque abbandonati dalla massa contadina, richiamata al Nord dai miraggi del miracolo economico e dai vecchi proprietari terrieri non più predisposti a sottostare alle stagionali soverchierie dei malavitosi. Peraltro, proprio con la sapiente utilizzazione delle somme destinate dal Governo all'integrazione dei prezzi di alcuni prodotti (l'olio di oliva tra tutti) e con l'impiego di fondi rastrellati

in campi di attività collaterali, la 'ndrangheta nel Reggino si assicurò il controllo generalizzato del fondo agrario a condizioni di assoluto vantaggio, in modo da garantirsi l'esclusiva di una fondamentale risorsa produttiva e il conseguente assoluto dominio sui prezzi, sulla distribuzione e sul mercato dei prodotti agricoli. E così i malavitosi che per anni avevano costruito il proprio prestigio custodendo militarmente i terreni altrui si tramutarono in imprenditori rampanti, altri ripiegarono tradizionalmente verso la conquista diretta del fondo agrario calabrese.

Naturalmente, oltre alla speculazione edilizia, alle grandi opere pubbliche e alle varie risorse legate all'agricoltura e alla pastorizia, la 'ndrangheta mise le mani anche sul controllo dei traffici marittimi palesemente illeciti, come il contrabbando di sigarette.

Furono, comunque, la costruzione del quinto centro siderurgico e il completamento dell'autostrada del Sole nel tratto compreso tra Salerno e Reggio Calabria a imprimere una nuova svolta al rapporto politica-'ndrangheta, con la creazione di lobby tra mafiosi, politici e settori del mondo economico e finanziario locale e nazionale. Molti subappalti finirono alle 'ndrine con la complicità degli imprenditori del Nord.

Presero piede anche i sequestri di persona, creando ulteriori e sanguinose divisioni in seno alla 'ndrangheta. Dal 1970 al 1978 se ne registrano 53 contro i 2 verificatisi dal 1963 al 1969.

Non ci fu, però, nessun cambiamento dal ruolo passivo della mediazione a quello attivo dell'accumulazione. Piuttosto ci fu un salto di quantità, di un fenomeno di integrazione vecchio di secoli.

Osserva acutamente Francesco Caracciolo:[7] «L'associazione mafiosa e il mafioso, in Calabria, in Sicilia e in Campania, hanno sempre avuto in sé due anime, hanno sempre svolto due ruoli: di mediazione e di accumulazione e dominio. Solo che ora la rapidissima integrazione della mafia calabrese, che negli anni Settanta approfitta dell'opportunità di adeguarsi ai tempi sfruttando le numerose occasioni di lucro e di investimento a emulazione della mafia siciliana, ha reso più evidente uno dei due ruoli». Cioè la 'ndrangheta, dopo Montalto, adegua ai tempi nuovi i suoi vecchissimi strumenti, con i quali ha sempre esercitato la mediazione e l'accumulazione.

# VI

# La prima guerra di mafia

La resa dei conti per Peppe Zappia, il boss che a Montalto aveva invocato l'unità delle 'ndrine, arrivò il 5 agosto 1993, quando venne ucciso assieme al figlio Giuseppe di 54 anni alle porte di San Martino di Taurianova, il paesino aspromontano che, da alcuni anni, era diventato la sua prigione. I sicari infierirono sul suo corpo esanime, a terra, in una sorta di spasimo di ferocia e di esaltazione. Era l'ultimo patriarca della 'ndrangheta agropastorale, quella che aveva avuto in Antonio Macrì il boss dei boss.

Negli anni Sessanta e Settanta, la 'ndrangheta era soltanto un sostantivo dalla sgradevole sonorità, che al solo evocarlo incuteva fastidio.[1] Macrì era un boss rispettato. Amico di Luciano Liggio, Angelo e Salvatore La Barbera, Pietro Torretta, dei Greco di Ciaculli, negli anni Cinquanta era stato in buoni rapporti con il dottor Michele Navarra, boss dei Corleonesi, confinato a Marina di Gioiosa Ionica.

Il suo pupillo era Domenico Tripodo, boss di Reggio Calabria che, come lui, era fortemente legato alle tradizioni 'ndranghetiste. Entrambi erano contrari ai sequestri di persona, voluti invece dai clan della piana di Gioia Tauro, di San Luca e di Platì. «Attirano su di noi solo gli sbirri» sostenevano.

Nella Locride, Macrì comandava con lo sguardo. Aveva imposto la guardiania a tutti i proprietari, tanto che, avevano scritto nel 1950 i giudici della Corte d'assise di Locri, nella sentenza di un processo a 41 imputati di Siderno: «Mentre altrove le controversie agrarie si discutono davanti il tribunale, in Siderno e Locri si ricorre all'occulta potenza del Macrì per imporre la volontà dei padroni a contadini e mezzadri».

Il collaboratore di giustizia Giacomo Lauro, in un memoriale consegnato alla magistratura di Reggio Calabria, ne traccia un ritratto molto efficace: «Quest'uomo era il capo crimine e rappresentava, secondo me, non "indegnamente", quella che si riteneva fosse l'onorata società; egli, se si può dire, era il capo dei capi ... il vero unico rappresentante, con tutti i titoli in Cosa Nostra e aveva le "chiavi" per entrare negli Stati Uniti (New Jersey), Canada (da Toronto a Montreal, fino a Ottawa) e Australia (la zona di Melbourne, Adelaide, Griffith) ... Aveva conosciuto, quando ancora portavano i pantaloni corti, sia Totò Riina che Bernardo Provenzano, i quali negli anni Cinquanta erano al servizio del dottor Michele Navarra di Corleone».

Macrì aveva saputo sfruttare i vantaggi del contrabbando di sigarette che, in quegli anni, era il vero grande affare delle cosche, quello che pose le basi per le future sinergie con altre organizzazioni criminali.

Nel giro c'erano tutti. Mommo Piromalli nella piana di Gioia Tauro, con i Pesce di Rosarno e i Mammoliti di Castellace di Oppido Mamertina; Domenico Tripodo a Reggio Calabria con i clan Codispoti, Canale, Sammarco e Surace; Natale Iamonte, nella zona Annà di Melito Porto Salvo; i Nirta nella zona che va da Bianco a Bovalino; i Marafioti, i Cordì e i Cataldo di Locri; Bruno Equisone di Bova; gli Ursino-Scali-Aquino-Mazzaferro assieme a Rocco Monteleone nella vallata del Torbido (Gioiosa Ionica, Marina di Gioiosa e Mammola); i Ciampà di Cutro, gli Arena di Isola Capo Rizzuto, i Mannolo di San Leonardo di Cutro; i Vrenna di Crotone.

Con loro «trafficavano» anche gli Scaduto di Bagheria, i Di Cristina e i Ferrante di Palermo, i Ferrera, i Ferlito e i Santapaola di Catania, i Nuvoletta di Marano. E anche i Mazzarella e i Zaza di Napoli. Tutti assieme in ordine sparso.

Spiega Enzo Ciconte: «La brusca e improvvisa accelerazione del traffico delle bionde fu determinata da una situazione che si venne creando all'esterno della Calabria. Le coste siciliane, tradizionali posti di sbarco, diventarono insicure per una accorta ed efficace azione di repressione da parte della guardia di finanza. Il traffico venne dirottato allora sulle coste calabresi di certo più sicure perché non controllate e non sorvegliate; in particolare sul litorale ionico, a Crotone, e soprattutto nella zona della Locride». Vi furono sbarchi anche nei pressi di Lamezia Terme, dove il contrabbando delle sigarette aveva assunto le modalità dell'azionariato popolare: partecipavano in molti, anche professionisti, desiderosi soltanto di investire i loro risparmi in un'attività altamente redditizia.[2] D'altronde, così come era successo con il proibizionismo nel Nordamerica, l'acquisto di sigarette a un prezzo inferiore rispetto a quello del Monopolio non era considerato un fatto riprovevole.

Ci furono anche scontri per il controllo di questa lucrosa attività, come quello tra gli Ursino-Scali-Aquino da una parte e i Mazzaferro-Femia dall'altra nella Vallata del Torbido. E per le sigarette avvenne anche la strage di Locri (piazza Mercato) che vide imputati come mandanti Antonio Nirta, potente boss di San Luca, e Antonio Macrì e come esecutori due palermitani, Tommaso Scaduto e Antonio Di Cristina. Poi tutti assolti.

Oltre al contrabbando di sigarette, nell'obiettivo della 'ndrangheta, in quegli anni entrò anche la distribuzione clientelare delle risorse pubbliche (appalti e subappalti) che andò ad affiancarsi al pizzo, alla guardiania e al controllo del mercato del lavoro, il cosiddetto caporalato.

Nacquero così le prime imprese edilizie mafiose, cioè le imprese gestite da mafiosi, grazie soprattutto all'aumentata disponibilità delle risorse finanziarie. Una prova di tale eccesso di liquidità fu il ritrovamento nella borsa di Giorgio De Stefano, ucciso nel 1976 sull'Aspromonte, di un piano di investimenti immobiliari e industriali di tali proporzioni da triplicare, se realizzato, la già notevole scala di attività economica dell'impresa-cosca dei fratelli De Stefano. E, in quegli stessi anni, in un covo dell'Aspromonte finiva anche Paul Getty III, nipote del noto miliardario americano. Fu proprio con i profitti dei sequestri che le cosche cominciarono ad acquistare ruspe e motopale.[3]

Questo era il retroterra della 'ndrangheta quando scoppiò la prima guerra di mafia. Don Mommo Piromalli, potente boss di Gioia Tauro, era dell'avviso che la 'ndrangheta non potesse rimanere eternamente in conflitto con le istituzioni statali ed era convinto che bisognasse prendere lo Stato sottobraccio, come avevano fatto i siciliani entrando nelle logge massoniche.

La svolta indicata da don Mommo venne subito appoggiata da Paolo De Stefano, un rampante e ambizioso boss cresciuto nel quartiere Archi di Reggio Calabria.

I sequestri furono un pretesto e contribuirono a creare un vortice in seno alla 'ndrangheta. Con Piromalli si schierarono anche i Mammoliti di Castellace, ma soprattutto gli Strangio di San Luca, i Barbaro di Platì e gli Ietto di Natile di Careri. I traffici di droga, che avevano cominciato a viaggiare sulle stesse rotte seguite dalle casse di sigarette, fecero il resto, destando molti appetiti, soprattutto tra i giovani che fremevano per conquistare nuovi spazi.

Antonio Macrì venne eliminato il 20 gennaio 1975. Nell'agguato rimase gravemente ferito Francesco Commisso, detto «u Quagghia», braccio destro del potente boss di Siderno. I due avevano appena finito di giocare a bocce in un campetto ubicato nelle vicinanze di un quadrivio in contrada Zammariti di Siderno.

È stato il collaboratore di giustizia  Giacomo Lauro a ricostruire questo omicidio vent'anni dopo. Ha raccontato che a uccidere Macrì furono Pasquale Condello e Giovanni Saraceno, i quali si avvalsero come copertura di Giuseppe Schimizzi e di Pietro Orlando. Quest'ultimo, uomo di fiducia di Giuseppe Cataldo, boss di Locri, meno di un mese dopo farà la stessa fine.

L'auto usata per l'agguato era stata rubata a Reggio Calabria, a due passi dal tribunale, a un medico. Verrà ritrovata bruciata qualche giorno dopo nelle campagne di Antonimina.

Dopo l'omicidio, il gruppo di fuoco, che secondo Lauro agì su mandato di Paolo De Stefano, dei fratelli Giuseppe e Nicola Cataldo e di Vincenzo, Giuseppe e Francesco Mazzaferro, si rifugiò a Gioiosa Ionica a casa di questi ultimi. Una fonte confidenziale riferì alla polizia che Giuseppe Cataldo, qualche giorno prima dell'omicidio di Macrì, era stato visto a bordo dell'Alfa Romeo rubata a Reggio e utilizzata per l'agguato di contrada Zammariti assieme a Domenico Tegano e Giovanni Saraceno. Sempre secondo Lauro, anche Tegano avrebbe dovuto partecipare all'agguato, ma a causa della tensione ebbe problemi di incontinenza e venne lasciato a casa di amici.

Scrive Luigi Malafarina il 22 gennaio 1975, sulla «Gazzetta del Sud»:

> La carriera del boss – che è stato al soggiorno coatto di Ustica, dell'Aquila e di Casarze Ligure; latitante per nove anni; alla colonia agricola dell'Asinara – è stata costellata, nell'arco di cinquant'anni, da tante assoluzioni. In istruttoria fu prosciolto dall'accusa di essere il mandante dell'omicidio di Girolamo Commisso, fulminato il 22 agosto 1947 con una scarica di mitra; il 23 novembre 1961 fu assolto dalla Corte d'assise di Melfi, dove il processo si celebrò per legittima suspicione, dall'avere organizzato l'uccisione dello studente Antonio Saracini, 20 anni, figlio di un vecchio rivale; il 2 ottobre 1970 il tribunale di Locri lo mandò libero dall'imputazione di essere uno dei capi della mafia riunitasi a Montalto, e, infine, la Corte d'assise di Lecce lo dichiarò innocente

dell'accusa di essere uno dei mandanti della strage di Locri (che costò la vita di Domenico Cordì, vecchio amico di don Antonio, Vincenzo Saracini e Carmelo Siciliano, vittima innocente estranea alla contesa tra gruppi mafiosi). Tutte queste assoluzioni (don Antonio ha sostenuto sempre di essere stato estraneo a quei delitti e che la giustizia aveva cercato in lui un capro espiatorio) rafforzarono il mito dell'uomo forte, del «mammasantissima» intoccabile.

Sul luogo del delitto vennero trovati 32 bossoli; quattro, secondo i periti balistici, le armi usate per abbattere il boss dei boss.

Dirà al giudice istruttore di Locri nel dicembre del 1976 Francesco Commisso, ferito nell'agguato che costò la vita al padrino di Siderno: «Tutti erano a volto scoperto. Potevano avere una trentina d'anni. Prima di andarsene uno dei due discese dalla macchina, ed essendosi accorto che il Macrì ancora respirava, gli ha sparato contro altri due colpi di mitra al petto e alla testa».

Un anno prima, secondo quanto aveva raccontato una fonte confidenziale all'allora dirigente della Squadra mobile di Reggio Calabria Girolamo Celona, Antonio Macrì, accompagnato da un certo Pietro Romanello, aveva partecipato a Gioia Tauro a una riunione, alla quale erano presenti Giuseppe Piromalli, che all'epoca era latitante per essersi allontanato dalla clinica Italia di Roma sottraendosi così alla misura di prevenzione della sorveglianza speciale con l'obbligo di soggiorno, e i fratelli De Stefano. L'informatore aveva aggiunto che a un certo punto la discussione tra Paolo De Stefano e Antonio Macrì era diventata abbastanza animata, tanto che i due erano quasi venuti alle mani. Pare che Macrì avesse difeso Domenico Tripodo, inviso ai De Stefano. Alla fine, anche per la mediazione di Piromalli, gli animi si placarono e lo stesso Macrì si disse disposto a mediare tra Tripodo e De Stefano.[4] Invece, qualche mese dopo, d'accordo con il suo figlioccio, organizzò, con l'aiuto della famiglia Ferrante di Napoli, la spedizione punitiva che all'interno del Roof Garden, un locale alla moda di Reggio Calabria, vide cadere Giovanni De Stefano. In quell'occasione rimase ferito anche Giorgio De Stefano, fratello della vittima. Fu l'inizio della prima guerra di mafia, preceduta da un attentato dinamitardo contro due motopale appartenenti a Orazio Polimeni, cognato di Tripodo.

Nel solo 1975 si contarono 93 morti, 101 l'anno successivo. Rimasero uccisi anche Martino Raso, Vincenzo Romeo, Giuseppe Polimeni, Giuseppe Zito, Giuseppe Imerti, Paolo Bruno Equisone, Totò D'Agostino e Domenico Campolo. Altre faide scoppiarono a Gioiosa Ionica tra gli Scali-Aquino e i Mazzaferro; a Crotone, dove lo scontro tra i Vrenna e i Feudale coinvolse anche i Ciampà di Cutro e gli Arena di Isola Capo Rizzuto; e a Cosenza, dove l'omicidio di Luigi Palermo, detto «u Zorru» rivelò i collegamenti tra la malavita cosentina, la mafia siciliana, la camorra e la 'ndrangheta.

La stessa sorte di Antonio Macrì toccò a Domenico Tripodo nell'infermeria del carcere di Poggioreale.[5] Era il 26 agosto 1976.

Racconta Lauro:

A quel tempo nel carcere di Poggioreale era detenuto tale Cutolo Raffaele di Ottaviano (Napoli). Questo non era né malandrino né guappo, ma disponeva di denari. Devo dirvi che in carcere se uno ha soldi è «buono», invece se sulla sua «libretta» soldi non ci sono, questo non è «buono». Allora Cutolo aveva i soldi e così Egidio Muraca di Nicastro (dentro per un sequestro) e Salvatore Mammoliti (fratello dei più noti Vincenzo, Nino e Saro) lo tennero a battesimo e cioè gli diedero il secondo battesimo. In poche parole da «contrasto onorato» lo fecero camorrista. E siccome il Cutolo già dentro Poggioreale si sentiva «qualcuno», gli diedero subito i gradi prima di santista e poi di vangelista. Tanto Cutolo spendeva per tutti. E così ancora una volta dei calabresi crearono da un fante appiedato un generale a cavallo. Così fece Umberto Bellocco con i pugliesi. Li fece tutti malandrini. Poco importava se erano dediti alla prostituzione e al traffico di sigarette. Anzi questo portava ricchezza.

Lauro continua così il suo racconto:

Quando Domenico Tripodo venne arrestato [1976] fu condotto in quel carcere [Poggioreale], o meglio all'infermeria San Paolo del carcere. Per i De Stefano-Mammoliti-Piromalli-Ciccio Canale, fu facile chiedere al Cutolo il favore di uccidergli un nemico. In poche parole Cutolo[6] accettò la somma di cento milioni (non duecento come si disse) e diede incarico a Esposito Gennaro ed Effige Agrippino, quest'ultimo di un paese vesuviano. I due, aiutati da un appuntato o brigadiere di servizio che aprì loro la cella, lo uccisero nella sua stanza sorprendendo il Tripodo a letto che riposava. Dovete sapere che il giorno prima di essere ammazzato Domenico Tripodo si incontrò (recandosi a colloquio dal proprio avvocato e con la famiglia) col compare Carmine Alfieri, all'epoca anch'egli detenuto a Poggioreale ... Per paura che non morisse lo massacrarono a coltellate. Il Tripodo ebbe la forza di alzarsi dalla branda in cui dormiva e chiuderli dentro la sua cella. Fu così che i due «infami» furono trovati ancora tremanti e piangenti dentro la cella di Mico Tripodo. Non parliamo delle infamità fatte dire ai due pidocchi per celare lo scopo del vero omicidio. Politica di gente d'onore. La morte di Mico Tripodo segnò la vittoria definitiva [del gruppo De Stefano] e il nuovo assetto territoriale.

Altre versioni sostengono che l'uccisione di Tripodo venne posta a Cutolo come condizione per il suo ingresso nella 'ndrangheta. Dal momento che non era calabrese, fu necessaria una deroga. Gli assassini cercarono di sviare le indagini sui presunti mandanti, raccontando agli inquirenti di aver ucciso Tripodo perché il boss reggino aveva fatto loro delle proposte sessuali.

Dal conflitto con i vecchi padrini emersero le famiglie Cataldo e Mazzaferro nella Locride e quella dei De Stefano, alleati con i Piromalli di Gioia Tauro e i Mammoliti di Castellace, sull'altro versante della provincia. La guerra servì a consolidare i rapporti dei gruppi emergenti con la Nuova camorra organizzata di Raffaele Cutolo e con Cosa Nostra.

Più che una pace fu una tregua molto fragile. Venne violata, infatti, quindici mesi dopo, il 7 novembre 1977 in località Acqua del Gallo in territorio di Santo Stefano in Aspromonte. Quel giorno ad arrivare al capolinea fu Giorgio De Stefano, quello stesso che era scampato all'agguato all'interno del Roof Garden. Era stato invitato a partecipare a una riunione sulle alture del massiccio aspromontano con boss e consiglieri delle principali consorterie mafiose. Scopo ufficiale del summit era raggiungere un accordo per limitare i sequestri di persona, gli omicidi, gli attentati dinamitardi, al fine di fare allentare sia la pressione esercitata dalle forze dell'ordine presenti in maniera massiccia nella provincia, sia quella delle più importanti testate nazionali, le quali avevano preso una dura posizione contro la 'ndrangheta. Era in gioco l'inserimento delle famiglie mafiose nei lavori per la realizzazione degli insediamenti industriali previsti nel pacchetto Colombo e, proprio in quel periodo, si dovevano aggiudicare i lavori per la costruzione della superstrada Ionio-Tirreno con una spesa iniziale prevista di 45 miliardi.

De Stefano si presentò con il cugino Enzo Saraceno. La sua eliminazione era stata decisa dalle principali famiglie e quello del summit fu solo un pretesto. A uccidere il boss fu Giuseppe Surace, cognato di Rocco Musolino, vicesindaco di Santo Stefano, che con De Stefano aveva un conto in sospeso. «Cornuto, tu hai sparato contro mio fratello» gli gridò in faccia prima di premere il grilletto. Nello scontro rimase ferito anche Saraceno.[7]

Racconta Giacomo Lauro: «In quel tempo Giorgio De Stefano era il capo della sua famiglia e aspirava a un ruolo ben più incisivo anche nell'ambito delle altre consorterie calabresi ... tenuto conto che lo stesso era privo di qualunque carisma e, quindi, certamente inidoneo a rivestire il ruolo di capo supremo, decisero di eliminarlo».

Secondo gli inquirenti, il boss di Archi aveva cercato di mettere il naso in alcuni investimenti edilizi che interessavano i Mammoliti e i Piromalli. E l'aveva fatta grossa quando era andato a estorcere soldi a un imprenditore, un certo Russotti, protetto dal gruppo Mammoliti-Nava-Zinnato.

De Stefano era latitante quando venne ucciso. Era sfuggito a un mandato di cattura emesso dalla Procura di Roma in relazione alle indagini sull'omicidio del giudice Vittorio Occorsio e sui contatti dello stesso De Stefano con il terrorista nero Pierluigi Concutelli.[8]

I veri mandanti dell'omicidio riuscirono, nell'immediatezza del fatto, a sostenere la propria estraneità, riversando sul Surace ogni colpa e bloccando ogni forma di legittima reazione da parte del clan De Stefano. Inoltre, per evitare che questi ultimi lo interrogassero, Surace, secondo quanto hanno dichiarato i collaboratori Filippo Barreca e Giacomo Ubaldo Lauro, venne eliminato e la sua testa fu recapitata a Paolo De Stefano. Quest'ultimo, che successe a Giorgio alla guida dell'omonima famiglia, si rese conto di non avere i mezzi per affrontare tutte quelle cosche (Piromalli, Mammoliti, Serraino, Mazzaferro, Nirta) che avevano promosso la riunione-trappola nella quale era caduto il cugino. La questione venne messa da parte per molti anni, fino a quando, alla metà degli anni Ottanta, Francesco Serraino, boss dell'omonima famiglia, alleata dei Piromalli e dei Mammoliti, non venne giustiziato all'interno degli Ospedali Riuniti di Reggio Calabria, dove era ricoverato.

# VII

# La seconda guerra di mafia

Se la prima guerra di mafia fu uno scontro generazionale che coinvolse molte famiglie del Reggino, la seconda fu determinata da una dura presa di posizione in seno al locale dei De Stefano. Quando si concluse, nell'estate del 1991, si contarono quasi settecento morti, più delle vittime che finora hanno insanguinato la striscia di Gaza.

Tutto cominciò con un'autobomba fatta esplodere l'11 ottobre 1985 a Villa San Giovanni, nel tentativo di eliminare Antonino Imerti, ex braccio destro di Paolo De Stefano. Imerti, sfuggito all'attentato, reagì rabbiosamente e due giorni dopo fece uccidere il boss di Archi. A infuocare gli animi era stato il controllo dei futuri appalti relativi alla costruzione del ponte sullo Stretto, ma anche l'interesse dei De Stefano ad allargare la loro influenza su Villa San Giovanni, territorio degli Imerti.

L'assassinio di De Stefano provocò una profonda frattura nella 'ndrangheta reggina. Con i De Stefano rimasero i Libri, i Tegano, i Latella, i Barreca, i Paviglianiti e gli Zito. Con gli Imerti si schierarono i Condello, i Saraceno, i Fontana, i Serraino, i Rosmini e i Lo Giudice.

Al conflitto presero parte anche famiglie che operavano in Lombardia, come i Paviglianiti e i Di Giovine, mentre i Latella-Labate si divisero schierandosi su fronti contrapposti. Un'altra faida nello stesso periodo scoppiò a Oppido Mamertina in seguito alla morte del vecchio boss Giuseppe Ferraro. Pasquale Condello, ex alleato dei De Stefano, dal carcere, tentò di ricucire lo strappo. L'omicidio del fratello, Domenico, avvenuto il 13 gennaio 1986, vanificò ogni sforzo. E non ci fu più spazio per mediazioni.

Per le vie di Reggio i sicari si inseguivano l'uno con l'altro. I commando omicidi si tenevano in contatto per mezzo di radio ricetrasmittenti. L'odore pungente della polvere da sparo ammorbava l'aria scacciando il profumo di bergamotto e di zagare. Lo Stato, che aveva sempre sottovalutato la 'ndrangheta, contava i morti.

A Reggio Calabria, molti imprenditori si videro costretti a pagare due volte la «mazzetta» e tra le vittime di quello scontro per il controllo del territorio ci fu anche l'onorevole Lodovico Ligato, l'ex presidente delle Ferrovie dello Stato, giustiziato da un commando dello schieramento contrapposto ai De Stefano, davanti alla sua villetta a Bocale, un quartiere residenziale a 15 chilometri dal centro di Reggio Calabria.

Alla guerra di mafia si intrecciò anche il cosiddetto «decreto Reggio», un pacchetto di finanziamenti per la realizzazione di opere pubbliche e per la creazione di posti di lavoro. Vennero istituiti comitati di affari, intrecci pericolosi tra malavita e politica, tra mafia e massoneria deviata. Decisivo si rivelò il ruolo di Pasquale Condello che, uscito dal carcere dopo aver pagato una cauzione di cento milioni di lire, anziché attenersi agli obblighi della libertà vigilata si mise alla testa del suo schieramento, costringendo il cartello dei De Stefano a più miti consigli.

L'ultimo atto della guerra, nell'agosto del 1991, fu l'omicidio del magistrato Antonino Scopelliti, sostituto procuratore presso la Procura generale della Corte di cassazione. Questo delitto costituì uno dei momenti più importanti della collaborazione con la mafia siciliana. Scopelliti, un magistrato integerrimo e preparato, infatti, avrebbe dovuto rappresentare l'accusa in cassazione al maxiprocesso istruito dal pool antimafia di Palermo contro le famiglie di Cosa Nostra.

Poi scoppiò la pace. Anzi, più che una pace fu un patto di non belligeranza: la guerra si concluse senza vincitori né vinti, ma con la volontà unanime di mettere da parte le armi per concentrarsi sui grandi traffici di droga.

La mafia, dopo l'uccisione di Scopelliti e dopo le stragi di Capaci e via D'Amelio, cercò di convincere la 'ndrangheta a seguirla sulla strada dello scontro frontale con lo Stato. La proposta dei corleonesi venne discussa e respinta nell'estate del 1992 in una riunione tenutasi a Nicotera a casa del boss Luigi Mancuso. Il summit precedette di poco gli attentati di Firenze e di Roma. Conferma Franco Pino, oggi collaboratore di giustizia: «In Calabria non si è mai stati favorevoli al rumore e allo scontro aperto con le istituzioni, abbiamo sempre preferito delegittimare i giudici scomodi».

La pace di Reggio Calabria portò alla creazione di una commissione formata dai rappresentanti delle famiglie più importanti della provincia. Una sorta di camera di compensazione, come l'ha definita il collaboratore di giustizia Gaetano Costa, «con il compito di gestire una fase di difficile e complessa transizione, dopo anni di guerra scellerata e fratricida, dopo anni di scontro totale e generalizzato che aveva finito con l'indebolire e impoverire i "locali" aperti e operanti in provincia di Reggio Calabria».[1]

Furono soprattutto i boss della mafia siciliana a insistere per sanare le fratture. L'ex 'ndranghetista Filippo Barreca racconta che le trattative furono molto laboriose. I Tegano e i Libri erano favorevoli alla tregua, l'avvocato Giorgio De Stefano subordinava le trattative di pace alla consegna degli assassini del cugino Paolo. A convincere tutti dell'utilità di deporre le armi, oltre ai siciliani, secondo lo stesso Barreca, furono Antonio Pelle, detto «Gambazza», e Nino Mammoliti di Castellace. Altri collaboratori sostengono, invece, che a mediare tra Pasquale Condello e Giorgio De Stefano fu Domenico Alvaro, il capo società del locale di Sinopoli.

Si è parlato anche dell'intervento di boss dei locali esteri, ma la notizia non ha trovato riscontri oggettivi.[2]

Molti anni dopo, a confermare l'esistenza di una sorta di cupola provinciale furono alcune intercettazioni ambientali disposte nel corso di un'operazione coordinata dalla Procura distrettuale antimafia di Reggio Calabria. Si venne anche a sapere dell'esistenza di tre mandamenti, uno nella Locride, uno nella zona dello Stretto e uno nel Tirreno, sul modello di Cosa Nostra.[3]

Oltre alle faide in corso, dopo la tregua si decise di porre fine anche ai sequestri di persona, resi difficili anche dalla nuova legge sul congelamento dei beni di proprietà del sequestrato e dei suoi familiari.

Racconta un vecchio boss della 'ndrangheta che ormai non vive più in Calabria: «Il nuovo corso è stato dettato dalla necessità di ridurre l'attenzione e la pressione dello Stato sulla città e sulla provincia di Reggio Calabria per poter continuare in tutta tranquillità a gestire una serie di affari, dagli appalti pubblici e privati al lucroso traffico di stupefacenti, senza dover più pagare il grande costo, e correre l'alto rischio di una guerra che aveva decimato le famiglie di entrambi gli schieramenti, colpendo non solo i picciotti, ma anche quadri dirigenti di notevole spessore criminale».

La 'ndrangheta scelse così di agire sotto traccia, imboccando di nuovo la via che le aveva permesso di esercitare un pesante controllo del territorio senza che il suo potere fosse a tutti evidente.

Il collaboratore di giustizia Gaetano Costa spiegò ai magistrati che il cambiamento venne contrassegnato anche dall'adozione di un nuovo nome: Cosa Nuova. Ma la notizia finora non ha trovato riscontri.

# VIII

# La struttura

È stato Francesco Fonti, ex affiliato alla cosca di Siderno, precedenti per droga, a gettare, negli ultimi anni, un fascio di luce sulla struttura della 'ndrangheta.

«Sono nato a Bovalino [nel 1948] da genitori artigiani» ha dichiarato ai magistrati il 26 gennaio 1994.[1] «Mio padre aveva una piccola fabbrica di mobili per ufficio assieme al fratello Ferdinando, mia madre era casalinga. Ho conseguito la maturità scientifica al liceo Zaleuco di Locri e poi mi sono iscritto alla facoltà di Matematica e Fisica dell'università di Messina e dopo un anno sono passato alla facoltà di Economia e Commercio, ma non sono riuscito a laurearmi. Frequentando il liceo scientifico a Locri ho conosciuto personaggi come Pietro Bartolo, Totò Cordì, Peppe Cataldo e Mimmo Modafferi. Fu quest'ultimo a raccomandarmi presso il locale di Siderno nel quale sono stato "rimpiazzato"[cioè affiliato].»

Fonti ha raccontato di essere stato iniziato alla 'ndrangheta nel 1966 in un casolare in contrada Mirto nel comune di Siderno «alla presenza di un compare di Macrì Antonio, di professione gioielliere, anziano, proprietario di una gioielleria sul corso principale di Siderno». Poi ha tracciato i lineamenti della mafia calabrese che, territorialmente, si articola in «locali», «cosche» e «'ndrine».

La cosca o 'ndrina si fonda in larghissima misura su

una famiglia di sangue. Più cosche, legate tra di loro, danno vita al «locale», che costituisce l'unità fondamentale di aggregazione mafiosa su un determinato territorio, quasi sempre coincidente con un paese o con il rione di una città.

Per la costituzione del locale è necessaria la presenza di almeno 49 affiliati. Ogni locale è diretto da una terna di 'ndranghetisti, detta «copiata», quasi sempre rappresentata dal capo bastone, dal contabile e dal capo crimine. La copiata deve essere dichiarata ogniqualvolta un affiliato si presenta in un locale diverso da quello di appartenenza oppure qualora venga richiesta da un affiliato di grado gerarchicamente superiore. La prassi è finalizzata a evitare potenziali infiltrazioni esterne.

Il contabile, oltre che delle finanze e della divisione dei proventi, si occupa della cosiddetta «baciletta», cioè la cassa comune dove affluiscono i proventi delle attività criminali, mentre il «capo crimine» è responsabile della pianificazione e dell'esecuzione di tutte le azioni delittuose. Sia il contabile che il capo crimine devono, in ogni caso, agire ottemperando alle disposizioni del capo bastone.

Il capo bastone generalmente possiede una propria famiglia naturale di notevole ampiezza, la quale, a sua volta, fa parte di un aggregato di parentele naturali anch'esso molto vasto. La relazione interna di base dei gruppi mafiosi calabresi è basata sul vincolo di sangue. Esso tende a imporsi su ogni altro tipo di relazione, e col tempo avvolge in modo sempre più vincolante tutti i membri del gruppo criminale, data la pratica sempre più diffusa dei matrimoni interni ai gruppi mafiosi – una vera e propria «endogamia di ceto» – che caratterizza soprattutto la mafia della provincia di Reggio Calabria e la rende sempre più chiusa alle influenze e ai contatti con la società legale. In un comune della fascia ionica, nel secolo scorso, discendenti di due famiglie di 'ndrangheta si sono sposati, incrociandosi quattro volte.

Spesso i matrimoni vengono utilizzati per ricomporre faide sanguinose o per creare aggregazioni più forti. È successo anche agli inizi degli anni Ottanta con le nozze tra Venanzio Tripodo, figlio di don Mico Tripodo, ucciso nella prima guerra di mafia, e Teresa Romeo, la figlia di Sebastiano Romeo, detto «'u Staccu», boss di San Luca e alleato dei De Stefano.

La stessa famiglia De Stefano si è ulteriormente rafforzata nel 1992, dopo il matrimonio tra il figlio di Paolo De Stefano e la figlia di Franco Coco Trovato, uno dei boss più potenti della 'ndrangheta in Lombardia.

Funzionali a logiche di potere erano state anche le nozze nel 1985 tra Orazio De Stefano e Antonietta Benestare, la nipote di Giovanni, Giuseppe e Pasquale Tegano.

Nulla è cambiato, come ha accertato il Raggruppamento operativo speciale (Ros) di Reggio Calabria durante un'indagine condotta tra il 2001 e il 2003. Nel corso di un'intercettazione su un'utenza domestica a Buccinasco, gli inquirenti sono venuti a conoscenza dei risentimenti di una giovane donna di Platì, costretta a unirsi in matrimonio con un corregionale emigrato in Lombardia: «Stavo tanto bene con l'altro e mi hanno fatto sposare con te» è sbottata la donna, parlando con il marito. Scrivono nell'informativa di reato il tenente colonnello Valerio Giardina e il capitano Gerardo Lardieri: «La vicenda in esame ci riporta indietro di molti anni, quasi all'epoca medioevale, allorquando i matrimoni tra i discendenti dei regnanti venivano stipulati su base contrattuale ai fini dell'espansione e compattezza territoriale».[2]

Il sostegno di una famiglia numerosa e l'appartenenza a un clan hanno sempre rappresentato elementi indispensabili per la sopravvivenza e la riproduzione del potere dei boss della 'ndrangheta. Le cosche costituite intorno a un singolo individuo – per quanto abile egli possa dimostrarsi nella costruzione di reti di amicizia, di clientele e di interesse – sono caratterizzate da un'intrinseca fragilità che le porta a decadere e soccombere rapidamente.

Se si analizza la struttura interna di alcuni tra i più potenti locali della 'ndrangheta, si rileva come nessuna di esse risulta composta, nel suo nucleo fondamentale, da meno di due fratelli.

Nel 1999 su un campione di 47 gruppi mafiosi del circondario di Locri, ben 43 erano costituiti da cosche con almeno 3 affiliati legati da vincoli parentali e 17 da nuclei con almeno 10 cugini di primo grado.[3]

Ogni capo ha potere di vita e di morte sui suoi uomini e ha diritto all'obbedienza assoluta. È pur vero, comunque, che, per comandare, il capo bastone ha bisogno del consenso non solo della propria organizzazione, ma anche dell'ambiente nel quale opera.

Quando l'inviato delle potenti 'ndrine di San Luca,[4] va a trovare Antonio Cordì di Locri, coinvolto nella faida con i Cataldo, non usa mezzi termini. «Totò stai attento che ... quando il popolo vi va contro perdete quello che avete fatto in questi trent'anni! Lo perdete! ... Quando si buca alla saracinesca, a quello gli bruciano la macchina, a quello un'altra cosa, il popolo incomincia a ribellarsi.[5]»

Quella del capo famiglia o capo 'ndrina è una carica che si tramanda generalmente di padre in figlio. Esso ha il potere di affiliare, anche elementi esterni alla famiglia anagrafica. Per ufficializzare l'adesione di questi nuovi associati c'è però bisogno dell'approvazione del capo bastone, a cui questi devono essere presentati durante una riunione del locale che avviene, per regola, generalmente a fine mese, di sabato, all'imbrunire. Il capo famiglia può anche tenere segreto il nome di alcuni suoi affiliati.

Quando una 'ndrina raggiunge il numero di cinquanta-sessanta affiliati che hanno in comune la stessa «copiata», il capo famiglia può costituire la cosiddetta «'ndrina distaccata», che, come spiegano i collaboratori di giustizia, «è una estensione del concetto di cosca, la quale cresce di importanza e si ramifica sul territorio».

In origine, il numero massimo di 'ndrine che potevano

essere distaccate da un locale erano sette; con il passare del tempo, grazie agli enormi profitti realizzati dalle cosche con il traffico della droga, le 'ndrine hanno cominciato a proliferare a dismisura, per cui questa regola non ha avuto più senso. Si pensi che già nel 1986, secondo le stime dei nuclei investigativi, le 'ndrine distaccate erano ben 144. Comunque, il distaccamento deve essere autorizzato dal locale principale, la cosiddetta «mamma» di San Luca, cui ogni capo 'ndrina deve versare una quota annuale, spesso simbolica.

Le affiliazioni, definite in gergo «taglio della coda»,[6] generalmente avvengono nel territorio di un locale, e in questo caso sono dette «ferro, fuoco e catene», con riferimento al pugnale che è l'arma propria degli affiliati, alla candela che brucia l'immagine sacra durante il rito di iniziazione e al carcere che ogni affiliato dovrà essere in grado di sopportare. Quando l'affratellamento avviene in un luogo diverso, per esempio in carcere, l'affiliazione viene definita «semplice». Di «taglio della coda» come sinonimo di affiliazione ha parlato recentemente anche Rocco Varacalli, un ex 'ndranghetista trapiantato in Piemonte.

Resta invece immutata la doppia compartimentazione che, oggi come nell'Ottocento, caratterizza la struttura gerarchica della 'ndrangheta: la società Minore e la società Maggiore.

Allora la differenza era tra picciotti e camorristi, oggi la gerachia si è arricchita di molte altre definizioni.

Spiega Fonti: «Nella Minore ci sono i picciotti semplici e quelli di giornata, questi ultimi hanno il compito di appurare tutte le novità inerenti il "locale" e riferire al "capo giovane" oltre ad avvertire tutti gli affiliati delle riunioni indette. Poi ci sono i camorristi che possono essere semplici, di società, di fibbia, formati e di sgarro. Il camorrista di fibbia può convocare e presiedere una riunione in cui vengono affiliati nuovi adepti. Il camorrista formato, in alcune circostanze, può fare le veci del capo bastone e il camorrista

di sgarro è noto per il suo valore; quest'ultima dote è assegnata a coloro che hanno compiuto azioni valide, ma non
necessariamente di sangue. Infine gli sgarristi, che possono essere "di sangue" e "definitivi"». La caratteristica dei
vari gradi è la dote che indica il valore di merito conferito a un affiliato nel corso della sua carriera e che aumenta
progressivamente: più è pesante e più conta.

La dote di sgarrista di sangue è conferita a uomini che
hanno commesso almeno un omicidio, quella di sgarrista
definitivo, che rappresenta la dote più alta della società Minore, è conferita ad affiliati di provata fedeltà.

A ciascuna dote corrisponde un santo o una santa. Quella
del picciotto è santa Liberata, quella del camorrista è santa
Nunzia e quella dello sgarrista è santa Elisabetta. L'arcangelo Gabriele rappresenta l'angelo Giustiziere ed è preso
come simbolo dei locali.

Chi non fa parte dell'organizzazione viene in gergo definito «contrasto». I fiancheggiatori, quelli dei quali ci si può
fidare e che potrebbero entrare a far parte dell'organizzazione, sono invece noti come «contrasti onorati».

Per quanto riguarda la Maggiore, la prima dote, partendo
dal basso, è quella del «santista», una carica alla quale possono accedere gli sgarristi che hanno dimostrato un certo
valore. Sette affiliati con il grado di santista possono costituire, nell'ambito del locale, la società Maggiore, chiamata
anche «Santa». Spiega ancora Fonti: «La "Santa" ... non dà
alcun conto delle sue decisioni, delle sue attività, al locale di
appartenenza. Nessun affiliato di grado inferiore al santista
può partecipare alle riunioni della Santa che si può quindi
definire una élite della 'ndrangheta. Solo in pochi locali si
riesce a costituire la "Santa", come per esempio San Luca,
Platì, Africo, Gioiosa Ionica, Reggio Calabria, Gioia Tauro,
Bova, Palmi, Rosarno, Sinopoli e qualche altro».

Chiarisce Fonti: «Il tutto ha un'evidente radice massonica e un profondo legame storico. I personaggi di riferimento dei santisti sono il generale Alfonso La Marmora come

stratega di battaglia e il generale Giuseppe Garibaldi come combattente per la libertà e la giustizia. Il compito dei santisti non è d'azione, ma di pensiero e organizzazione».

La dote successiva è quella di «Vangelo» ed è stata creata da alcuni santisti per differenziarsi. Secondo Fonti a ricoprire questa carica sono «personaggi eccelsi, conoscitori dei diritti e dei doveri dell'Onorata Società con mansioni decisionali al massimo livello». Fonti ha indicato come 'ndranghetisti in possesso di questa dote, tra gli altri, Giuseppe Muià di Siderno, Domenico Martino, Sebastiano Romeo, Antonio Pelle e i Nirta. Le figure religiose di riferimento sono tutti gli apostoli e i santissimi Pietro e Paolo, mentre le figure storiche sono Giuseppe Mazzini come fondatore e promotore delle società segrete in genere, e Camillo Benso di Cavour, "somma mente di statista"».

Il collaboratore di giustizia Alessandro Covelli, nel corso dell'istruttoria dibattimentale del procedimento denominato «Stilaro», celebratosi davanti al tribunale di Locri, ha riferito di aver ricevuto la dote di «Vangelo», che è superiore a quella di «santista», di cui era stato insignito quale appartenente al locale di Crotone. Covelli ha raccontato con dovizia di particolari dello svolgimento della cerimonia e dell'incisione di una crocetta sulla spalla sinistra, quale segno distintivo del grado ricevuto.

Successivamente due periti hanno confermato che l'ex «vangelista» presentava «nella regione scapolare sinistra e in prossimità di un tatuaggio raffigurante un grifone incoronato, una cicatrice di vecchia data. La suddetta cicatrice ha la forma di una croce i cui bracci, orizzontale e verticale, si incrociano pressoché ortogonalmente descrivendo quattro angoli retti».

A rivelare per primo l'esistenza di questa «dote» fu nel 1984 il pentito Pino Scriva. Disse anche che al di sopra del «vangelo c'erano i gradi di "quintino" e "associazione"». Poi si scoprì un'altra dote, quella di «quartino» o «trequartino» che, come riferisce Fonti, venne creata «solo per comodità di alcuni personaggi che volevano rimanere particolarmente segreti». A questa, proseguendo in senso ascendente nella gerarchia della 'ndrangheta, se ne sarebbe aggiunta un'altra: quella di «associazione». Lo stesso Fonti ha spiegato ai magistrati che a ricoprire la dote di associazione, un termine mutuato dal reato contestato nei processi di mafia, attualmente in Calabria sarebbero non più di sette persone, tra cui Domenico Tegano e Antonio Papalia.

Per comprendere appieno tutti questi cambiamenti, bisogna tenere conto della necessità avvertita dalla 'ndrangheta negli anni Settanta di tutelare quella zona grigia caratterizzata dall'interscambio con altri poteri occulti e istituzionali.

Le stesse cariche si differenzierebbero per valenza e prestigio: quelle conferite dal «crimine», inteso come momento assembleare di più locali, come nel caso della tradizionale riunione di Polsi, infatti, rivestirebbero maggiore importanza rispetto a quelle impartite dai livelli ordinativi più bassi.

Nell'ambito della procedura finalizzata al conferimento di una dote, la «grazia» rappresenterebbe un presupposto essenziale, una sorta di premessa e di impegno in vista dell'imminente cooptazione dell'affiliato a un livello gerarchico superiore.

Fonti ha anche confermato ciò che sul simbolismo della 'ndrangheta si è sempre saputo. «Essa» ha scritto nel suo memoriale «è rappresentata dall'albero della scienza che è una grande quercia alla cui base è collocato il capo bastone o mammasantissima ossia quello che comanda. Il fusto (il tronco) rappresenta gli sgarristi che sono la colonna portante della 'ndrangheta. Il rifusto (grossi rami che partono dal tronco) sono i camorristi che rappresentano gli affiliati con dote inferiore alla precedente. I ramoscelli (i rami propriamente detti) sono i picciotti cioè i soldati della 'ndrangheta. Le foglie (letteralmente così) sono i contrasti onorati cioè i non appartenenti alla 'ndrangheta. Infine ancora le foglie che cadono sono gli infami che per la loro infamità sono destinati a morire.»

San Michele Arcangelo

Nella 'ndrangheta, secondo Fonti, le colpe si dividono in «trascuranze» e «sbagli». Le prime sono infrazioni di lieve entità, quasi sempre di carattere informale, e vengono punite con la sospensione per un mese dal locale o con il pagamento di un'ammenda. Le seconde, invece, vengono punite con la morte o, in subordine, con la «spoliazione completa» dell'affiliato, con la degradazione al ruolo di «contrasto senza onore», come per il massone quando viene «messo in sonno». Infine, nel suo memoriale, Fonti conferma l'esistenza dei riti di iniziazione, quel labirinto semantico nel quale confluisce il codice della 'ndragheta. Ricorda che ancora oggi per entrare a far parte di questa organizzazione bisogna pungersi il dito o il braccio con un ago o con un coltello, facendo cadere qualche goccia di sangue sull'immagine di un santino (quella di san Michele Arcangelo, protettore della 'ndrangheta) che poi viene dato alle fiamme, in ossequio a una suggestiva simbologia tesa a garantire fedeltà e rispetto del vincolo di assoggettamento alla cosca.

L'ammonimento del capo bastone è impietoso: «Come il fuoco brucia questa immagine, così brucerete voi se vi macchiate d'infamità; se prima vi conoscevo come un contrasto onorato da ora vi riconosco come un picciotto d'onore».

Nell'agosto del 2007 un santino bruciacchiato al centro, raffigurante proprio san Michele Arcangelo, è stato ritrovato nelle tasche di una delle vittime della strage di Duisburg.

Aveva giurato fedeltà anche Francesco Albanese, detto «Tarra», il quale nel 1896 aveva deciso di eliminare due picciotti che si erano rifiutati di spartire con lui il bottino di una rapina. Albanese nella piana di Gioia Tauro era temuto e riverito. Cosicché, una volta arrestato, non faticò molto a convincere le guardie della sua innocenza e a farsi rilasciare. A quei tempi, come per i successivi decenni, tra guardie e ladri si era instaurato una sorta d'accordo, un patto di tolleranza reciproca. Venivano puniti solo gli eccessi, per il resto c'era una sorta di quieto vivere. In quell'occasione, però, il seguito ebbe uno svolgimento imprevisto, grazie soprattutto a un magistrato coraggioso, Giuseppe Trinci, il quale decise di indagare fino in fondo. Alla fine riuscì a provare la responsabilità di Albanese, ottenendone la carcerazione.

Bastarono pochi giorni di carcere duro, a pane e acqua, per convincere il Tarra a collaborare proprio come è successo, in alcuni casi, con il 41 bis. Dinanzi alla prospettiva di marcire in cella, il boss di Gioia Tauro vuotò il sacco sui segreti della sua organizzazione e su tutte quelle regole in gran parte rimaste immutate nel tempo.

Prima di Francesco Fonti, importanti conferme erano arrivate dalla testimonianza di Antonio Zagari, autore tra l'altro di un'interessante autobiografia dal titolo *Ammazzare stanca*. Zagari ha dichiarato che il vincolo associativo si estingue solo con la morte, oppure con il tradimento o con l'espulsione per indegnità. E ha precisato: «L'ipotesi che un espulso dalla 'ndrangheta continui a rimanere in vita è ... assai remota. In ogni caso, anche se l'organizzazione dovesse decidere di non uccidere un ex affiliato, a questi verrebbe tolto il saluto e nessun uomo d'onore potrebbe più frequentarlo». Secondo Zagari, nel gergo della 'ndrangheta «l'affiliato espulso dall'organizzazione viene definito "spogliato", cioè privato della "veste" o "camicia" che simbolicamente e in senso metaforico viene consegnata al momento dell'affiliazione». Tuttavia, ha spiegato ancora Zagari, «esistono casi, anche se rarissimi, in cui un appartenente alla 'ndrangheta può ritirarsi a vita privata, ma anche quando è concesso di ritirarsi in "buon ordine" (questo è il termine usato dalla 'ndrangheta) la persona che si ritira ha sempre e comunque l'obbligo di mettersi a disposizione dell'organizzazione, se richiesto, in qualsiasi momento e per tutta la vita».

## Locale – Entità territoriale di almeno 49 affiliati

**Capo Società** — Presenzia alla riunione del crimine; comanda sul Locale

- **Contabile** — È il responsabile economico del Locale
- **Crimine** — È il responsabile delle azioni criminose del Locale
- **Mastro di giornata** — È il responsabile del territorio e informa gli affiliati di qualunque novità

**Capo Giovane** — Comanda la Minore

- **Puntaiolo** — È il contabile della minore
- **Picciotto di giornata** — È l'omologo nella riunione del mastro di giornata

## Gerarchia della 'ndrangheta

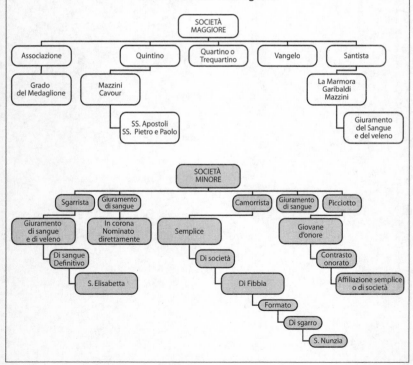

# IX

# Il codice della 'ndrangheta

La 'ndrangheta, a differenza di Cosa Nostra, ha sempre fatto uso di codici scritti, di rituali e di simbologie. Anche recentemente, nel corso di controlli e perquisizioni effettuate dalle forze dell'ordine, sono state ritrovate copie di codici, cioè le trascrizioni – nella maggior parte dei casi redatte in dialetto, con grafie incerte e da persone semiletterate – del rito e delle formule esoteriche attraverso cui si entra nella 'ndrangheta. In questi stessi codici vengono distinti i ruoli interni della Società, precisati i compiti e le caratteristiche dei componenti, nonché le regole di comportamento degli adepti e le sanzioni in caso di infrazione delle norme statutarie.

Il primo codice di cui si ha notizia è quello di Nicastro (1888).[1] Esso conteneva «17 articoli riguardanti gli obblighi e doveri degli affiliati, la formula del giuramento, la parola d'ordine per riconoscersi fra loro e distinguersi da quelli di altra società».

Il primo codice a finire nelle mani delle forze dell'ordine è invece quello di Seminara (1896).

Da allora le forze dell'ordine sono riuscite a recuperare diversi esemplari di questo importante documento che nel tempo ha mantenuto la struttura originale. Scrive il professor Massimo Baldini, esperto di comunicazione: «Nelle culture orali primarie il sapere finisce con l'essere trasmesso attraverso formule, frasi fatte, proverbi, massime, in breve finisce con l'essere un sapere veicolato in espressioni verbali essenziali o, per meglio dire, quintessenziali».

Originariamente, per l'affiliato alla 'ndrangheta che viveva nel mondo della cultura orale, la gerarchia tra i sensi era diversa dalla nostra, in parte gutenberghiana e in parte elettronica. Egli prediligeva l'udito, in quanto mezzo di ricezione orale, piuttosto che la vista, strumento necessario per impossessarsi delle informazioni tipiche del mondo della scrittura.

Quello della 'ndrangheta è un codice che bisogna memorizzare, non è consentito trascriverlo. Purtroppo, per la mafia calabrese, a questa regola in molti sono venuti meno.

Nel 1902 i carabinieri interrompono una riunione di picciotti e camorristi a Catanzaro e trovano per terra «due fogli di carta, l'uno col titolo "Società della malavita catanzarese" coi nomi di 80 individui col rispettivo grado di presidente o capo contabile, camorrista e picciotto, l'altro col titolo "Statuto della malavita catanzarese" con tutte le norme, specie dell'ammissione ed espulsione». A rimarcare il carattere esclusivo della 'ndrangheta, lo statuto sequestrato a Catanzaro prevedeva «l'esclusione dei pederasti, dei mariti traditi, delle guardie di finanza, di città e carcerarie e dei carabinieri, e di coloro che non si siano vendicati della grave offesa dell'onore». Da un processo celebrato a Cosenza nel 1903 si apprende che un picciotto non è riuscito a diventare camorrista perché tollerava «che la moglie avesse un ganzo».[2]

In quegli anni molte sentenze della Corte d'appello delle Calabrie accertano l'esistenza di questi codici. In un processo del 1902 il brigadiere dei carabinieri di Filandari racconta che un imputato gli aveva dettato a memoria lo statuto di un gruppo di picciotti con sede a Rombiolo, ma legati alla società Maggiore di Monteleone, l'odierna Vibo Valentia. «Era come se recitasse l'Ave Maria, se lo teneva nella mente impresso» spiegò ai giudici.

Il terzo codice, dopo quello di Seminara e Catanzaro, viene

ritrovato in un materasso di foglie, nel 1926, dal maresciallo Giuseppe Delfino nella zona di Platì. In questo documento, in tutto tre fogli di un quaderno scritto a mano, si individua la tipologia dei picciotti secondo il grado di appartenenza, e cioè «semplice», «di giornata», «di sgarro», «di sangue» e «liscio». Nel codice ritrovato da Delfino si fa riferimento ai tre cavalieri spagnoli che nell'immaginario degli uomini d'onore rappresentavano rispettivamente Gesù Cristo, san Michele Arcangelo e san Pietro. Un anno dopo, un codice simile a quello rinvenuto a Platì viene sequestrato a Gioiosa Ionica durante una perquisizione domiciliare.

Agli inizi degli anni Trenta, durante un'altra perquisizione domiciliare, vengono alla luce alcuni fogli di carta su cui erano scritte, nel gergo della delinquenza, le norme della costituzione e quelle relative ai diritti e doveri degli appartenenti alla camorra e dei vari gradi gerarchici. L'accenno è contenuto in una sentenza del tribunale di Reggio Calabria del 16 luglio 1931.

Nel 1963 un altro codice viene scoperto dalla polizia a San Giorgio Morgeto, in provincia di Reggio Calabria, dall'allora tenente dei carabinieri Giuseppe Galatà, che comandava la compagnia di Taurianova. Era custodito gelosamente nell'abitazione di un vecchio boss del luogo. In questo documento, per la prima volta, viene sottolineata la necessità di difendere il debole contro il forte, un concetto in controtendenza con la natura della 'ndrangheta.

Altri due statuti vengono sequestrati a Gioia Tauro e a Sant'Eufemia. Il primo viene rinvenuto a casa di un sicario della 'ndrangheta dall'allora commissario di polizia Gaetano Vasta; il secondo viene trovato dal capo della Mobile di Reggio Calabria del tempo, Alberto Sabatino, nell'abitazione di Angelo Violanti, boss di Sant'Eufemia d'Aspromonte.[3]

Documenti simili sono stati sequestrati anche in Canada e in Australia, dove la polizia dei due paesi ha individuato la presenza di organizzazioni criminali legati alla 'ndrangheta.

Quello ritrovato a Toronto nel 1971 ripropone lo schema degli altri codici precedenti. Si ispira ai «tre vecchi cavalieri di Spagna, primi fondatori di camorra, che hanno lavorato ventinove anni per fondare le regole sociali». Nella parte del rituale che spiega come «vincolare la favella», cioè come impegnare l'affiliato alla logica del silenzio, il codice rinvenuto a Toronto fa riferimento ai «due fratelli Medici Cosimo e Damiano». Il documento conferma anche l'esistenza della copiata come referente di ciascun affiliato: «Voi pigliate conto e sotto conto della mia copiata, io piglio conto e sotto conto della vostra copiata».

Sempre in Canada, a London, nel 1985 la polizia federale riesce anche a filmare un rito di iniziazione. Sul video le immagini scorrono nitide, anche se i raggi del sole, filtrando attraverso le tapparelle abbassate, sfocano i profili. Cinque uomini si avvicinano al tavolo, parlottando tra loro a voce bassa, di tanto in tanto interrotta da una grossa risata. Quando nella stanza entra il «mastro di cerimonia» cala il silenzio.

È un filmato eccezionale, unico nel suo genere, che per la prima volta, al di là delle finzioni cinematografiche, getta luce sulle formule di iniziazione mafiosa, su cui ormai, da tempo, esiste una diffusa letteratura.

Le immagini risalgono al 1985, quando un agente della Royal Canadian Mounted Police, le Giubbe Rosse, Giovanni Persichetti, dopo essersi guadagnato la fiducia dei fratelli Zangari, viene invitato a entrare in un locale di 'ndrangheta. Per mesi aveva acquistato e rivenduto cocaina, grazie all'aiuto di un altro agente sotto copertura che frequentava l'ippodromo di London, una città dell'Ontario. Persichetti convince i suoi futuri «confratelli» a celebrare il rito di iniziazione nel suo appartamento, per l'occasione attrezzato di telecamere e microfoni.

Dopo le varie raccomandazioni sul tema dell'onore, della fedeltà alla famiglia e della vendetta che colpisce, ineluttabilmente, chi tradisce, Persichetti sulla lama di un coltello recita una formula in uso nella 'ndrangheta sin dalla fine dell'Ot-

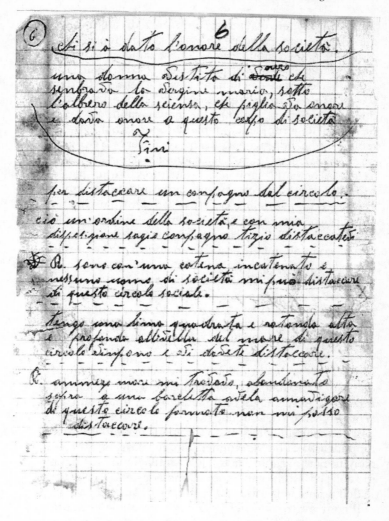

(6)

chi si à dato l'onore della società.

una donna distituto di onore che
sembrava la vergine maria, sotto
l'albero della scienza, che paglia più ancor
e dava onore a questo corpo di società

Fine

per distaccare un compagno dal circolo.

ciò un'ordine della società, e con mia
disposizione saggio compagno tizio distaccatea

R. sono con'una catena incatenato e
nessuno uomo di società mi può distaccare
di questo circolo sociale.

tengo una lima quadrata e rotonda alta
e profonda alla cella del mare di questo
circolo sinfono e si dovete distaccare.

R. ammezzo mare mi trovavo, abandonato
sopra a una barchetta adela armadigere
di questo circolo formata non mi posso
distaccare. — — — —

Toronto - Il codice sequestrato dalla polizia canadese
nell'abitazione di un uomo originario di Siderno

tocento: «Mangerò con i miei compagni e dividerò con essi giusto e ingiusto, carne, pelle, ossa e sangue fino all'ultima goccia. Se fallirò ogni macchia d'onore sarà a carico mio e a discarico della società». Tutto avviene sotto l'occhio asettico delle telecamere che filmano anche la cena a base di pescestocco, una particolare lavorazione del merluzzo, secondo le più antiche tradizioni della mafia calabrese.

Scrive il Raggruppamento speciale operativo (Ros) dei carabinieri: «La 'ndrangheta ha sempre conservato l'originale caratterizzazione regionalista, connotata da riti e linguaggi a elevato contenuto simbolico. Lo statuto, che è alla base del rito dell'investitura e che diventa il riferimento per ogni decisione gestionale della cosca, ricorre, infatti, a un linguaggio criptico, in cui appaiono inserimenti lessicali campani, allitterazioni e allegorie che conferiscono un alone di mistero e un coinvolgimento emotivo analogo a quello presente in molte antiche aggregazioni militari e religiose».

Per il Ros, «il Codice diventa uno strumento che assicura il senso di appartenenza all'organizzazione, conferendo alle decisioni interne una legittimazione vissuta intimamente da tutti gli affiliati». E ancora: «Il rito e il suo linguaggio permettono la condivisione di potere, attribuiscono il senso di sicurezza e di protezione e rappresentano, in un contesto di degrado culturale ed economico, la rivalsa dall'umile condizione e l'emancipazione della società criminale calabrese. Ogni ordinamento ... si fonda sull'effettività del valore del linguaggio».

Il Ros conclude precisando che «dalle testimonianze rese da più affiliati alla 'ndrangheta emerge il rispetto incondizionato per le regole e la totale assimilazione del linguaggio della cosca, che generano un'immedesimazione generale dell'uomo nella struttura criminale di appartenenza».

Il codice ritrovato nel 1989 nel covo del superlatitante Giuseppe Chilà conferma i cambiamenti avvenuti nella 'ndrangheta dopo il summit di Montalto. Il documento è diviso in tre parti.

La prima è dedicata alla società di sgarro e ai suoi rituali. I riferimenti storici sono ai mitici cavalieri di Spagna e ai tre presunti assassini di san Michele Arcangelo, Minofrio, Misgrizzi e Misgarro. Il giuramento è quello tradizionale che impegna il neofita a spartire con gli altri «fratelli di sangue» tutto ciò che possiede, fino all'ultimo millesimo, e a difendere la società di sgarro fino all'ultima goccia di sangue, precisando che ogni infamità o macchia d'onore avrà ripercussioni personali e non intaccherà l'organizzazione nel suo insieme.

Nella seconda parte si parla di Vangelo. E, oltre a Gesù Cristo, i referenti sono i tre Magi, Gaspare, Melchiorre e Baldassarre. I fratelli si impegnano a «non partecipare a nessuna società ... tranne il Sacro Vangelo».

Il carattere esclusivo di questo nuovo organismo si coglie meglio nella terza parte, quando si parla esplicitamente della Santa. Ai re magi subentrano Giuseppe Mazzini, Giuseppe Garibaldi e Giuseppe (*sic*) La Marmora e nel giura-

Il codice rinvenuto nel 1989 nel covo del superlatitante Giuseppe Chilà

mento il neosantista si impegna a «rinnegare la società di sgarro e qualsiasi [altra] organizzazione». È un passaggio epocale nella storia della 'ndrangheta.

Altri tre codici nel 1990 vengono sequestrati a Rosarno, a Lamezia Terme e a Vallefiorita; in questi testi, oltre al «conte Avignone, Fiorentino di Russia e cavaliere di Spagna», si fa riferimento a un certo Salvatore Balzano, il quale avrebbe «scoperto la Camorra sull'isola di Favignana». Altri esemplari, invece, citano il conte Ugolino.

Nel 1999 alcuni fogli scritti a mano, contenenti le regole della 'ndrangheta, sono stati rinvenuti dai carabinieri a Paola, in provincia di Cosenza, nell'abitazione di un pregiudicato del luogo. Infine, un codice inedito, del quale pubblichiamo la versione integrale in appendice, è stato scoperto, per caso, nella soffitta di un'abitazione di Stefanaconi, comune in provincia di Vibo Valentia, nel 1975.

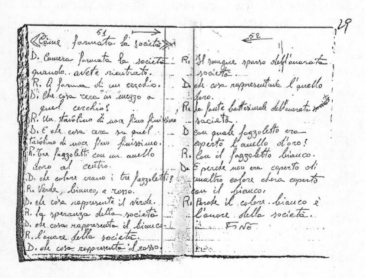

Una pagina del codice scoperto per caso nella soffitta di un'abitazione di Stefanaconi, in provincia di Vibo Valentia (1975)

Il codice sequestrato a Vallefiorita, nel catanzarese

Anche se il contenuto di questi statuti sembra essere un suggestivo retaggio del passato o semplicemente materiale di ricerca antropologica, recentissime indagini hanno confermato che la 'ndrangheta continua a farne uso, tanto da poter affermare che non vi è locale in Calabria e negli insediamenti fuori della Calabria che sia privo di un codice.[4]

In una conversazione intercettata il 5 maggio 2005, un uomo di Careri viene ascoltato mentre riferisce allo zio residente in Australia particolari importanti sull'organigramma della 'ndrina a cui appartiene. Vengono forniti molti dettagli sulla cerimonia di iniziazione, utilizzando termini inequivocabili, come «mastro di tirata», «capo di società», «mastro di giornata» e «contabile».[5]

Ha scritto Vincenzo Macrì, sostituto della Direzione nazionale antimafia e uno dei magistrati più attenti nell'analisi di questa organizzazione criminale: «Ancora oggi ... quei riti, quelle formule, sono osservate come cento anni fa, nell'ovile di Platì, come nei rioni di Reggio Calabria, nel retro dei bar di Buccinasco, come nelle fattorie australiane, ovunque insomma la 'ndrangheta esprima la continuità della sua presenza, della sua attività, del suo proselitismo, della sua espansione. Anche nel rispetto dell'identità del passato va ricercato uno dei motivi di tale sorprendente capacità di sopravvivenza, di continuo rinnovamento, di rapido adeguamento al mutamento delle situazioni esterne».[6]

Le diversità tra i vari statuti esistono, sono marginali e mai sostanziali, dovute molto probabilmente alla trasmissione orale, l'unica ammessa, che in certa misura può comportare modifiche e varianti. Le parole sono pesate e le allusioni sono profonde, così come i dialoghi intrisi di metafore, ma anche di una gestualità di grande interesse antropologico.

Raccontano i pentiti di 'ndrangheta che i codici rappresentano degli strumenti formidabili per assicurare il senso di appartenenza all'organizzazione, ma anche per dare al rapporto associativo una sua legittimazione, fondata su pretesi sentimenti di onore e di superiorità.

C'è però una cosa che i codici non spiegano e riguarda l'elezione o la nomina dei livelli più alti della gerarchia 'ndranghetista. Non sappiamo come si diventa contaiolo o capo bastone, se per nomina o per elezione, né quale rituale si segue. Sul finire dell'Ottocento si trova scritto in due sentenze che il capo bastone veniva «eletto a maggioranza di voti». Poi non si è più saputo nulla.

# X

# L'identikit

Non è solo duttile la 'ndrangheta in Calabria, ma è anche giovane. Nel periodo compreso tra il 1999 e il 2005 la Direzione distrettuale antimafia di Reggio Calabria ha indagato per associazione a delinquere di stampo mafioso 7909 persone. Di queste, il 15,42 per cento aveva un'età compresa tra 18 e 30 anni; il 43,58 per cento tra 31 e 45; il 29,42 per cento tra 46 e 60; il 10,11 per cento tra 61 e 75; e l'1,45 per cento aveva più di 76 anni.

Gli uomini sono risultati 7315, di cui 1120 avevano un'età compresa tra 18 e 30 anni, pari al 15,31 per cento; 3185 tra 31 e 45 (43 per cento); 2159 tra 46 e 60 (29,51 per cento); 746 tra 61 e 75 (10,19 per cento) e 105 avevano più di 76 anni (1,03 per cento).

Le donne erano 594 e, di queste, 100, pari al 16,83 per cento, avevano un'età compresa tra 18 e 30 anni; 262 (44,10 per cento) tra 31 e 45; 168 (28,28 per cento) tra 46 e 60; 54 (9,09 per cento), tra 61 e 75 e 10 (1,68 per cento) avevano più di 76 anni.

Dai dati è emerso che il 59 per cento degli affiliati alla 'ndrangheta alla fine del 2005 aveva un'età inferiore a 45 anni, a conferma della facilità con cui le 'ndrine riescono a rinnovare i propri organici.

Enzo Ciconte ha esaminato 52 sentenze pronunciate in Calabria dal 1884 al 1915, rilevando che gli imputati con

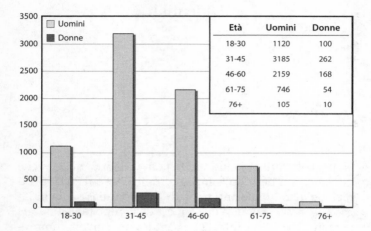

Indagati Dda Reggio Calabria dal 1999 al 2005
7315 uomini, 594 donne

| Età | Uomini | Donne |
|------|--------|-------|
| 18-30 | 1120 | 100 |
| 31-45 | 3185 | 262 |
| 46-60 | 2159 | 168 |
| 61-75 | 746 | 54 |
| 76+ | 105 | 10 |

un'età compresa tra i 14 e i 30 anni rappresentavano il 71,58 per cento del totale.[1]

Commenta il giudice Saverio Mannino: «Occorre ... tener conto, e per il numero e per la pericolosità, delle associazioni giovanili che costituiscono il bacino d'utenza di quelle degli adulti, alle quali di fatto corrispondono perseguendo in forma coordinata scopi criminali comuni».[2] Si tratta di scuole di delinquenza applicata alle quali la 'ndrangheta ricorre continuamente per reclutare nuova linfa. Nel corso della seconda guerra di mafia a Reggio Calabria sono stati impiegati come sicari molti minorenni, alcuni dei quali sono rimasti uccisi. Una delle famiglie che ha dimostrato di poter contare di più sui giovani è stata quella dei De Stefano-Tegano.[3]

Il controllo del territorio continua a essere la vera risorsa dei gruppi mafiosi. Tra le attività tipiche quella che continua a contraddistinguerli è la protezione-estorsione che serve soprattutto ad affermare la signoria dei locali di 'ndrangheta sul territorio.

I gruppi criminali in Calabria oggi sarebbero 131[4] con circa 10.000 affiliati. Una stima più attendibile porterebbe il numero degli affiliati ad alcune decine di migliaia.

In provincia di Reggio Calabria ci sarebbero almeno 73 «locali», 23 nel mandamento del centro,[5] 26 in quello ionico[6] e 24 in quello tirrenico.[7] Nelle altre quattro province i «locali» sarebbero almeno 58,[8] di cui 21 nel Catanzarese,[9] 17 nel Cosentino,[10] 13 nel Crotonese[11] e 7 nel Vibonese.[12] Per la Direzione investigativa antimafia, che nella relazione sul primo semestre del 2008 cita le stesse fonti, invece, il totale dei locali della 'ndrangheta sarebbe 136.

Nel rapporto tra affiliati ai clan e popolazione, la densità criminale in Calabria è pari al 27 per cento, contro il 12 per cento della Campania, il 10 per cento della Sicilia e il 2 per cento della Puglia.[13]

È una percentuale preoccupante non soltanto perché più di un quarto della popolazione è coinvolta, a diverso titolo, in attività delinquenziali, ma anche perché attorno a questi gruppi ruotano, da sempre, migliaia di «colletti bianchi», molti dei quali insospettabili.

Ha scritto la Commissione parlamentare antimafia: «La 'ndrangheta, nel suo insieme, è qualcosa di più di una congerie di malfattori rurali, come ingiustamente e superficialmente è stata considerata fino a pochi anni fa; è una tela di ragno che lentamente, ma inesorabilmente, imprigiona le persone per incunearsi nelle istituzioni dalle stesse rappresentate».[14]

Per la Commissione parlamentare antimafia, la 'ndrangheta è un «meccanismo subdolo, sottile, che modella la sua efficienza sia attraverso la pratica della collusione e corruzione, sia approfittando di puri rapporti parentali o di amicizia».[15]

In Calabria le consorterie più potenti sono sempre quelle della provincia di Reggio: i Piromalli e i Molè a Gioia Tauro, i Pesce e i Bellocco a Rosarno, gli Alvaro[16] a Sinopoli, gli Iamonte a Melito Porto Salvo, i Barbaro a Platì, i Romeo, i Pelle e i Nirta a San Luca, i De Stefano e i Condello a Reggio

Calabria, i Commisso a Siderno, gli Aquino e i Mazzaferro a Gioiosa. Nelle altre province le organizzazioni più forti sono quelle dei Mancuso a Vibo e degli Arena a Crotone.

Quella di Reggio Calabria, comunque, non è solo la provincia dove operano le cosche più potenti, ma anche quella più permeabile alla 'ndrangheta: 40 consigli comunali sciolti per infiltrazioni mafiose dal 1991 al 2008 (24 nel Reggino, 7 nel Catanzarese, 5 nel Vibonese, 3 nel Crotonese e 1 nel Cosentino), 110 atti intimidatori ai danni di amministratori locali nel 2007 contro i 73 del 2006 e un tasso di disoccupazione che supera il 26 per cento della popolazione.

Nel rapporto dell'Eurispes Calabria sull'indice di permeabilità mafiosa, la provincia più a rischio, dopo Reggio, è quella di Catanzaro, seguita da Crotone, Cosenza e Vibo Valentia.

| Indice di permeabilità mafiosa (Ipm) | |
|---|---|
| Reggio Calabria | 689 punti |
| Catanzaro | 330 |
| Crotone | 295 |
| Cosenza | 254 |
| Vibo Valentia | 192 |

Da evidenziare, inoltre, il basso livello complessivo di fiducia nelle istituzioni in provincia di Vibo Valentia (39,5 per cento a fronte di una media regionale del 48 per cento) e il primato nazionale degli omicidi di stampo mafioso nella provincia di Crotone (22 per 100.000 abitanti, avvenuti tra il 1999 e il 2005).

Dal 2000 al 2004, la strategia del terrore operata dalle 'ndrine a danno delle istituzioni ha prodotto ben 323 atti intimidatori nei confronti di amministratori locali calabresi: oltre ai 121 registrati in provincia di Reggio Calabria pari al 37,5 per cento del dato complessivo in Calabria, ce ne sono stati altri 68 nel Vibonese (21 per cento), 56 nel Cosentino (17,3 per cento), 46 nel Catanzarese (14,2 per cento) e 32 nel Crotonese (9,9 per cento).

Dal 2000 al giugno del 2008 ci sono state 13.785 denunce, delle quali 1900 per estorsione, 7962 per produzione, detenzione e spaccio di sostanze stupefacenti, 523 per associazioni di tipo mafioso, 359 per sfruttamento e favoreggiamento della prostituzione, 1216 per ricettazione e 1825 per attentati. Quella di Reggio Calabria resta la provincia più esposta con 5242 reati assimilabili a organizzazioni di tipo mafioso, pari al 38,1 per cento del dato complessivo in Calabria.

Secondo alcune stime, il giro d'affari della 'ndrangheta nel 2007 è stato di 43.795 milioni di euro. Il settore più remunerativo è sempre quello del traffico di sostanze stupefacenti con introiti di circa 27.240 milioni di euro.

Scrive l'Eurispes: «Negli ultimi anni si è assistito a un vero e proprio salto di qualità in questa particolare attività illecita: le 'ndrine puntano a ottimizzare sforzi e rischi, abbattendo, per esempio, i costi di approvvigionamento della droga, in particolare della cocaina dal Sudamerica, attraverso la strategia di eliminazione dei cosiddetti intermediari e ricercando il contatto diretto con i cartelli, soprattutto colombiani, o con la loro emanazione in Europa».[17]

Per l'Eurispes «la 'ndrangheta ha ormai assunto in Italia e all'estero un ruolo di primo piano nel mercato internazionale degli stupefacenti», potendo disporre «di ingenti risorse che consolidano la sua immagine ai vertici del crimine organizzato transnazionale», grazie anche a «rapporti di partenariato ... con i principali cartelli che immettono la droga sul mercato mondiale».

Gli appalti truccati e la compartecipazione nel settore imprenditoriale rappresentano un'altra importante fonte di reddito, pari a 5733 milioni di euro, a testimonianza della capacità di infiltrazione nel tessuto economico e sociale delle 'ndrine. Spiega l'ultimo rapporto dell'Eurispes: «In particolare le imprese "mafiose" dispongono di ingenti risorse finanziarie provenienti dalle attività illecite che consentono loro di innescare meccanismi cospicui di autofinanziamento; penetrano i mercati di riferimento senza alcun principio di concorrenza, utilizzando al contrario strumenti e azioni di costante intimidazione; e, infine, mettono in campo misure per corrompere amministratori e pubblici funzionari e condizionare le procedure di gara».[18]

L'usura, un fenomeno fortemente presente, ancorché sommerso, unitamente alle estorsioni, garantisce un giro d'affari stimato intorno ai 5017 milioni di euro. In questa attività illecita, la 'ndrangheta è seconda sola alla camorra. Si tratta di un mercato in forte espansione che non è gestito direttamente dalle cosche ma si avvale di personaggi a esse contigui, che rappresentano il *trait d'union* tra la cosiddetta società civile e quella mafiosa e che si occupano anche del reimpiego dei proventi illeciti delle cosche. Secondo l'Eurispes l'usura costituisce una forma avanzata di infiltrazione mafiosa che si esprime, nella maggior parte dei casi, con un pericoloso intreccio tra imprenditoria, politiche delle banche e criminalità organizzata.

Tradizionalmente pervasivo è il racket dell'estorsione: chi non accetta il ricatto finisce sotto tortura. «Lavorare in Calabria è cosa diversa che altrove» commenta Giuseppe Gatto, presidente dell'Associazione nazionale costruttori edili in Calabria.[19] «Ci sono intere aree da cui io stesso, nella mia attività di imprenditore edile, mi tengo lontano: il Lametino, larga parte del Reggino, alcune zone della provincia di Catanzaro sono zone off limits, escluse da una normale attività economica. Luoghi dove incendi nei cantieri o furti di mezzi sarebbero la ritorsione inevitabile a chi volesse opporsi al racket. È doloroso ammetterlo: la Calabria è una regione a sovranità limitata, con un'economia di mercato falsata dalla presenza arrogante e pervasiva delle cosche. Tutto questo si è già tradotto nella presenza di concorrenti impropri, di imprese che possono godere di capitali abbondanti, di dubbia provenienza. Aziende che in una gara d'appalto possono permettersi ribassi fino al 30-40 per cento. È impossibile non vedere anche per chi dovrebbe controllare, eppure quasi mai dopo una gara avviene quanto prescritto dalla legge: il controllo della composizione societaria dell'azienda vincitrice. Sarebbe facile scoprire zone grigie. Che restano tali.»

Infine, sul traffico d'armi e sulla prostituzione l'Eurispes ha stimato, per il 2007, un introito complessivo illecito per le cosche calabresi di oltre 5800 milioni di euro.

Numerose inchieste hanno accertato il coinvolgimento della 'ndrangheta nel traffico di armi, le cui rotte si sovrappongono a quelle della droga. In Albania, Medio Oriente o in Sudamerica, sempre più spesso gli stupefacenti diventano merce di scambio. La 'ndrangheta, con i suoi numerosi collegamenti transnazionali, è diventata un'affidabile interlocutrice criminale sia per la droga che per le armi. In Congo emissari della 'ndrangheta avrebbero cominciato a mettere le mani anche sul coltan, un minerale da cui si estrae un conduttore fondamentale per tutta l'industria elettronica. Le armi, anche in quel caso, costituiscono un efficace strumento di scambio.

| Giro d'affari della 'ndrangheta Valori assoluti in milioni di euro – 2007 (stime approssimative per difetto) | |
|---|---|
| Traffico di droga | 27.240 |
| Impresa e appalti pubblici | 5733 |
| Estorsioni e usura | 5017 |
| Armi | 2938 |
| Prostituzione | 2867 |
| **Giro d'affari complessivo** | **43.795** |

Non è da sottovalutare neanche il giro di denaro che ruota attorno al traffico di esseri umani. Così come quello delle filiere dell'ecomafia e della criminalità ambientale che ormai hanno fatto breccia anche in Calabria.

«Il tradizionale controllo del territorio esercitato dalle organizzazioni mafiose, con la disponibilità di cave, terreni, manodopera a bassissimo costo e il ricorso alla violenza dissuasiva» spiega il procuratore nazionale antimafia Piero Grasso «ha permesso ai sodalizi criminali di imporsi come unico interlocutore imprenditoriale capace di gestire, in regime di monopolio, gran parte delle attività proprie del ciclo dei rifiuti.»[20] Da oltre vent'anni, infatti, la 'ndrangheta sarebbe coinvolta nel business dei rifiuti tossici e radioattivi. Secondo un memoriale consegnato da un collaboratore di giustizia alla Direzione nazionale antimafia, tra gli anni Ottanta e Novanta sarebbero state affondate volontariamente molte navi con il loro carico di scorie pericolose. Affari di dimensioni planetarie che sono stati investigati dalla Procura di Paola e da quella di Reggio Calabria e che avrebbero coinvolto decine di nazioni, politici e faccendieri, servizi segreti e industriali, massoni e malavitosi.[21]

In Basilicata si indaga su un quantitativo di materiale radioattivo (plutonio e uranio) che sarebbe stato ceduto con la complicità della 'ndrangheta all'Iraq di Saddam Hussein. Lo conferma un documento, ora desecretato, della Cia, secondo la quale una società italiana attraverso il Cnem, il Comitato nazionale per l'energia nucleare, nel 1979 e nel 1982 avrebbe fornito, in tre occasioni, uranio al regime di Saddam Hussein che intendeva dotarsi di armamenti atomici.[22]

# XI

# La 'ndrangheta
## nell'area di Reggio Calabria

La forza della 'ndrangheta nella provincia di Reggio Calabria è confermata dai numeri: 73 sodalizi criminali con un esercito di 7358 presunti affiliati, tra cui 255 donne, pari al 3 per cento del totale.

I «mandamenti» garantiscono un controllo pervasivo del territorio. Le cosche della fascia ionica sono più impegnate nel traffico di droga, grazie anche alle radicate proiezioni nel Norditalia; quelle della fascia tirrenica risultano maggiormente orientate alla gestione economica del territorio in cui operano.

Nel circondario di Reggio Calabria, Cardeto, Santo Stefano d'Aspromonte, Sant'Alessio d'Aspromonte, Laganadi e Motta San Giovanni, attualmente operano le cosche Araniti, Condello-Imerti-Lo Giudice-Iannò-Surace-Marra, De Stefano-Tegano-D'Agostino-Franco-Morabito D.-Barreca, Ficara, Labate, Latella, Libri-Zindato, Rosmini, Rugolino, Saraceno-Fontana-Trapani, Serraino P.-Ficara (intesi Ficareddi, Serraino). Ma ci sono anche i Postorino, Nicolò, Caracciolo, Musolino, Latella, Caridi, Polimeni, Cannizzaro, Chirico, Crucitti e Ambrogio, quasi tutti coinvolti nella seconda guerra di mafia.

Dopo la pace siglata da Giorgio De Stefano e Pasquale Condello, si è deciso di dividere il territorio di Reggio Ca-

## Mappatura della criminalità organizzata
*Calabria - Provincia di Reggio Calabria*

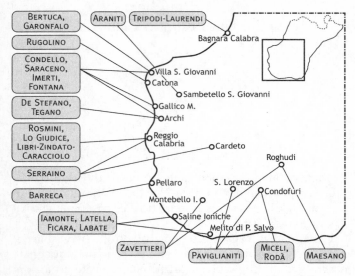

Le mappe che seguono sono del Raggruppamento speciale operativo
dei carabinieri di Reggio Calabria.

labria in tredici comprensori, tutti assegnati alle famiglie
coinvolte nella guerra di mafia.

Nel centro abitato di Reggio sono state create tre grandi
zone: nord, centro e sud. La zona nord, in direzione Gallico,
è stata assegnata alle famiglie raggruppate attorno ai clan
Condello-Saraceno-Imerti-Fontana, Rosmini e Serraino; la
zona centro, quella economicamente più rilevante è stata
attribuita ai De Stefano-Tegano-Libri; la zona sud è stata affidata al controllo dei Latella-Ficara, con i Labate ristretti
nel quartiere Gebbione. I Serraino, legati agli Imerti-Con-
dello, hanno potuto estendere la loro influenza sui comuni
di Cardeto, Gambarie, Santo Stefano d'Aspromonte e San

Sperato, mentre agli Araniti, legati ai De Stefano, è stato lasciato campo libero nel comune di Sambatello.

Nonostante la guerra e gli ultimi arresti che hanno portato in carcere molti pericolosi latitanti, le cosche di Reggio Calabria continuano a costituire un punto di riferimento importante per tutte le 'ndrine calabresi.

Nella zona di Reggio Calabria quasi tutti i «locali» dispongono di armi e di uomini pronti a usarle. Le attività più redditizie continuano a essere il traffico di droga, il commercio di armi, lo smaltimento dei rifiuti tossici e nocivi, il racket delle estorsioni[1] e le infiltrazioni nei vari settori dell'economia legale.

Nel traffico di droga, la 'ndrangheta di questa provincia ha rafforzato la propria leadership a livello internazionale, intensificando i legami con altre consorterie criminali, anche nei settori del riciclaggio del denaro sporco, realizzato attraverso sofisticati e consolidati network finanziari.

Gli interessi delle varie 'ndrine sono stati indirizzati anche sui lavori di ammodernamento dell'autostrada A3 Salerno - Reggio Calabria e sulle attività connesse al porto di Gioia Tauro, che ha assunto un ruolo fondamentale negli scambi commerciali dell'area del Mediterraneo.

Proprio nel porto di Gioia Tauro, il 24 maggio 2002, il Raggruppamento speciale operativo dei carabinieri ha scoperto circa 225 chilogrammi di cocaina a bordo della motonave *Greenwich Maerks*, proveniente dal porto di Cartagena, in Colombia, nell'ambito dell'indagine «Thessaloniki» che, tra l'altro, ha accertato l'esistenza di un giro che coinvolgeva personaggi di spessore internazionale stanziati in Grecia, Bulgaria, Macedonia e Albania. Altrettanto significativa è stata l'operazione condotta dal Gruppo operativo antidroga della guardia di finanza di Reggio Calabria che il 2 novembre 2003, in uno dei container sbarcati da una nave proveniente dalla Spagna, ha scoperto e sequestrato 350 chilogrammi di cocaina, celata in fusti contenenti succo di ananas.

Gli ultimi rapporti di intelligence, comunque, sottolineano l'esistenza a Reggio Calabria di una situazione di fragilissima coesistenza fra i «locali» di 'ndrangheta più rappresentativi.

Le avvisaglie si sono avute nel dicembre del 2003 con l'uccisione di Mario Audino, reggente del locale di San Giovannello, eliminato per aver tenuto fuori i Tegano dal giro delle estorsioni nel centralissimo corso Garibaldi. Secondo il Ros dei carabinieri la frattura con i De Stefano avrebbe favorito un avvicinamento dei Tegano con i Condello.

La conferma è arrivata nel marzo del 2006, al termine di un'indagine della Procura distrettuale antimafia che ha accertato l'esistenza di un accordo raggiunto tra Domenico Libri per conto dei Tegano e il clan Condello per gestire una serie di appalti e servizi pubblici per lo smaltimento di rifiuti solidi urbani e per la gestione delle relative discariche. Per il Servizio centrale operativo della polizia il contrasto tra i De Stefano e i Tegano sarebbe stato «sedato» dall'intervento di Carmine De Stefano, uno dei figli di Paolo De Stefano, il boss ucciso ad Archi nel 1985. Ai Condello, negli ultimi tempi, si sarebbe avvicinato anche Cosimo Alvaro, il boss dell'omonima cosca di Sinopoli, un tempo molto legata ai De Stefano. Il padre di Cosimo Alvaro è stato uno dei garanti della pace mafiosa siglata a Reggio dopo l'omicidio del giudice Scopelliti.

I De Stefano, nel frattempo, avrebbero consolidato i loro rapporti con i Latella, i Libri e i Labate. Spiega il tenente colonnello Valerio Giardina, comandante del Ros a Reggio Calabria: «La 'ndrangheta reggina sta attraversando una fase di delicati equilibri interni, dovuta proprio alla difficoltà di accettare forme di coordinamento sovraordinate».

Nel 2004 sono stati arrestati Pasquale Tegano, detto «Nocciolina», capo storico dell'omonimo clan, uno dei garanti della pax mafiosa, e Orazio De Stefano, fratello di Paolo. Quattro anni dopo, nel gennaio del 2008, stessa sorte è toccata a Pasquale Condello.

Condello, detto «il Supremo», era latitante dal 1988, dovendo scontare nove ergastoli, tra i quali quello per l'omicidio dell'ex presidente delle Ferrovie dello Stato, Lodovico Ligato. Cinquantotto anni, tempie brizzolate, baffi curati, vestiti griffati, è stato sorpreso il 18 gennaio 2008 in un appartamento alle porte di Reggio mentre cenava con ostriche e champagne insieme ad altre tre persone. Il boss, che amava il lusso e la bella vita, leggeva Garcia Márquez, Oriana Fallaci, Paulo Coelho e Khaled Hosseini. Una latitanza molto diversa da quella di Bernardo Provenzano che, quando è stato arrestato, mangiava cacio e cicoria in una vecchia masseria di Corleone.

# XII

# La 'ndrangheta nel resto della provincia

*Melito Porto Salvo, Montebello Ionico, Roghudi*
*e Roccaforte del Greco*

I comuni di Melito Porto Salvo, Montebello Ionico, Roghudi e Roccaforte del Greco fanno parte del territorio controllato dagli Iamonte, una cosca storica della 'ndrangheta che, negli anni Settanta, era legata a doppio filo a Domenico Tripodo di Sambatello.

Il boss, Natale Iamonte, che negli anni Sessanta aveva preso il posto di Giuseppe Trimarchi, ucciso in un agguato, era proprietario di un distributore di benzina e di una macelleria.[1]

A trasformare questa 'ndrina in una holding del crimine è stata la costruzione della Liquichimica di Saline Ioniche. Una vicenda inverosimile, tutta italiana.

Il complesso industriale, per il quale vennero investiti circa 300 miliardi di lire, fu costruito su un terreno franoso,[2] espropriato alla baronessa Maria Piromallo Di Prisco, originaria di Napoli. L'uso di quel sito era stato sconsigliato da una perizia geologica che, però, pochi ebbero l'opportunità di leggere: sparì, infatti, misteriosamente dal carteggio e i lavori proseguirono senza interruzioni. L'unico che continuò a obiettare sulla stabilità del suolo fu il direttore del Genio civile di Reggio Calabria. Il quale, però, perse la vita in uno strano incidente stradale.

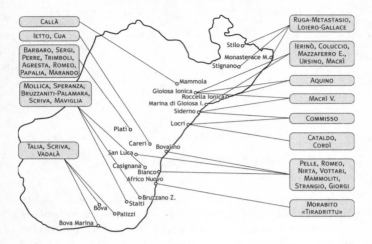

**Mappatura della criminalità organizzata**
*Calabria - Provincia di Reggio Calabria*

«C'erano troppi interessi attorno a quel progetto, troppi miliardi in un'area tradizionalmente avara di risorse» ricorda un investigatore che ha seguito quelle vicende.

Iamonte si assunse l'incarico di garantire un'equa spartizione degli appalti tra le imprese controllate dalle varie 'ndrine della zona. Si dettero da fare anche le cosche d'oltreoceano. La polizia canadese intercettò alcuni boss della mafia siciliana mentre discutevano in un bar di Montreal su come contattare Natale Iamonte per assicurarsi una fetta dei miliardi destinati alla realizzazione dello stabilimento di Saline Ioniche.[3]

L'impianto, nonostante le decine di miliardi spesi dal governo, non entrò mai in funzione, perché le bioproteine che avrebbe dovuto produrre si dimostrarono cancerogene. Quella imponente struttura, ancora visibile dalla statale 106, è rimasta un lacerto di mitologia industriale, un sogno svanito, un investimento inutile. L'approdo portuale annesso all'impianto, invece, si rivelò molto utile alle 'ndrine del luogo che lo utilizzarono per sbarcare tonnellate di sostanze stupefacenti, sigarette e armi.

Racconta Salvatore Annacondia, ex contrabbandiere di Bari, legato ai clan di Reggio Calabria: «Ogni qualvolta Domenico Tegano aveva la necessità di organizzare sbarchi clandestini di ingentissimi carichi di eroina provenienti dal Libano si rivolgeva a Natale Iamonte». Pare che il boss di Melito Porto Salvo, in quegli anni, percepisse una percentuale dai destinatari dei carichi di hashish ed eroina che approdavano nel porto di Saline. Tra questi c'erano anche i De Stefano di Reggio Calabria e i Ferrera e i Santapaola di Catania.

Qualche anno dopo altri trenta miliardi di vecchie lire vennero stanziati per la realizzazione delle Officine grandi riparazioni delle Ferrovie dello Stato. Grazie alla mediazione dei Santapaola, gli Iamonte si assicurarono una grossa tangente dall'impresa aggiudicatrice dell'appalto.[4]

Da allora gli Iamonte non si sono più fermati. Hanno messo le mani su tutto ciò che avrebbe potuto generare profitti: dagli appalti pubblici al controllo del mercato del calcestruzzo e della fornitura di inerti, dal riciclaggio di denaro sporco al traffico internazionale di droga, armi ed esplosivo.

Nell'aprile del 1994 la polizia di Reggio Calabria ha scoperto l'esistenza di un mercantile italiano, la *Laura C*, a 52 metri di profondità nelle acque antistanti la zona controllata dagli Iamonte. A bordo della nave, affondata nel 1941 da un sommergibile inglese, c'erano 700 tonnellate di tritolo, destinate alle truppe italiane in Africa orientale. La nave-deposito venne successivamente coperta con una colata di cemento.

Nel marzo del 1998 un'indagine ha accertato il coinvolgimento del clan di Melito Porto Salvo nella vendita di alcune barre di combustibile nucleare prodotte negli Stati Uniti dalla General Electric e destinate a una centrale atomica dello Zaire.

Sei anni dopo, il 27 agosto 2004, a Saline Ioniche, una frazione del comune di Montebello Ionico, in un sacco di plastica nascosto sotto un cavalcavia della Statale 106 i carabinieri hanno rinvenuto 65 panetti di tritolo di tipo militare, pronti per essere utilizzati. Sempre nel comune di Montebello, pochi mesi dopo, il 19 ottobre dello stesso anno, sono state scoperte 243 formelle di tritolo, del peso complessivo di 45 chilogrammi, nascoste in un sacco di plastica. In altre operazioni, sempre nella zona controllata dagli Iamonte, sono stati rinvenuti lanciarazzi anticarro, bazooka e altro materiale esplosivo.

La conferma della disponibilità infinita di tritolo da parte del clan Iamonte si è avuta nel 2004, quando le forze dell'ordine in collaborazione con i servizi segreti sono riuscite a infiltrare un loro uomo nel giro della potente cosca. In pochi mesi l'agente sotto copertura è riuscito a comprare 106 chili di tritolo in pani da 180-190 grammi e mezzo chilo di semtex, un esplosivo plastico usato in molti attentati terroristici.

A metà degli anni Settanta sono sorti dei contrasti tra Natale e Vincenzo Iamonte. Pare che il fratello del boss non abbia tenuto un comportamento decoroso al funerale di un familiare. Poi sono arrivati i guai con la giustizia. Natale, prima di essere condannato a 24 anni per l'omicidio di Antonio D'Uva, un avvocato catanese, aveva trascorso alcuni anni di soggiorno obbligato nella zona di Desio e Cesano Maderno, in Lombardia. Nel 2005 in carcere sono finiti anche i suoi figli, Vincenzo, detto «Cecio» e Giuseppe Iamonte. Secondo la relazione della Commissione parlamentare antimafia sulla 'ndrangheta, oggi il clan sarebbe capeggiato da Remigio Iamonte.

Nonostante le divisioni, le faide[5] e gli arresti subiti, gli Iamonte sono riusciti a mantenere il controllo della zona compresa tra Melito e Montebello, ma anche a estendere i propri interessi, oltre che in Lombardia, pure in Toscana, Liguria, Piemonte, Valle d'Aosta, Umbria e persino nell'Europa dell'Est.

Nel 2007 altre indagini hanno confermato i forti interessi del clan Iamonte nel settore della macellazione e commercializzazione delle carni.

Negli ultimi due anni Melito Porto Salvo è stata al centro di alcune inchieste della Procura distrettuale antimafia di Reggio Calabria che hanno coinvolto anche esponenti politici e dirigenti di strutture sanitarie, come Villa Anya, fondata dal consigliere regionale Domenico Crea, un medico di Melito Porto Salvo. Nel novembre del 2001 Crea depositò presso la filiale del Banco di Napoli più di un miliardo di lire in contanti. Ai magistrati disse di averli ereditati dai genitori che li tenevano custoditi in casa dentro un materasso. Scrive la Commissione parlamentare antimafia:[6] «Ma non c'è solo un grumo di interessi personali o clientelari che sorregge l'attività di Crea: le indagini hanno fatto emergere il legame con la 'ndrina dominante della zona, quella dei Morabito-Zavettieri di Africo e Roghudi, alleata dei Cordì di Locri e dei Talia di Bova Marina». Tutto a scapito dei pazienti, le persone ricoverate a Villa Anya. Senza cure e senza medici. «A questa intanto la facciamo fuori noi» diceva un'infermiera, ignara di essere intercettata, davanti al corpo ormai sfatto di una vecchietta in agonia, nella clinica che ingoiava malati e finanziamenti pubblici, sulla statale 106 che da Reggio Calabria sale verso la Locride.

Sempre a Melito Porto Salvo, nel luglio del 2006 è stato arrestato Giovanni Morabito, figlio di Giuseppe «Tiradrittu», il boss di Africo.

Nella zona di Roghudi e Roccaforte del Greco comandano i Maesano-Pangallo-Verno-Favasuli. Avverte la Commissione parlamentare antimafia:[7] «Nei comuni di Roghudi e Roccaforte del Greco potrebbe incidere sugli equilibri criminali locali la scarcerazione di Francesco Maesano e la cattura di Fortunato Maesano, capo dell'omonima cosca, avvenuta il 26 ottobre del 2006 in Spagna». Qui la 'ndrangheta ha radici antiche. Nel 1896 un pentito, Pietro Palamara, disse di aver fatto parte del clan di Roccaforte del Greco guidato

da Marco Malgeri.[8] A Roghudi, dove un tempo comanda-
vano i Romeo, negli anni Novanta, in una feroce faida, gli
Zavettieri sono stati decimati dai Maesano-Pangallo-Favasuli, legati ai Sergi-Marando di Platì.

Originari di Roghudi e Roccaforte del Greco erano anche gli affiliati a una cosca della 'ndrangheta trapiantata a
Domodossola, arrestati nel 1993 assieme a due ex amministratori comunali del luogo e al sindaco di Roghudi. Grazie
ai politici, la cosca era riuscita a controllare capillarmente
il territorio della Val d'Ossola, terrorizzando commercianti e imprenditori con estorsioni e ricatti. Nel gennaio 2008 è
stata scoperta una base operativa di spacciatori di hashish
proprio a Roghudi. Erano in contatto con un marocchi-
no che faceva da intermediario con alcune organizzazioni nordafricane.

## San Lorenzo, Bagaladi e Condofuri

San Lorenzo, Bagaladi e Condofuri sono tre comuni che
fanno parte dell'area grecanica, dove si parla ancora il greco di Omero, una natura straordinaria con macchia medi-
terranea, boschi, pinete, faggete a perdita d'occhio lungo
la vallata dell'Amendolea, sede di insediamenti della Magna Grecia. Qui comandano i Paviglianiti, un tempo affiliati
alla cosca di Vincenzo Passaniti, un boss eliminato durante
la seconda guerra di mafia perché ritenuto troppo vicino ai
Rosmini, nemici dei De Stefano. I Paviglianiti sono riusciti a sottomettere anche altre cosche locali, come gli Stilo, i
Gagliardi e i Rodà di San Lorenzo.

Nel novembre del 2001 Domenico «Mimmo» Paviglianiti,
il boss dell'omonimo clan, è stato condannato all'ergastolo
in Lombardia, dove si era trasferito assieme ad altri quattro
fratelli, Angelo, Santo, Salvatore e Settimo. Quattro omicidi, un numero imprecisato di esecuzioni commissionate,
quintali di cocaina importati da tutto il mondo, ma anche il
sospetto di collegamenti con il terrorismo islamico. Per gli

inquirenti le armi trovate in un covo della jihad islamica a Torino erano state vendute al clan Paviglianiti e poi, forse tramite un turco, erano finite nelle mani di un pericoloso latitante con passaporto yemenita coinvolto negli attentati contro le ambasciate americane in Tanzania e in Kenya. Non si è mai riusciti a capire come abbia fatto quell'arsenale a passare dalla 'ndrangheta alla jihad islamica.

In Lombardia i Paviglianiti hanno stretto legami con le famiglie più forti, come i Flachi, i Trovato, i Sergi, i Papalia, entrando in affari con i Latella, i Tegano, i Barreca, i Trimboli e gli Iamonte. Quando Natale Iamonte è stato arrestato nell'hinterland milanese si trovava a bordo di un'auto guidata da un uomo dei Paviglianiti.

Tra il 1990 e il 1992 i Paviglianiti sono stati coinvolti anche in una cruenta guerra di mafia che ha lasciato sul terreno decine di morti. Mimmo Paviglianiti si alleò con Pepé Flachi, Franco Coco Trovato e Antonio Schettini per punire il clan Batti che, disattendendo gli accordi, aveva cominciato a rifornirsi di eroina direttamente da corrieri turchi indipendenti. Cani sciolti che vendevano la droga a prezzi stracciati. Quando il trucco venne scoperto, il contrasto esplose violentemente. I Batti cercarono di uccidere Franco Trovato, ma nell'agguato di Bresso, il 15 settembre 1990, morirono due passanti innocenti, Pietro Carpita e Luigi Recalcati. Pochi giorni dopo, in una riunione a Corsico, alla quale partecipò anche Paviglianiti, venne deciso lo sterminio del clan Batti. Racconta il pm Armando Spataro: «In quegli anni si creò un'alleanza tra clan catanesi, napoletani e calabresi con continui scambi di favori e di sicari». Il 19 dicembre 1990 nel Varesotto venne ucciso Roberto Cutolo, il figlio dell'ex boss della Nuova camorra organizzata. Quattro giorni dopo, in Campania, venne eliminato Salvatore Batti, il boss che aveva tentato di raccogliere l'eredità di Renato Vallanzasca, il re della Comasina.

Alcuni collaboratori di giustizia hanno raccontato che altri esponenti del clan Batti vennero attirati in un impianto di sfasciacarrozze, uccisi e passati alla pressa, mentre erano ancora a bordo delle loro autovetture. Dallo scontro il clan Paviglianiti è uscito rafforzato.

Nel 1992 proprio contro i Paviglianiti sono scattate, per la prima volta in Lombardia, le nuove misure previste dalla normativa antimafia, approvata dopo le stragi di Palermo. Al clan originario di San Lorenzo vennero sequestrate case, terreni, contanti, preziosi e conti bancari per un valore di sei miliardi di lire.

Secondo gli inquirenti, ai Paviglianiti era legato anche Santo Maesano, arrestato a Palma di Maiorca nel maggio del 2004, mentre giocava a tennis nel residence più esclusivo di quella città. Maesano, grazie a Claudio Boscaro, un faccendiere svizzero, riusciva a riciclare montagne di denaro, proveniente dal traffico di droga.

Gli incontri tra Boscaro e Maesano avvenivano all'Hard Rock, un locale a due passi da plaza Colòn, a Madrid. Racconta Boscaro, riferendosi al boss di Roghudi: «Aveva dei grossi possedimenti in Calabria. Aveva usufruito tramite contatti politici di sovvenzioni sia regionali che statali, nonché di fondi della Comunità Europea. Voleva fare la stessa cosa anche in Spagna». Maesano era interessato ad aprire conti correnti in Svizzera, ma anche in Canada, oltre a mettere le mani su grossi appalti industriali in Africa e in altri Paesi. Si comincia con 50 milioni di lire, poi le somme aumentano. Ricorda ancora Boscaro che in un'occasione gli vennero consegnati a Milano 6 miliardi di lire in contanti, per un totale di 45-50 miliardi nel giro di poco tempo. Gestiva i conti correnti e i depositi da cui partivano i bonifici bancari verso istituti di credito brasiliani che servivano a pagare la cocaina ai trafficanti sudamericani. Boscaro tratteneva per sé il 4 per cento mentre il costo del trasporto incideva per l'1 per cento. Una commissione, anche questa pari all'1 per cento, veniva trattenuta dalle banche compiacenti. Gli investimenti spaziavano dal settore immobiliare all'acquisto di pietre preziose, con ramificazioni in mezzo mondo, dall'Africa al Brasile.

Altre inchieste hanno rivelato collegamenti dei Paviglianiti con trafficanti turchi, pachistani, peruviani e colombiani, ma anche con trafficanti d'armi in Belgio, Bulgaria e altri
Paesi dell'Est europeo. Racconta il pentito Salvatore Annacondia: «Le armi venivano fatte affluire in Svizzera e da qui
trasferite a bordo di grossi tir in Italia».

I Paviglianiti, nonostante il trasferimento a Cermenate,
in provincia di Como, hanno continuato a tenere d'occhio
quella fetta di terra ai piedi dell'Aspromonte da dove sono
partiti, imponendo il pizzo e la guardiania a commercianti e agricoltori, accaparrandosi, anche, tramite prestanomi,
numerosi appalti pubblici.

Tra Cardeto e Bagaladi, tra i ruscelli che scorrono dentro
il cuore dell'Aspromonte, sono state scoperte diverse piantagioni di cannabis, l'oro verde del Sud. Secondo il rapporto della direzione centrale dei servizi antidroga, nel 2007 in
Calabria sono state sequestrate 7250 piantine di cannabis.

A Marina di San Lorenzo, il 26 agosto 2006 è stato arrestato Demetrio Lo Giudice, esponente di primo piano
dell'omonimo clan di Reggio Calabria, ricercato per traffico di droga.

## Bova, Bova Marina e Palizzi

Quello di Bova, Bova Marina e Palizzi è un territorio che
ha sempre fatto da cerniera tra le cosche della Locride e
quelle di Reggio Calabria. Già sul finire dell'Ottocento, in
questa zona imperversava la potente cosca di Filippo Velonà, un rozzo pastore di Staiti.[9] Della stessa organizzazione facevano parte i Favasuli, i Versace, i Callea e i Romeo
di Africo, i Maesano di Roghudi, i Borruto, i Talia, i Morabito e i Mollica di Casalnuovo, una frazione di Africo.

Scrivono i giudici nel 1896: «Tale società aveva un capo,
dei caporioni che facevano da sottocapi ... un cassiere e un
maestro di scherma ... manteneva varie gerarchie – picciotto
di sgarro, di vigilanza, di azione, di onore – e aveva un ger-

go proprio». Tutti avevano l'obbligo di eseguire gli ordini del capo, che si trattasse di rubare o di ammazzare.

Negli anni Cinquanta e Sessanta Bova Superiore fu testimone delle gesta di Vincenzo Romeo, il bandito romantico, ucciso il 17 agosto 1969 durante la festa in onore di Maria Vergine Assunta e dei patroni del paese, san Leo e san Rocco. Negli anni Settanta il potere passò nelle mani di Paolo Bruno Equisone, un giovane adottato dai Casile, nemici di Romeo, e «pupillo» del boss di Reggio Calabria Domenico Tripodo.[10] Si racconta che a mettere in guardia Tripodo dal pericolo rappresentato dai De Stefano fu proprio Equisone: «Stanno uscendo fuori dal seminato» sentenziò. Fu anche il primo a rendersene conto. Venne giustiziato il 23 maggio 1976 a Bova, da killer legati alla famiglia Ferlito di Catania,[11] contattati da Giacomo Lauro, boss di Brancaleone. Tre mesi dopo fu la volta di Tripodo.

Lo strascico fu violento. I Talia, fedeli a Equisone, il 18 aprile 1982 uccidevano Salvatore «Turi» Scriva, l'ex alleato che aveva scelto di schierarsi con i De Stefano. Lo scontro, che causò una ventina di morti, coinvolse anche gruppi mafiosi territorialmente limitrofi, come i Mollica-Morabito e i Palamara-Morabito, già divisi da una sanguinosa faida. I Vadalà-Scriva si allearono con i Mollica-Morabito. I Talia invece si schierarono con i Palamara-Morabito.

Lo scontro venne finanziato con il traffico di stupefacenti, nel quale entrambi gli schieramenti erano attivamente coinvolti. Il clan, guidato da Domenico Vadalà, aveva collegamenti con un gruppo dedito al traffico di droga in Valle d'Aosta e con esponenti del cartello di Calì.[12] I Talia, invece, avevano rapporti con l'Argentina, la Colombia e il Brasile, ma soprattutto con la Turchia, attraverso un certo Cesuroglu Ishan, capace di garantire singole forniture di eroina che giungevano in Italia sotto forma di carichi del peso di centinaia di chilogrammi ciascuno.

Gli stessi canali usati per i traffici di droga venivano utilizzati anche per l'approvvigionamento di armi necessarie alla prosecuzione della sanguinosa faida. Come è emerso dalle intercettazioni di un telefono pubblico all'interno della stazione ferroviaria di Francoforte, i Talia avevano legami con criminali dell'ex Cecoslovacchia in grado di fornire armi da guerra, del tipo controcarro, oltreché esplosivo al plastico e radiocomandi.[13] Nel luglio del 1997 un cecchino appostato sulla terrazza del liceo scientifico di Bova uccise il figlio di Turi Scriva, Placido, studente universitario a Perugia. Nella faida venne assassinato nel 1998 anche l'ex sindaco Pasquale Foti, assieme al fratello Francesco, impiegato al municipio. Alla fine, a spuntarla furono i Vadalà-Scriva, rafforzando il loro controllo sul territorio, grazie anche ai legami con il cartello dei Morabito-Palamara-Bruzzaniti.

Originari di Bova erano anche Mimmo Mollica e suo cognato Leo Morabito, amministratori di una società che a Milano gestiva una serie di bar utilizzati per riciclare denaro sporco. Uno dei bar della 'ndrangheta si affacciava nella galleria Vittorio Emanuele, il salotto buono del capoluogo lombardo.

A Bova Marina, nel gennaio del 2004, l'assessore regionale alla Cultura, Saverio Zavettieri, è rimasto leggermente ferito a un orecchio da una scheggia di piombo, dopo che un colpo di fucile era stato esploso contro la finestra della sua abitazione. Un cugino di Zavettieri, Bruno Ioffrida, era stato ucciso nel 1992 a Brancaleone.

Negli anni Novanta, nella zona di Palizzi, hanno assunto ruoli sempre più importanti le famiglie Errante e Maisano, i cui boss, Pasquale Errante e Filiberto Maisano, sono stati chiamati a far parte della commissione provinciale. Sarebbe stato proprio Filiberto Maisano a ricomporre i dissidi che avevano riacceso la faida di Roghudi, con l'uccisione nel gennaio del 1994 del boss Sebastiano Zavettieri e del figlio Mario, un giovane architetto.[14]

*Africo, Brancaleone, Staiti, Ferruzzano, Bruzzano Zeffirio,*
*Sant'Agata del Bianco, Caraffa del Bianco e Casignana*

I comuni di Africo, Brancaleone, Staiti, Ferruzzano, Bruzzano Zeffirio, Sant'Agata del Bianco, Caraffa del Bianco[15] e Casignana fanno parte della Locride. Sul finire dell'Ottocento in questa zona vennero individuati dei giovani che per farsi riconoscere portavano «un ciuffo di capelli sulla fronte a guisa di farfalla». È qui che, agli inizi del secolo scorso, per la prima volta, vengono trovate le tracce di un'organizzazione criminale denominata Onorata Società. Racconta Antonio Princi, il secondo grande pentito della picciotteria dopo Francesco Albanese, detto «Tarra», ex capo bastone di Gioia Tauro: «Essa si componeva dei giovani d'onore che erano i novizi, i quali dopo un mese di frequenza nel circolo diventavano picciotti di sgarro se erano ritenuti coraggiosi e capaci di cattive azioni, e picciotti di onore se avevano ancora bisogno di perfezionarsi e di istruirsi».

Il capo di quell'organizzazione era Antonio Favasuli di Africo, più volte condannato per furto. Con lui c'erano anche i Morabito, i Mollica e i Bruzzaniti di Casalnuovo, i Favasuli e i Codispoti di San Luca e i Criaco, i Romeo e i Maisano di Africo, tutti accusati di associazione a delinquere e abigeato. Un giovane affiliato, Francesco Marte, venne eliminato nel 1901 per essersi rifiutato di uccidere un presunto confidente dei reali carabinieri che aveva tradito il bandito Giuseppe Musolino.

Africo, titolo di un libro-inchiesta di Corrado Stajano, era una landa polverosa, con pochi negozi e pochissime insegne, magari scritte a mano, con due pennellate di vernice. Prima che l'alluvione del 1951 se lo portasse via, il paese era aggrappato a un costone dell'Aspromonte, a quaranta chilometri dal mare.

Negli anni Settanta qui c'era una sola organizzazione, composta da quattro famiglie: gli Scriva, i Mollica, i Palamara e i Morabito. L'influenza degli Scriva e dei Mollica, guidati rispettivamente da Antonio Mollica e da Pietro Scriva, si estendeva anche sui comuni di Bruzzano, Brancaleone e Ferruzzano. A far saltare gli equilibri, il 25 gennaio 1983,[16] fu il sequestro della farmacista Concetta Infantino di Brancaleone, il paese dove nel 1935 venne inviato al confino dal regime fascista lo scrittore Cesare Pavese. La donna venne rapita dalla famiglia dei Palamara, detti «Ramati», legati agli Scriva, e custodita in un terreno di proprietà dei Mollica a Motticella, nel comune di Bruzzano.

I Mollica, che non erano stati informati del sequestro, sei giorni dopo reagirono uccidendo il boss Pietro Scriva, 36 anni.

Lo scontro lasciò sul campo oltre cinquanta morti, tra cui due fratelli, Pietro e Fortunata Pezzimenti, studenti universitari di medicina a Messina, uccisi per una parentela acquisita.

La faida si concluse nel 1990, anche se ci furono altri rigurgiti nel 1992 e nel 1996. A pacificare gli animi fu Giuseppe Morabito, che assunse il comando del locale di Africo.

Nato il giorno di ferragosto del 1934 nella frazione Casalnuovo di Africo, un mucchio di case nel cuore dell'Aspromonte, Morabito, detto «Tiradrittu», entrò giovanissimo a far parte della cosca Morabito-Bruzzaniti-Palamara, famiglie ai vertici della picciotteria calabrese già alla fine dell'Ottocento. I primi guai con la giustizia risalgono al 1952, quando venne denunciato per occupazione arbitraria di baracche, danneggiamento, porto abusivo di coltello e pistole, violenza privata e lesioni personali.

Nel 1967 era già un boss temuto e rispettato. In quell'anno venne accusato di essere uno dei mandanti della strage di piazza Mercato a Locri, nella quale venne ucciso Domenico Cordì, boss emergente e ribelle, assieme ad altre due persone.

A sparare furono due palermitani, Giuseppe Di Cristina e Masino Scaduto, a testimonianza del forte legame di alcuni clan della Locride con la mafia siciliana. Ad Africo molti anni dopo arriverà Totò Riina, vestito da prete. E sempre ad Africo, nel 1983, andrà a costituirsi Antonino Salomone, uno dei grandi boss siciliani del narcotraffico internazionale.

Un capo è capo anche se riesce a farsi rispettare dall'avversario. È ciò che tentò di fare Morabito nel 1989, quando spedì un ufficiale giudiziario al tribunale di Locri, dove si trovava in visita l'allora capo della polizia, Vincenzo Parisi, per notificargli una diffida a proseguire con le misure di prevenzione a suo carico. Tiradrittu si definiva un onesto imprenditore «totalmente estraneo a ogni vicenda criminosa». Ovviamente non si fermò nulla, anzi arrivarono nuove accuse. Alcuni collaboratori di giustizia raccontano che, non di rado, navi provenienti dal Sudamerica scaricavano in mare, dinanzi alle coste di Africo, a mezzo di bidoni a tenuta stagna, centinaia di chili di materiale da raffinare. I bidoni venivano successivamente recuperati con piccole imbarcazioni e trasferiti negli opifici clandestini controllati e gestiti dalla cosca di Morabito.[17]

Anche Vittorio Ierinò, durante la sua breve collaborazione, ha confermato il coinvolgimento di Morabito nel traffico di stupefacenti: «Il sistema più utilizzato ... per il trasporto della cocaina dal Sudamerica alla Calabria era quello delle autovetture d'epoca». Due di queste fuoriserie provenienti dall'Argentina con circa 10 chilogrammi di cocaina occultati in doppi fondi furono intercettate dal Goa del Nucleo centrale della guardia di finanza di Roma nel 1991, presso l'aeroporto di Fiumicino. Ierinò ha anche raccontato che, in varie occasioni, carichi di eroina, «nell'ordine di circa mezza tonnellata», erano stati gestiti dai Mazzaferro di Marina di Gioiosa Ionica con le famiglie di Giuseppe Morabito, Leo Zappia, Leo Mollica, Bruno Palamara e Giuseppe Criaco, tutti di Africo.

Nel 1992, con i provvedimenti di esecuzione per le prime condanne definitive, cominciò la latitanza di Tiradrittu.

Nel 1993 due parenti di Morabito, Pasquale Mollica e Leo Talia, vennero arrestati al termine di un'indagine che mise a nudo un'organizzazione capace di gestire 300 chilogrammi di droga al mese. L'eroina proveniva dalla Turchia, mentre la cocaina arrivava dall'Argentina.

Nel 1998 un'altra operazione fece luce su alcune truffe ultramiliardarie nei confronti di banche estere con l'impiego di ingegneri informatici e con contatti in Russia, Stati Uniti, Svizzera, Spagna, Gran Bretagna, Germania e Malta, attraverso il coinvolgimento anche di esponenti della diplomazia dell'Indonesia.[18]

Il nome di Morabito spuntò anche nell'inchiesta «Panta Rei» dell'ottobre del 2000, sfociata in numerosi arresti e relativa a presunti esami comprati e lauree conseguite presso la facoltà di Medicina dell'Università di Messina, grazie al patrocinio dei boss.

Ma il rispetto di cui godeva Morabito in Calabria emerse da un'indagine sui lavori di interramento di una lunga rete di telecomunicazioni in cavo. Il boss di Africo non solo riuscì a garantire la necessaria sicurezza alla società appaltatrice in tutta la Calabria, ma anche ad acquisire, attraverso la subfornitura di inerti, importanti commesse per imprese vicine alla sua cosca. Fu una delle sue ultime soddisfazioni da latitante.

Nel 2003 vennero arrestati il fratello e il figlio.[19] Nel febbraio del 2004 a finire in manette fu proprio lui, il potente boss originario di Casalnuovo, arrestato in un'operazione congiunta dei carabinieri del Ros e del comando provinciale dell'Arma di Reggio Calabria a Santa Venere, una frazione montana del comune di Reggio Calabria. Nello stesso blitz venne catturato anche il genero, Giuseppe Pansera, medico, anch'egli latitante. Nonostante le fortune accumulate con il traffico di droga, ogni mese, dal 1982, Morabito incassava regolarmente un assegno di invalidità dell'Inps.

Dopo l'arresto di Morabito, il clan ha continuato a tessere le trame delle sue tante attività. Nel 2005 un'inchiesta ha rivelato gli interessi delle famiglie Palamara-Bruzzaniti-Morabito in Lombardia, dove gestivano enormi quantità di droga proveniente da Cile, Perù, Paraguay, Uruguay e Brasile, attraverso Spagna, Olanda e Belgio. In carcere è finito anche un nipote di Tiradrittu, Salvatore Morabito, che a bordo della sua Ferrari entrava e usciva dall'ortomercato di Milano a qualsiasi ora del giorno e della notte, grazie a un pass rilasciato dalla società che per conto del comune gestiva l'intera struttura. Spiega Laura Barbaini, sostituto procuratore distrettuale antimafia di Milano: «All'ortomercato arrivavano chili di cocaina, si aprivano e chiudevano società per gestire enormi flussi di denaro e si sfruttavano anche operai stranieri». La manodopera per le imprese di carico e scarico veniva fornita dalle cosche della 'ndrangheta, utilizzando gli immigrati clandestini sbarcati sulle coste calabresi.

Commenta il capo della Squadra mobile di Milano Francesco Messina: «Si tratta di clan potenti che sono riusciti a penetrare in diversi settori economici e finanziari, avvalendosi di professionisti addetti all'attività di riciclaggio dei grandi proventi di droga. Famiglie calabresi che hanno anche alleanze operative con Cosa Nostra. Non controllano il territorio in modo militare, perché non pretendono il pizzo, ma tendono ad agire senza ricorrere alla violenza, senza creare problemi alle persone».

Nel giugno del 2008 un altro nipote di Giuseppe Morabito, Domenico, è stato coinvolto in un'indagine della Procura distrettuale antimafia di Reggio Calabria che ha portato all'arresto di 31 persone accusate di aver costituito un cartello capace di controllare le attività imprenditoriali relative all'esecuzione di importanti opere pubbliche. In carcere sono finiti esponenti dei Morabito-Bruzzaniti-Palamara, tra cui il genero di Tiradrittu, e delle cosche Talia, Vadalà e Maisano. Al centro dell'inchiesta la Statale 106, quella che sul litorale ionico congiunge Reggio Calabria a Taranto, e in particolare il cantiere della Società italiana per le condotte d'acqua Spa (finito sotto sequestro alcuni mesi prima) che si era aggiudicata i lavori relativi alla realizzazione della variante di Palizzi. In manette sono finiti anche due consiglieri dei comuni di Samo e Bova Marina. Morabito, il vecchio boss, rinchiuso nel carcere di Parma, nonostante il 41 bis veniva continuamente aggiornato sull'aggiudicazione dei vari lavori relativi al riammodernamento della statale 106 dai familiari che andavano a fargli visita.

Il gruppo dei Morabito-Bruzzaniti-Palamara, comunque, resta sempre forte. Attorno a esso continuano a ruotare i Pansera, gli Stilo, i Versace, gli Zappia, i Mollica, i Criaco e i Morabito-Scriva, detti «scassaporte». Alcune di queste famiglie erano già note alle forze dell'ordine dalla fine dell'Ottocento.

Brancaleone, che fino agli anni Novanta è stata controllata dalla cosca Lauro, oggi subisce l'influenza dei clan di Africo, come quasi tutti gli altri paesi della zona.

Nel febbraio del 2008 il vicesindaco di Brancaleone e il sindaco di Staiti sono stati arrestati per presunti rapporti con una cosca della 'ndrangheta che si era insediata in Umbria. Secondo l'accusa, con l'aiuto di alcuni politici, il clan Morabito-Palamara-Bruzzaniti stava cercando di mettere le mani su contratti milionari per la realizzazione di centrali idroelettriche, villaggi turistici, alberghi e controllo degli appalti edili, pubblici e privati. «Quei politici sono in mano nostra. Noi ordiniamo e loro eseguono» dicevano i boss, intercettati dal Ros.

Omicidi e arresti hanno scosso anche Bruzzano Zeffirio, un paese tradizionalmente controllato dalle famiglie Scriva-Mollica-Palamara. Nel marzo del 2007 è stato ucciso Giovanni Politanò, un ex consigliere comunale. Due mesi dopo nell'officina di Politanò sono state rinvenute armi e munizioni. Cinque mesi dopo, in un altro agguato è stato eliminato Giulio Lugarà, un pensionato indagato negli anni Settanta per il famoso summit di Montalto e padre di un avvocato penalista ucciso nel marzo del 1999.

Quella di San Luca, Samo, Bovalino, Benestare e Bianco è una zona strategicamente e simbolicamente importante per la 'ndrangheta. Non solo perché operano le 'ndrine più forti, ma anche perché in questo circondario sorge il santuario della Madonna di Polsi, presso il quale da oltre un secolo si svolge l'annuale summit della 'ndrangheta, al quale partecipano i rappresentanti di tutti i «locali».

Raccontano i pentiti che negli anni Settanta a San Luca c'erano tre clan. Il più importante per numero di affiliati, ferocia ed entrature politiche era quello dei Nirta,[20] indicato come «la Maggiore», affiancato dai Pelle, detti «Gambazza», e dai Vottari detti «Frunzu».

Il capostipite era Giuseppe «Peppi» Nirta, un delinquente callido ed evoluto, nemico di qualsiasi lavoro, come lo avevano descritto i carabinieri prima di assegnarlo al confino di polizia. Apparteneva a una famiglia nota alle forze dell'ordine già nel 1870. In quell'anno, come si legge in una nota del ministero dell'Interno, venne istituito un fondo straordinario di cento lire per favorire la cattura di nove latitanti, tra cui Francesco e Giuseppe Nirta di San Luca.[21]

Il secondo clan per importanza era quello dei Romeo,[22] ai quali erano legate le famiglie Calabrò, Mammoliti e Tripodo. Venanzio Tripodo, il figlio del boss di Sambatello, ucciso nel 1976 nel carcere di Poggioreale, aveva sposato la figlia del capoclan, Sebastiano Romeo, detto «u Staccu».

Il terzo clan, infine, era rappresentato da un altro ramo dei Mammoliti,[23] i fratelli Giuseppe, Francesco e Sebastiano, detti «Fischiante». Con loro erano schierati anche gli Strangio, detti «Barbari», i Nirta, detti «Versu», altri Strangio, detti «Janchi», i Giorgi, detti «Boviciani», e i Versacei.

Si racconta che ai piedi dell'Aspromonte, all'ombra di un ulivo secolare, questi tre clan, legati assieme da matrimoni, battesimi e cresime, dopo essersi divisi per anni il territorio montano di San Luca, alla fine degli anni Settanta dettero vita a uno dei cartelli più autorevoli e potenti della 'ndrangheta. I clan di San Luca da sempre sono considerati i custodi della tradizione, i boss che ratificano l'affiliazione delle 'ndrine, una sorta di camera di commercio della 'ndrangheta.

Presto, però, le nuove strategie spinsero gli interessi dei Nirta-Pelle-Romeo fuori dalla Calabria, lontano da San Luca. Alcuni affiliati al nuovo cartello vennero coinvolti in inchieste per droga e armi. Gli Strangio, che fino ad allora avevano campicchiato nelle retrovie con rapine, estorsioni e qualche sequestro, cercarono di conquistare quote di potere a San Luca. Lo scontro con i Nirta-Pelle-Romeo divenne inevitabile. A farlo deflagrare bastò una carnevalata. Era il 10 febbraio 1991. Alcuni giovani legati agli Strangio, in occasione della festività di carnevale, lanciarono uova contro il circolo ricreativo Arci, gestito da Domenico Pelle, uno dei «Gambazza», sporcando anche l'auto di uno dei Vottari.

L'offesa non rimase impunita. Dai pugni si passò alle armi. Due giovani persero la vita e altri due rimasero feriti. Dopo una serie di omicidi che colpirono ora l'una, ora l'altra parte in conflitto, si tentò anche una mediazione. A farsene carico fu Antonio Nirta, che per porre fine alle ostilità cercò di coinvolgere i De Stefano, i Libri e i Tegano di Reggio Calabria, i Barbaro e i Papalia di Platì. Il tentativo non sortì l'effetto sperato. A farne, però, le spese fu il fratello di Antonio Nirta, Giuseppe, il vecchio boss, ucciso nell'abitazione di Bianco il 1° marzo 1995. Quell'omicidio fece saltare le vecchie alleanze. I Romeo e i Pelle «Gambazza» presero le distanze dai Nirta. Con loro si schierarono i Vottari «Frunzu» e i Giampaolo «Russello».

Dall'altra parte, quella dei Nirta, si attestarono i Giorgi «Ciceri», gli Strangio «Janchi», altri Nirta, detti «Versu», i Mammoliti «Fischiante», i Giorgi «Boviciani» e gli Strangio detti «Barbari». Ci fu un'altra tregua che permise ai clan in lotta di assestarsi.

I Nirta e i Romeo, senza perdere di vista il territorio di San Luca, cominciarono a puntare strategicamente su alcune regioni del Centronord. Esponenti della famiglia Nirta si insediarono in Valle d'Aosta, in Piemonte, in Lombardia e in Emilia Romagna. Esponenti dei Romeo, invece, si trasferirono a Fondi, in provincia di Latina.[24] In Emilia Romagna andarono a insediarsi anche i Mammoliti. I clan di San Luca si spostarono anche all'estero, particolarmente in Spagna, Germania, Stati Uniti, Brasile, Panama, Olanda, Francia, Svizzera, Belgio, Danimarca, Repubblica Ceca, Colombia e Australia.

Nella Locride Bovalino rappresentò lo sbocco sul mare. Molti affiliati ai clan di San Luca costruirono case sulla costa, investendo anche nel commercio e nell'imprenditoria. I Pelle, per esempio, utilizzando un'azienda di cooperazione agricola, riuscirono a prosciugare il patrimonio della banca di Credito cooperativo di Benestare con esposizioni mai coperte.

Le ostilità ripresero nell'ottobre del 2005, quando fu eliminato Antonio Giorgi, detto «Tagliu», legato ai Nirta «Versu» e agli Strangio «Janchi». Tutti gli accordi per la spartizione del potere mafioso vennero rimessi in discussione. Francesco Pelle, detto «Sandokan», legato ai Vottari e imparentato con Leo Morabito, boss di Africo, decise di tornare a San Luca. Fu una decisione infelice. Il 31 luglio 2006, mentre era affacciato sulla veranda della sua casa ad Africo, fece appena in tempo a passare alla moglie il figlioletto che teneva in braccio, quando sentì arrivare i colpi, uno dietro l'altro, esplosi da un sicario che era andato per ammazzarlo. Scampò alla morte, ma rimase paralizzato. Un proiettile lo aveva colpito alla colonna vertebrale.

Sei mesi dopo la rabbia dei Vottari si spinse fino all'uscio di casa dei genitori di Giovanni Luca Nirta, uno dei due giovani rimasti feriti nell'agguato di carnevale. Era il giorno di Natale. I killer spararono da un'auto in corsa. Venne uccisa la moglie di Giovanni Luca, Maria Nirta, 33 anni, e tre figli. Con lei si spensero anche le ultime speranze di porre fine a una faida che ormai è diventata un pretesto per proseguire una guerra per il predominio su un giro d'affari che parte dal Sudamerica e arriva al Nordeuropa.

## La strage di Duisburg

San Luca non è più quella che lo scrittore Corrado Alvaro descrisse contratta «in un mucchio di case presso il fiume, sulla balza aspra circondata di colli dolcissimi digradanti verso il mare». Dal 1991, dopo quella carnevalata soffocata nel sangue, è una cittadina ripiegata nelle sue paure.

A Duisburg, in Germania, sono passate da poco le due di notte fra il 14 e il 15 agosto 2007. Sebastiano Strangio, 39 anni, cuoco, calabrese originario di San Luca, chiude il suo ristorante e, con due camerieri e tre amici, si accinge a tornare a casa. I sei sono appena entrati nelle macchine parcheggiate a pochi metri dal ristorante Da Bruno, quando vengono raggiunti da una tempesta di fuoco, cinquantaquattro colpi esplosi con due pistole calibro nove da due sicari che poi si allontanano a piedi, ripresi da alcune telecamere a circuito chiuso. È la risposta al tragico agguato di Natale. Sei vittime legate tra loro da un filo sottile, tutte più o meno vicine al clan Vottari. Lo spiegano i magistrati della Procura distrettuale antimafia di Reggio Calabria, ricostruendo le trame di quella strage compiuta dove pochi se lo aspettavano, lontano da San Luca.

Sebastiano Strangio per la polizia tedesca non aveva mai reciso né il legame con la sua terra, né quello con i boss del suo paese. Pochi mesi prima di essere ucciso, un bigliettino da visita con l'indirizzo del suo ristorante era stato trovato, accanto a una mitraglietta Skorpion, a pistole con matricola abrasa, cartucce e banconote, in un bunker scavato sotto l'abitazione di uno dei Vottari nelle campagne di San Luca. Secondo gli inquirenti il clan Vottari si riforniva di armi proprio in Germania, utilizzando come base il ristorante Da Bruno.

Francesco e Marco Pergola, rispettivamente di 22 e 20 anni, figli di un onesto poliziotto in pensione, in quel ristorante ci lavoravano. Francesco aiutava Strangio in cucina e Marco serviva ai tavoli. Dalle intercettazioni telefoniche raccolte dagli inquirenti pare che facessero anche altro. Alla vigilia di Natale del 2006, anziché prendere l'aereo, come facevano abitualmente, erano tornati a Siderno dai genitori a bordo di due auto noleggiate in Germania. Secondo gli inquirenti, una delle due autovetture sarebbe stata utilizzata in Calabria da esponenti del clan Vottari per compiere alcune azioni delittuose.

Francesco Giorgi non aveva ancora 18 anni. Era nipote di Sebastiano Strangio, figlio della sorella. Anche lui lavorava in quel ristorante che già nel 1992 era stato segnalato dalla magistratura reggina alle autorità tedesche, in un rapporto nel quale venivano evidenziate le attività dei clan di San Luca nel Nord Reno Westfalia.

Marco Marmo, 25 anni, era l'unico ad avere precedenti penali. Per gli inquirenti era legato ai Pelle-Vottari ed era sospettato di aver tenuto le armi servite per uccidere il 25 dicembre 2006 Maria Strangio, la moglie di Giovanni Luca Nirta. A Duisburg, Marmo era andato per acquistare un fucile d'assalto e un furgone blindato su richiesta di Antonio Pelle, detto «Vancheddu». Sarebbero serviti per regolare i conti, una volta per tutte, con Giovanni Luca Nirta. In Italia, con l'aiuto di una donna che aveva lavorato a Cinecittà, Marmo aveva cercato di acquistare anche vestiti mimetici, trucchi, parrucche, creme e colle per realizzare cicatrici.

Due giorni dopo la strage, nel seminterrato del ristorante dove Marmo aveva cenato con gli altri cinque giovani uccisi a Duisburg, la polizia ha rinvenuto un fucile d'assalto americano Colt Ar-15 calibro 232 Remington, corrispondente al calibro 5,56, completo di quattro serbatoi caricati con novanta cartucce. Gli inquirenti hanno trovato altre 280 cartucce dello stesso calibro e una ventina di cartucce calibro 375 Magnum. Nella Golf di Marmo c'era la ricevuta di una caparra per 300 euro rilasciata come acconto per l'acquisto di un furgone blindato marca Peugeot.

Tommaso Venturi, infine, proprio il giorno della strage, aveva compiuto 18 anni. Nel suo portafoglio la polizia ha trovato un santino, riproducente san Michele Arcangelo, piegato in quattro e bruciacchiato al centro. Forse quella sera s'era festeggiato qualcosa di più di un compleanno. E il santino bruciato, come le tante altre immaginette e la statua in gesso di san Michele Arcangelo ritrovate nel seminterrato del ristorante, rappresenta una traccia da seguire per capire meglio il ruolo delle vittime della strage di Duisburg nella faida di San Luca.

Scrive la Commissione parlamentare antimafia: «Parte sotterraneo da San Luca ed erompe a Duisburg un connubio esplosivo fra vendette ancestrali e affari milionari, un misto di faide tribali e di spietata modernità mafiosa, producendo uno shock improvviso e micidiale per l'opinione pubblica e per le autorità tedesche. In realtà, però, i segni premonitori c'erano già tutti da tempo e la strage di ferragosto è un indicatore tragico e quasi metaforico della sottovalutazione da parte delle autorità tedesche della 'ndrangheta e del suo grado di penetrazione e radicamento in quel paese, oltre che in Europa e nel resto del mondo».

Il 30 agosto 2007, alle prime luci dell'alba, San Luca viene presa d'assedio, sotto il volteggiare degli elicotteri. Lo Stato mostra i denti e in manette finiscono trentadue persone quasi tutte coinvolte a vario titolo nella faida di San Luca. In manette finisce anche Giovanni Luca Nirta, marito di Maria, la donna uccisa nell'agguato di Natale, e figlio di Giuseppe Nirta, il boss dei Nirta «Versu». «Vi sembro un boss?» aveva chiesto ai cronisti, qualche giorno prima. «Sono un povero bracciante che campa raccogliendo olive e coltivando l'orto.»

In Germania, nel frattempo, la polizia identifica uno dei presunti sicari, Giovanni Strangio, uno degli «Janchi» cugino di Maria, la moglie di Giovanni Luca. Prima di partire per la Germania, aveva confidato al fratello: «Non ho parlato con nessuno che sto salendo. Che devo andare a fare là, alla pizzeria».

Una ragazza russa che lo aveva incontrato in Germania prima della strage ha raccontato agli inquirenti tedeschi: «Mi ha parlato della faida di San Luca, specificando di esserne coinvolto in prima persona». Dopo la strage, i boss si riuniscono a Polsi, per il tradizionale summit di settembre. Antonio Pelle «Gambazza», uno degli uomini più potenti della 'ndrangheta di San Luca, latitante dal 2000, si fa garante della pace, assieme ad altri pezzi da novanta, come Rocco Gioffrè, il boss dell'omonima cosca di Seminara. La notizia si sparge veloce a San Luca tra i filari di case sbilenche rannicchiate sulle erte aspromontane. Nel piccolo paese si torna a respirare, come quando uno scrollone di pioggia si rovescia sui campi rinsecchiti dell'Aspromonte dopo giorni e giorni di arsura.

Un gruppo di presunti favoreggiatori viene identificato a Kaarst, in Germania. Altre persone finiscono in manette in Calabria.

Resta difficile valutare gli esiti di questa ennesima tregua. Le faide sono incubatrici di violenza e riesplodono quando meno te lo aspetti.

## Platì

Se San Luca rappresenta il cuore della 'ndrangheta, Platì è la mente. Già nel 1890 le forze dell'ordine arrestavano nove persone sospettate di far parte di un'associazione di malfattori. Condannati in primo grado dal tribunale di Gerace, venivano prosciolti in appello. Sebbene colpevoli di alcuni furti, i giudici del riesame non ritennero provata l'accusa che «si fossero associati ... sotto la direzione d'un capo e col patto di dividerne i profitti». Nel 1929 sempre il tribunale di Gerace condannava una 'ndrina operante nel territorio di Platì, San Luca, Careri, Casignana e Molochio, sulla scorta di un rapporto preparato dal maresciallo Giuseppe Delfino, il quale aveva indagato su una serie di abigeati nel cuore dell'Aspromonte imbronciato.

Da allora Platì è rimasto il villaggio più duro e isolato della Locride, una macchia grigio-gialla schiacciata sul fondo di un vallone. Negli anni Settanta, in quel paese raccolto intorno a un gruppo di case di pietra, comandava ancora Pasquale Agresta.

Sono gli anni dei sequestri di persona. Il 10 luglio 1973 viene rapito a Roma Paul Getty III, discendente di una delle più ricche famiglie americane. A Platì un anno dopo, in seguito alla morte del boss, agli Agresta subentrarono i Barbaro.

Attorno ad Antonio Barbaro, detto «u Nigru», e a Francesco Barbaro, detto «u Castanu», sorse uno dei clan più potenti della 'ndrangheta comprendente anche i Perre, i Trimboli, gli Agresta, i Catanzariti, i Sergi, i Papalia, i Musitano e i Molluso.

Platì, con San Luca e Natile di Careri, divenne così il crocevia di una sessantina di sequestri di persona, una sorta di centrale unica con ramificazioni in quasi tutte le regioni più ricche, ma anche oltreoceano. I proventi di molti sequestri venivano investiti nella coltivazione di marijuana[25] a Griffith, nel Nuovo Galles del Sud. In Australia uno degli uomini più potenti del narcotraffico era Robert Trimboli, imparentato con i Barbaro.

Oggi Platì, nel panorama mafioso reggino, continua a essere una realtà atipica. I due terzi del territorio comunale appartengono ai Barbaro. Il 6 luglio 1989 quarantanove familiari di Francesco Barbaro, classe 1927, acquistarono per 105 milioni di lire circa 115 ettari di terreno della montagna Alati, spartiacque tra il versante ionico e quello tirrenico.[26] Molti sindaci hanno spesso chiuso gli occhi, consentendo a esponenti delle cosche dominanti di costruire anche su territorio demaniale.

Chi non si è piegato alle logiche della 'ndrangheta è stato eliminato, come il sindaco Domenico De Maio, ucciso il 27 marzo 1985 per aver fatto rientrare nel possesso dell'amministrazione comunale circa cento ettari di terreno adibito a pascolo, occupato abusivamente da esponenti della famiglia Barbaro.

Nel 2003 è stato scoperto un labirinto di cunicoli fortificati, di botole ad apertura meccanica, di nascondigli e prese d'aria, scavato nel ventre del paese per sfuggire ai blitz delle forze dell'ordine, ma anche per custodire gli ostaggi dell'Anonima sequestri. Annota il Raggruppamento speciale operativo: «Le strutture, secondo quanto accertato dai periti ... erano state realizzate spesso a scavo aperto, ovvero mediante l'apertura di cantieri nella pubblica via»,[27] ennesima dimostrazione dell'assoluto controllo sulla popolazione e sulle istituzioni locali. Durante l'operazione è stato arrestato anche il superlatitante Giuseppe Barbaro, detto «u Sparitu», che nei suoi quattordici anni di latitanza è diventato padre per quattro volte. Barbaro, che era inserito nella lista dei trenta ricercati più pericolosi d'Italia, è considerato il capo indiscusso dell'omonimo clan, avendo ereditato il comando dall'anziano padre, «Cicciu u Castanu», da tempo detenuto. In uno dei nascondigli utilizzati dai latitanti della famiglia Barbaro si sarebbe consumata parte della prigionia di Cesare Casella.

Oggi i Barbaro gestiscono il traffico di armi e di droga, con ramificazioni in molte regioni del Nord. A Cividale del Friuli, in provincia di Gorizia, un parente dei Barbaro è stato coinvolto in un traffico di armi di fabbricazione russa. Le armi, illecitamente importate dall'ex Iugoslavia, erano destinate a Platì.

In Germania un affiliato alla cosca dei Barbaro aveva messo in piedi un'associazione capace di sopperire quasi totalmente al fabbisogno di stupefacenti dell'intero Alto Adige. Altre indagini hanno rivelato i rapporti delle famiglie di Platì con i clan più potenti della mafia turca, come i Baybasin, i Kocakaya e i Dilek.

Pasquale Marando, legato ai Barbaro, aveva rapporti con il clan pachistano degli Hafeez, proprietari di una flottiglia.

Antonio Barbaro, invece, quando è stato arrestato con 21 chili di eroina, era in compagnia di cinque turchi.

Negli anni la presenza dei Barbaro è stata segnalata anche in Canada e negli Stati Uniti, oltre che in Lombardia (Milano, Buccinasco, Corsico, Cornaredo, Assago, Alagna Lomellina, Pavia), Piemonte (Torino, Volpiano), Friuli Venezia Giulia, Veneto, Emilia Romagna, Toscana, Lazio (Roma, Ostia Lido), Trentino Alto Adige e Liguria.

Nonostante i numerosi arresti e lo scioglimento del consiglio comunale per infiltrazioni mafiose, a Platì comandano sempre le stesse famiglie: i Trimboli, i Sergi-Marando, i Perre,[28] gli Agresta, i Romeo e i Pelle, i quali fanno tutti capo ai Barbaro, detti «i Castani». Da queste parti le parentele di sangue e di anello costituiscono un efficace vaccino conto i pentiti e le faide e tengono assieme i patrimoni del traffico internazionale di droga. Tutto da qui parte e tutto qui torna.

## Natile di Careri

Careri, ma soprattutto la sua più popolosa frazione, Natile, è il luogo dove da tempo operano le famiglie Cua, Ietto e Pipicella. Prima di loro, negli anni Settanta, il boss era Michele Mezzatesta, legato al clan Nirta. Tradizionalmente coinvolte nelle attività agropastorali, i Cua, gli Ietto e i Pipicella, anche grazie ai vincoli di parentela con le cosche di Platì e San Luca, hanno partecipato alla gestione di numerosi sequestri, occupandosi della custodia degli ostaggi.[29] Come altri gruppi criminali, anche le cosche di Careri hanno investito i proventi dei sequestri nel traffico di droga, potendo contare su propri insediamenti in Germania, Colombia e Australia.[30]

E come tante altre 'ndrine, anche i Cua hanno stretto alleanze strategiche con potenti cosche della zona, attraverso parentele acquisite. Una figlia di Pasquale Barbaro, capoclan di Platì, è andata in sposa a Francesco Cua, mentre una figlia di Antonio Cordì è diventata la moglie di Felice Cua.[31] Francesco e Felice erano figli di Pietro Cua, il boss di Natile di Careri, ucciso il 21 luglio 1999 probabilmente a causa dei legami con i Cordì, impegnati nella pluriennale faida con la famiglia Cataldo.

I Pipicella sono, invece, imparentati con Giuseppe Mammoliti, il vecchio boss dell'omonima cosca di San Luca.

Molti appartenenti al clan di Natile di Careri hanno lavorato come operai forestali. Secondo gli inquirenti, questo tipo di occupazione serviva da copertura, ma rifletteva anche la diversa collocazione gerarchica occupata nelle cosche di appartenenza. I semplici affiliati ricoprivano il ruolo di operaio forestale, mentre gli elementi di vertice (capo locale, santa e vangelo) svolgevano funzioni di capo operaio.

Il 30 gennaio 1990, sul greto di una fiumara di Natile di Careri è stato liberato, dopo 743 giorni di prigionia, Cesare Casella, il giovane rapito a Pavia. A Lodi, invece, nel 2003, è stato arrestato Sebastiano Ietto, latitante da due anni. Condannato per spaccio di droga, viveva a Tavazzano dove lavorava come artigiano edile. Un altro insediamento dei clan di Careri è stato recentemente individuato, sempre in Lombardia, nei comuni di Inveruno, Cuggiono e Castano Primo. In questa zona, a ridosso del Ticino, la 'ndrangheta gestisce diverse attività commerciali «verosimilmente avviate con i proventi del narcotraffico».

## Sant'Ilario dello Ionio, Canolo, Ciminà e Ardore

Nel 1890 quattordici persone di Ardore venivano rinviate a giudizio per reati associativi, mentre nel 1929, sempre ad Ardore, quarantanove persone venivano condannate per aver costituito una 'ndrina ben strutturata che esercitava il «diritto di camorra» in tutti i negozi e persino nei matrimoni; una struttura in piena regola con «capo-paranza», tassa e «giuramento sul pugnale».[32]

Ardore e gli altri tre comuni, nel corso degli ultimi cinquant'anni, hanno fortemente subito l'influenza della famiglia D'Agostino. Il capostipite Nicola, sindaco di Canolo, negli anni Cinquanta era stato inviato al confino dal questore Carmelo Marzano. A dare però spessore criminale alla famiglia D'Agostino è stato Antonio, il figlio di Nicola. Fu lui a capire la necessità di rompere l'isolamento di quella zona, piagata dalla disoccupazione. A Roma, dove si era trasferito, entrò in contatto con movimenti eversivi di destra e in particolare con Pierluigi Concutelli, l'esponente di Ordine Nero condannato per l'omicidio del sostituto procuratore della Repubblica presso il tribunale di Roma, Vittorio Occorsio, ucciso per le sue inchieste sui rapporti fra terrorismo fascista e massoneria.[33]

A Canolo, Antonio D'Agostino, prima di partire, era riuscito a mettere assieme un numero ristretto di associati, reclutati in prevalenza nell'ambito della parentela, distinguendosi particolarmente nel settore delle truffe e nel contrabbando di sigarette. A Roma, avvalendosi di un folto stuolo di oriundi calabresi originari della zona ionica reggina, dette vita a un'associazione criminale operante nel quadrilatero Roma-Milano-Torino-Genova, impegnata nei sequestri di persona, nel traffico di droga e preziosi e nel conseguente riciclaggio di denaro sporco.

Non riuscì a godersi a lungo il successo di quella felice intuizione. D'Agostino venne ucciso a Roma il 2 novembre 1976. Per questo delitto fu condannato all'ergastolo Domenico Papalia. Molti anni dopo il pentito Saverio Morabito ha spiegato che a decidere l'eliminazione di D'Agostino era stato Antonio Nirta, il boss di San Luca, detto «Due nasi», che considerava il boss di Canolo un ostacolo alle sue aspirazioni e ai suoi progetti. Pare che il Nirta avesse chiesto ai De Stefano di trovargli un sicario per far credere ai familiari del D'Agostino di essere estraneo all'omicidio. D'Agostino venne ucciso mentre usciva da un ristorante di Roma in compagnia di Papalia.[34]

Di D'Agostino e delle sue frequentazioni capitoline ha parlato anche Cesare Polifroni, originario di Ciminà, uomo di punta della 'ndrangheta a Torino, in affari con Giacomo Riina, zio di Totò «u Curtu», divenuto in seguito collaboratore di giustizia. Polifroni era un elemento di raccordo molto importante tra i tanti mafiosi che operavano nel campo degli stupefacenti tra Torino e Milano. Venne arrestato nel marzo del 1994 in compagnia di «un'avvenente signora colombiana» che risultò essere «prima cugina di Pablo Escobar», il boss del cartello di Medellin.

Con Paolo Tamponi, magistrato della Direzione distrettuale antimafia di Torino, Polifroni ha parlato degli incontri che D'Agostino aveva avuto con il giudice Occorsio: «Non ho mai saputo quale fosse la natura dei loro rapporti, ricordo che in proposito una volta il D'Agostino rispose a una mia domanda: "A lui piace prendere i neri". So che tra i due c'era molta confidenza e quando erano seduti assieme al ristorante parlavano come due amici».

A Tamponi, Polifroni riferì degli incontri che il boss originario di Canolo aveva avuto con il colonnello libico Muammar Gheddafi, ai quali partecipavano anche arabi e siciliani: «In un'occasione D'Agostino e Gheddafi si incontrarono personalmente presso la gioielleria Bulgari. Il motivo di questi contatti era la preparazione di un piano per attuare in Italia un colpo di Stato o quanto meno la secessione in Calabria e in Sicilia con l'appoggio di Gheddafi e della destra eversiva».[35]

Con la morte del capo storico, il comando del clan passò nelle mani di Domenico D'Agostino, noto alle cronache per il suo coinvolgimento nella cosiddetta strage di Razzà.[36]

Il gruppo guidato da D'Agostino, in quegli anni, secondo gli inquirenti, entrò a far parte di un cartello costituito dai Commisso di Siderno, dai Cordì di Locri, dagli Aquino di Gioiosa Marina e dagli Ursino di Gioiosa Ionica per l'acquisto, direttamente dai produttori colombiani, di ingenti quantitativi di cocaina.

L'operazione «Zagara», avvalendosi della dichiarazione di alcuni collaboratori, ha accertato l'esistenza di un altro cartello nella Locride, oltre a quello di cui faceva parte D'Agostino. Era composto da Giuseppe Morabito di Africo, da Giuseppe Nirta e da tutte le altre famiglie di San Luca, dai Gallo, dai Garreffa di Ardore Marina, da Giuseppe Cataldo di Locri e dai Mazzaferro di Marina di Gioiosa Ionica. Spiega il pentito Filippo Barreca: «Mi è perfettamente nota l'organizzazione della 'ndrangheta in materia di traffico di stupefacenti ... ebbe a verificarsi una sorta di bipolarismo che vedeva due gruppi di famiglie riunite ... So per certo infatti che operavano di comune accordo in quel settore, mettendo insieme il denaro occorrente per gli acquisti della droga da importare».[37]

A spingere D'Agostino nel grande giro fu il matrimonio con Domenica Bruzzaniti, appartentente a una famiglia di Africo legata ai Morabito e ai Palamara.

Leonardo Messina ha indicato D'Agostino come il rappresentante della 'ndrangheta in seno a Cosa Nostra, mentre altri collaboratori di giustizia hanno definito la cosca D'Agostino come l'anello di congiunzione tra le cosche reggine facenti capo ai Serraino-Condello-Imerti e quelle della Locride (Commisso-Cordì-Aquino).[38] D'Agostino è stato anche sindaco di Canolo, al pari del padre Nicola[39] e del fratello Raffaele.[40]

Uno degli esponenti più noti di questo clan è Salvatore Filippone, al quale molte cosche, tra cui i Piromalli-Molè, hanno affidato capitali da riciclare sul mercato nazionale e internazionale.

Un'indagine della Procura di Locri ha ricostruito il ruolo di Filippone che stava trattando con una banca tedesca l'acquisizione di rubli, dinari algerini e marchi tedeschi per 2600 miliardi di lire: questi soldi sarebbero serviti per acquistare nella Russia di Eltsin una raffineria, un'acciaieria e quote di minoranza in una banca di Leningrado.[41]

Agli inizi degli anni Novanta una parte del gruppo, guidata da Giuseppe Belcastro, ha cominciato a prendere le distanze dal clan D'Agostino per disaccordi nella gestione del traffico di droga. Belcastro era il braccio destro di D'Agostino.

A Siderno, il 14 gennaio 2006 è stato arrestato Domenico D'Agostino, capo dell'omonimo clan, ex sindaco di Canolo, ricercato per traffico di droga. Quindici giorni dopo in carcere sono finite altre quindici persone, legate a D'Agostino, accusate di associazione a delinquere di stampo mafioso finalizzata al traffico di fucili mitragliatori Ak 47, pistole e sostanze stupefacenti, nonché di favoreggiamento dell'immigrazione clandestina.

Nella stessa zona operano anche i Polifroni e i Varacalli di Ciminà e i Romanello di Ardore, un tempo legati a don Antonio Macrì, tutti inseriti nel traffico di droga. I Polifroni e i Varacalli sono stati coinvolti anche nella faida di Ciminà che ha causato decine di morti, tra cui il parroco di Cirella di Platì, don Antonio Esposito di 36 anni. Lo scontro aveva preso le mosse il 4 giugno 1966 con l'eliminazione in contrada Acqua Calda del boss di Ciminà Francesco Barillaro. Il 14 novembre 1981 la faida si è spinta fino a Torino, dove è stato ucciso, dilaniato da un'esplosione davanti agli occhi della madre, Rocco Zucco di 34 anni.[42]

Nel 1988 a Ciminà fu rilasciato Marco Fiora, il bambino di otto anni rapito a Torino e tenuto in ostaggio tra i boschi di faggi e di lecci dell'Aspromonte con una catena al polso, legato come un cane per 520 giorni.

Nel giugno del 2006 ad Ardore Marina è stato arrestato il latitante Giuseppe Giampaolo di San Luca, ricercato per associazione a delinquere finalizzata al traffico internazionale di sostanze stupefacenti, traffico d'armi ed esplosivo, riciclaggio di valuta estera, falsificazione e contraffazione di valuta e di titoli di credito.

## Locri, Portigliola, Gerace e Antonimina

Quello di Locri, Portigliola, Gerace e Antonimina[43] è tuttora un territorio conteso da due cosche, quella dei Cataldo e quella dei Cordì, che hanno iniziato a farsi la guerra nel 1967. Allora il gruppo dominante era quello dei Marafioti-Cataldo.

Il 23 giugno 1967 a Locri veniva ucciso Domenico Cordì, boss dell'omonima famiglia, nella cosiddetta strage di piazza Mercato. Cordì pagò con la vita uno sgarro fatto ad Antonio Macrì.

Secondo un rapporto dell'aprile del 1971 firmato da Giuliano Oliva, colonnello della guardia di finanza di Palermo, Cordì aveva sottratto 1700 delle 2000 casse di sigarette che alcuni mafiosi palermitani, i fratelli Tagliavia e i fratelli Spadaro, avevano fatto sbarcare in località Omo Morto di Catanzaro. Il carico era destinato al potente boss di Siderno.

Due anni dopo la strage di piazza Mercato, i familiari di Cordì uccidevano Giuseppe e Domenico Marafioti, rispettivamente fratello e figlio di Bruno, ritenuto il boss dell'omonima famiglia. Seguiva una serie di delitti che si protraeva fino al 1975, quando all'indomani dell'assassinio di Antonio Macrì, i due gruppi, indeboliti dalle numerose perdite, decidevano di deporre momentaneamente le armi. Giuseppe Cataldo ne approfittava per schierarsi dalla parte di Paolo De Stefano, partecipando alla spartizione dei lavori relativi alla costruzione del porto di Gioia Tauro, nonché allo sfruttamento di una cava a Limbadi, nel Vibonese, gestita dai Mancuso.

La tregua sancita con i Cataldo diede forza e prestigio ai Cordì che cominciarono a operare in piena autonomia nei più disparati settori. Le ostilità ripresero nell'estate del 1993, quando nell'auto guidata dalla moglie e con a bordo lo stesso Giuseppe Cataldo, a cento metri dal loro palazzo, veniva lanciata una bomba a mano. L'auto venne completamente distrutta, ma Cataldo e la moglie riuscirono miracolosamente a salvarsi.

Il boss non ebbe il tempo di preparare una reazione adeguata. Qualche mese dopo venne prima arrestato a conclusione dell'operazione «Zagara» e poi, per un'altra vicenda, condannato a 24 anni di reclusione dalla Corte di assise di Reggio Calabria.[44] Le indagini delle forze dell'ordine interrompevano così, quanto meno momentaneamente, il progredire della faida, la cui tensione diminuì anche a causa dell'arresto di Domenico Cordì, figlio di Antonio, detto «il Ragioniere», avvenuta a Roma nei primi mesi del 1999.[45] Racconta il collaboratore di giustizia Rocco Varacalli che «il Ragioniere» aveva ospitato a Locri Bernardo Provenzano, durante la sua latitanza, ed era stato amico anche di Totò Riina.

Nonostante le perdite e gli arresti, e la morte dello stesso Antonio Cordì, avvenuta nel 2007, le due consorterie, nel corso degli anni, sono riuscite a mettere le mani dappertutto, dall'azienda sanitaria locale all'amministrazione comunale, fino alla locale squadra di calcio, senza disdegnare comunque la ricerca di affari illeciti fuori dalla Calabria.[46]

Nell'aprile del 2006, il Consiglio dei ministri, per le gravi ingerenze dei clan, ha decretato lo scioglimento dell'Asl 9, l'ente che gestisce gli ospedali di Locri e Siderno con un bilancio di 172 milioni di euro e 1700 dipendenti. Sempre nel 2006, due giovani contigui alla cosca Cordì, con le loro dichiarazioni, hanno contribuito a dare una svolta alle indagini sull'omicidio di Francesco Fortugno, il vicepresidente del consiglio regionale ucciso a Locri il 16 ottobre 2005.

Nel 2007 ai Cordì e ai Cataldo sono stati confiscati beni (ville, palazzi, terreni edificabili e agricoli) per diversi milioni di euro.

## Siderno e Agnana Calabra

Siderno e Agnana Calabra sono paesi da tempo soggetti al condizionamento della 'ndrangheta. Nel 1885 dieci persone, tra cui un certo Francesco Zampaglione, venivano rinviate a giudizio per reati associativi.[47] Nel 1937 un teste dichiarava di aver fatto parte dell'Onorata Società che già allora era strutturata in società Maggiore e società Minore. La prima si riuniva a Marcinà Superiore, la seconda a Marcinà Inferiore, Pirgo, Dragoni, Bombaconi e Farri.[48] Ai giudici il teste rivelò anche le formule di giuramento.

Sul finire del 1950 alla sbarra finirono quarantun persone, che ruotavano intorno ad Antonio Macrì, ritenuto il capo della malavita di Siderno. In quegli anni Macrì era temuto e rispettato da tutti. Si racconta che anche il vescovo di Locri, monsignor Pacifico Maria Perantoni, aveva fatto ricorso a lui per farsi proteggere dalle minacce di alcuni sacerdoti, i quali, dopo essere stati scoperti dal presule per alcune irregolarità commesse nella gestione dei fondi della Pontificia opera di assistenza (Poa), avevano assoldato un sicario per uccidere il vescovo.[49]

Il dominio di Antonio Macrì durò fino al 1975.

Dopo la sua eliminazione, nell'ambito della prima guerra di mafia, la direzione del locale di Siderno venne assunta prima da Vincenzo Macrì[50] e poi da Francesco Commisso. Il nipote del boss non fu convincente, dimostrando di non avere le capacità necessarie per un compito così delicato e venne, di fatto, spodestato dall'ex braccio destro di Antonio Macrì.

Con i Commisso, la cosca di Siderno entrò prepotentemente nel giro degli stupefacenti. A Francesco, agli inizi degli anni Ottanta, subentrò il figlio Cosimo.[51] Gli affari raggiunsero presto cifre colossali.

Nel corso di alcune intercettazioni telefoniche tra appartenenti a questa organizzazione venne fatto riferimento a un traffico di cocaina per un importo di cinquanta milioni di dollari.[52]

La conferma del coinvolgimento nel giro della droga si ebbe dopo l'arresto di Giuseppe Costa, allora affiliato al clan Commisso. In una lettera inviata al fratello Luciano e sequestrata dalla polizia, Giuseppe Costa fece riferimento alla richiesta di un «grande amico di Lamezia Terme» che aveva «bisogno urgente di materiale edile» dello stesso tipo usato per «gli amici americani», invitandolo a rivolgersi ai «Quagghia», il soprannome con cui vengono identificati i Commisso, «per stabilire il prezzo di fabbrica».

I Costa, dopo alcuni affari andati in porto nel settore degli stupefacenti, pensarono di poter fare a meno dei Commisso. E si misero in proprio.[53] La cosa venne mal digerita dai Commisso, i quali il 21 gennaio 1987, in località Lamia, facevano uccidere Luciano Costa, fratello del boss.

Il pretesto, secondo gli inquirenti, venne creato ad arte. Cosimo Commisso, che aveva subito il furto di alcuni fucili nella sua abitazione a opera di un gruppo di minorenni, ne addebitò la colpa ai Costa. Fu l'inizio di una lunga scia di sangue, ma anche, come l'ha definita il collaboratore di giustizia Cesare Polifroni, una lotta impari, tra «un elefante e una pulce».

I Commisso avevano addentellati dappertutto e filiali sparse per il mondo, in particolare in Canada, Stati Uniti e Australia. In quest'ultimo paese viveva Michele Macrì, fratello del vecchio padrino.

I Curciarello, che inizialmente si erano schierati con i Costa, successivamente passarono dalla parte dei Commisso, i quali riuscirono a colpire anche in Canada, uccidendo un altro fratello dei Costa che era emigrato a Toronto proprio per sottrarsi alla logica delle faide.[54]

Dopo la tregua imposta alle famiglie di Reggio Calabria, la nuova commissione pretese il cessate il fuoco in tutta la provincia. Ma i Costa non si arresero e continuarono a sparare. Questa loro scelta non piacque ai boss del Reggino, che corsero in aiuto dei Commisso, decretando la fine dei loro avversari.[55] I Piromalli-Molè, per esempio, fornirono ai Commisso gruppi di fuoco sconosciuti a Siderno per abbattere le ultime resistenze dei Costa.[56]

Uno degli omicidi più efferati fu quello di Donato Giordano, un carabiniere reclutato dai Costa come sicario. Il corpo venne rinvenuto bruciato e senza testa.

Dopo la mattanza, le forze dell'ordine sono riuscite ad arrestare e far condannare decine di esponenti legati alle due consorterie, tra cui il capoclan Cosimo Commisso. Il 28 febbraio 1994, in una riunione svoltasi in Australia, un emissario italiano aveva informato i referenti australiani della decisione di sciogliere temporaneamente il gruppo, permettendo a ciascuno di agire per conto proprio.

Le successive indagini hanno consentito di accertare l'enorme potere economico acquisito dai Commisso a Siderno: dagli investimenti in vari settori, compreso quello sanitario,[57] alle commesse pubbliche. È emerso che tra il 1973 e il 1992 su 218 gare espletate dal comune di Siderno 65 erano state aggiudicate a quattro ditte legate ai Commisso, per un totale di 17 miliardi di lire.[58]

In un clima di forte intimidazione, anche gli istituti di credito si sono dovuti piegare alla logica del potente clan di Siderno. La filiale di una banca, per anni, era stata costretta a tollerare esposizioni debitorie ammontanti a svariati miliardi.[59]

Dopo l'arresto e la condanna del capoclan, sul finire degli anni Novanta i Commisso hanno subìto alcune defezioni. I primi a puntare i piedi sono stati i Pezzano e i Racco, poi si sono fatti sentire i Macrì e infine a fare la voce grossa sono stati i Salerno e i Filippone. A rimetterci la pelle sono stati i fratelli Salvatore e Agostino Salerno, uccisi nell'arco di due mesi, tra ottobre e novembre del 2006.[60]

Sul fronte opposto, sempre nel 2006, è stato arrestato Tommaso Costa, il capo dell'omonimo clan, condannato a undici anni di reclusione per traffico di droga. In carcere, nel 2007, gli è stata contestata un'altra accusa, quella di aver ordinato l'omicidio di Gianluca Congiusta, titolare di un negozio di telefonini, avvenuto a Siderno il 25 maggio 2005. Secondo gli inquirenti, Congiusta venne ucciso per aver cercato di impedire un'estorsione ai danni dei familiari della sua fidanzata.

*Gioiosa Ionica, Marina di Gioiosa Ionica,*
*San Giovanni di Gerace, Grotteria e Roccella Ionica*

Nella zona di Gioiosa Ionica, Marina di Gioiosa Ionica, San Giovanni di Gerace, Grotteria e Roccella Ionica, già nella prima metà del secolo scorso operavano organizzazioni criminali dedite al furto e alle estorsioni. Un codice simile a quelli trovati in altri paesi del Reggino venne sequestrato a Gioiosa Ionica nel 1927 durante una perquisizione domiciliare.[61] Un anno dopo, a Grotteria 39 persone venivano processate per reati associativi. Uno degli imputati dichiarò ai giudici di essere entrato a fare parte dell'organizzazione criminale denominata «famiglia di Montalbano», nella convinzione «che avrebbe acquistato rispetto e trovato il modo come vivere bene senza lavorare».

Negli anni le 'ndrine operanti in questa zona si sono raffinate, coinvolgendosi nel settore del movimento di terra e della fornitura d'inerti, ma soprattutto nel giro della droga. La cosca Mazzaferro-Ursino-Macrì ha partecipato ai lavori per la costruzione del porto di Gioia Tauro e per la realizzazione della superstrada Ionio-Tirreno. La famiglia Mazzaferro è stata coinvolta anche nella costruzione dell'autostrada del Frejus. Proprio in Piemonte, dove si è trasferita una parte di questo importante gruppo, Mario Ursino, boss dell'omonima famiglia, è riuscito a soppiantare il clan dei catanesi, capeggiato dai fratelli Miano. Gli Ursino-Macrì-Mazzaferro, spalleggiati dalla famiglia Belfiore, hanno stretto contatti con esponenti di primo piano delle cosche Barbaro di Platì, Calabrò di San Luca, Bruzzaniti-Morabito di Africo, Raso-Albanese di Cittanova, dando vita a un cartello dedito al traffico internazionale di droga.[62]

Questo gruppo è riuscito a estendere la propria influenza anche in Germania, Belgio, Inghilterra, oltre che in Liguria, Piemonte, Veneto, Friuli Venezia Giulia e Lombardia.[63]

Non da meno si sono rivelate, secondo gli inquirenti, le cosche Aquino, Ierinò, Monteleone e Belfiore, tutte attive già ai tempi in cui il contrabbando di sigarette costituiva una risorsa primaria.

I Mazzaferro, per controllare quel lucroso business, si scontrarono più volte con gli Aquino. E le alleanze avviate con i siciliani, in quegli anni, si sono consolidate successivamente con il traffico internazionale di droga. Negli anni Novanta molte di queste famiglie sono state coinvolte in grosse importazioni di cocaina effettuate in collaborazione con la potente famiglia dei Cuntrera-Caruana, originaria di Siculiana, in provincia di Agrigento.[64]

Racconta Oreste Pagano, oggi collaboratore di giustizia, ex socio di Alfonso Caruana: «La droga proveniente dalla Colombia veniva trasportata in Brasile o a Panama, per essere occultata all'interno di container che poi venivano caricati con merci varie (caramelle, magliette, oli minerali) e spediti in Svizzera, attraverso il porto di Genova. Noi ci occupavamo della fornitura di cocaina, ma non del trasporto. In pochi anni siamo riusciti a mettere assieme otto carichi, due dei quali vennero intercettati dalla polizia».

L'ultimo è stato sequestrato a Borgaro Torinese il 5 marzo 1994. Le forze dell'ordine sono riuscite a recuperare 5497 chili di cocaina.

I calabresi, nell'operazione coordinata da Alfonso Caruana e Oreste Pagano, erano rappresentati da Antonio Scambia, originario di Motta San Giovanni; i siciliani da Vito Genco, cugino dei Caruana, tuttora latitante. Il 70 per cento della cocaina rimaneva nelle mani dei Cuntrera-Caruana e dei produttori colombiani, il 30 per cento veniva invece destinato al clan Mazzaferro che nell'affare rappresentava anche i Barbaro di Platì, gli Ierinò di Gioiosa Ionica, i Morabito di Africo, i Cataldo di Locri e i Pesce di Rosarno.[65]

Gli Ierinò, oltre al narcotraffico, hanno preso parte anche ad alcuni sequestri di persona, come quello di Roberta Ghidini. Proprio per dissidi sorti in merito a quel rapimento,[66] il 14 gennaio 1993 è stato ucciso Vincenzo Mazzaferro. L'omicidio non ha inciso sugli equilibri territoriali. Le varie famiglie hanno continuato a trafficare in droga, grazie a canali privilegiati con trafficanti residenti in Argentina.

Salvatore Aquino, boss dell'omonima famiglia, venne coinvolto nella gestione della raffineria di eroina scoperta nel 1990 a Rota Imegna, in provincia di Bergamo, assieme al gruppo Sergi. Agli Aquino erano legati anche i Sainato.

Nel traffico di droga, oltre ai soldi dei sequestri, sono stati investiti i proventi del racket delle estorsioni.[67]

In questa zona, come in quella di Platì, si sono verificati anche forti condizionamenti sia a livello amministrativo che nella gestione del credito. Alcune banche della zona sono state utilizzate per finanziare la florida economia usuraria non solo nella Locride, ma anche nel Vibonese e nel Milanese.[68]

Sul finire degli anni Novanta, gli Ierinò hanno esteso la loro influenza anche sulle Serre vibonesi, alleandosi con la famiglia Ciconte, oggi subordinata al clan Vallelunga-Turrà, coinvolta in una sanguinosa faida per il controllo dell'economia boschiva.

Nel marzo del 2006 un'indagine coordinata dalla Procura distrettuale antimafia di Napoli ha portato all'arresto di esponenti della famiglia Ursino-Macrì che assieme al clan Aquino-Annunziata di Boscoreale, nel Napoletano, importavano cocaina dall'Olanda e dalla Germania.

Pochi mesi dopo, nel settembre del 2006, all'aeroporto di Fiumicino è stato arrestato Vincenzo Roccisano, originario di Marina di Gioiosa, latitante dal luglio del 1991 e ricercato per traffico di droga. Legato alla famiglia Ierinò, Roccisano aveva da poco finito di scontare una condanna a 16 anni di reclusione negli Stati Uniti sempre per traffico internazionale di sostanze stupefacenti.

Nel 2007 sono stati arrestati diciotto presunti affiliati alle cosche Mazzaferro e Ierinò di Gioiosa e Pesce di Rosarno, accusati di aver creato un cartello per l'approvvigionamento di droga anche per conto dei clan Ceusi di Catania, Attanasio e Bottaro di Siracusa. Sempre nel 2007 in carcere sono finiti il latitante Luca Mazzaferro e il cognato Antonio Monteleone. Secondo l'accusa, Mazzaferro era a capo di un'organizzazione dedita ai furti di mezzi pesanti in Calabria, Emilia Romagna, Veneto e Friuli Venezia Giulia. Gli automezzi venivano successivamente rivenduti in Italia e in Croazia. A Toronto, in Canada, è finita la latitanza di Albano Andrianò, ricercato dal 2000 per la sua partecipazione a un'associazione mafiosa in affari con narcotrafficanti colombiani e palermitani.

Gioiosa Ionica, comunque, ha anche una lunga tradizione nella lotta alla 'ndrangheta. Nel 1989 l'intero consiglio comunale si dimise per denunciare l'arroganza delle cosche locali che «impediscono lo sviluppo e minacciano la convivenza civile e pacifica della comunità», e nel 1975 sempre Gioiosa era stata protagonista della prima grande protesta di un comune calabrese contro la 'ndrangheta. Vincenzo Ursino, un boss del luogo, era stato ucciso in un conflitto a fuoco con i carabinieri, e i suoi fedelissimi avevano imposto il lutto cittadino in occasione dei funerali. Rocco Gatto, un mugnaio, decise di ribellarsi, pagando con la vita quella sua coraggiosa protesta. Per quel delitto Gioiosa scese in piazza, sfidando il potere degli Ursino.

## Mammola e Martone

In questa zona della Vallata del Torbido si ha notizia di organizzazioni criminali già nel 1887. Nei primi anni del Novecento c'era un gruppo di picciotti che faceva capo a Nicodemo Agostino, e nel 1938 un imputato raccontò agli inquirenti che «durante la cerimonia del battesimo il capo, con la punta del pugnale, gli aveva prodotto al polso destro una lieve ferita e ne aveva succhiato il sangue».[69]

Presenze 'ndranghetiste si sono avvicendate negli anni senza però lasciare tracce significative. Negli anni Ottanta, un rapporto dei carabinieri segnalava la presenza a Mammola di una cosca, guidata da Annibale Mazzone, comprendente anche i gruppi familiari dei Callà e dei Macrì, dediti prevalentemente ai sequestri di persona e a reati contro il patrimonio.

Nel 1987, dopo la morte del vecchio capo bastone, i clan Callà e Macrì hanno cominciato a contendersi il territorio a colpi di lupara. Nonostante la faida, i due gruppi hanno continuato a occuparsi delle attività criminali nelle quali erano tradizionalmente coinvolti.

Il 23 novembre 1989 Isidoro Callà è stato fermato alla frontiera di Chiasso mentre viaggiava su un treno diretto a Bruxelles con 310 milioni di lire, tra cui molte banconote provenienti dal riscatto pagato per i sequestri Cuzzocrea, Celadon, Campisi, De Angelis, Sacchi, Perrini, Bulgari, Pedesini e Ravizza. I soldi, appartenenti anche ad altre cosche della zona, erano probabilmente destinati all'acquisto di una partita di cocaina.

Nello stesso periodo, i Callà si sono alleati con gli Ursino di Gioiosa Ionica mentre i Macrì si sono ulteriormente avvicinati ai Commisso di Siderno.

La faida ha allontanato da Mammola molti esponenti delle due famiglie: il figlio del boss Vincenzo Macrì si è trasferito a Genova, uno dei Callà ha assunto la residenza in Lussemburgo.

Ad avere la meglio sono stati i Callà, rafforzati dalle alleanze strette con i Calautti e i Conia. In particolare i Calautti hanno esercitato una pressione brutale sul territorio, ricorrendo continuamente alla violenza per estorcere denaro a commercianti, ma anche a semplici pensionati.

Il 10 luglio 1991 si è cercato di uccidere Salvatore Calautti. La reazione del clan è stata violenta ed è culminata con l'eliminazione di due innocenti, Bruno e Vincenzo Longo, padre e figlio. Un altro figlio di Bruno, Domenico Longo, è riuscito a salvarsi per miracolo. Per tale duplice omicidio sono stati successivamente arrestati i fratelli Carmelo e Salvatore Calautti.[70] Oggi i Callà sono affiancati nel controllo di questo territorio dagli Scali e dai Barillaro.

*Stignano, Monasterace, Stilo, Riace, Pazzano, Bivongi,*
*Caulonia, Camini e Placanica*

La zona compresa tra i comuni di Stignano, Monasterace, Stilo, Riace, Pazzano, Bivongi, Caulonia, Camini e Placanica fino alla metà degli anni Novanta è stata sotto l'influenza della cosca che faceva capo a Giuseppe Cosimo Ruga, attiva nell'ambito dei sequestri di persona, molti dei quali compiuti nel Centronord.[71]

Successivamente, alla guida del clan sono subentrati i Metastasio[72] che con i Loiero avevano fatto parte del nucleo storico guidato dai Ruga. Oltre all'azione repressiva dello Stato, a indebolire i Ruga è stato il tentativo, non riuscito, della cosca di Monasterace di sconfinare nel Catanzarese.

L'attività delle cosche in questa zona è sempre stata molto pervasiva. Secondo gli inquirenti, i concorrenti alle gare indette dalle varie amministrazioni comunali sono stati rappresentati per «l'80 per cento ... da ditte facenti capo a soggetti orbitanti nell'ambiente mafioso dell'area». Molte volte si è fatto ricorso a prestanomi. Oltre all'edilizia (produzione di inerti), un altro settore fortemente condizionato è stato quello agricolo, attraverso la gestione delle assunzioni di braccianti e la commercializzazione di agrumi.

Oggi il gruppo è composto dalle famiglie Metastasio, Ruga, Loiero e Gallace e, secondo gli inquirenti, continua a esercitare una forte capacità di controllo del territorio. Nel 2007 diverse aziende operanti nel settore della trasformazione degli inerti sono state sottoposte a sequestro preventivo.

A Caulonia, invece, opera il clan Cavallaro, tradizionalmente vicino alle cosche di Gioiosa Ionica. A Obile, una frazione di Caulonia, nel 1989 è stato catturato il superlatitante Salvatore Sainato, originario di Gioiosa Ionica, considerato «il possibile anello di congiunzione fra le cosche della Locride e la criminalità organizzata della zona delle Serre» in provincia di Catanzaro. Con lui è stato arrestato anche un pregiudicato calabrese residente a Torino.

Originario di Caulonia è invece Antonio Coniglio, arrestato nel Torinese nel 2002 con l'accusa di aver importato droga dalla Spagna e dall'Olanda e di aver venduto esplosivo e kalashnikov a bande di rapinatori rumeni. Nelle intercettazioni disposte dal Gico della guardia di finanza sono finite migliaia di conversazioni. Gli investigatori sono riusciti anche a filmare gli incontri degli uomini legati a Coniglio. L'attività della banda era così frenetica da fare invidia a una holding commerciale tradizionale. Come base operativa, veniva utilizzato un appartamento in un lussuoso residence a Castelletto Ticino, nel Novarese. Con Coniglio sono finiti in carcere altre undici persone, cinque delle quali originarie di Caulonia.

## Cittanova, Molochio, San Giorgio, Anoia, Giffone

La zona compresa tra i comuni di Cittanova, Molochio, San Giorgio Morgeto, Anoia e Giffone ha sempre risentito della forte influenza rappresentata dalle cosche Anselmo, Facchineri,[73] Raso, Gullace e Albanese. Queste famiglie, con l'eccezione degli Anselmo, per anni si sono contese con le armi il predominio sul territorio.

Gli schieramenti hanno visto contrapposti da una parte i Facchineri, i Marvaso e i Monteleone, appoggiati non apertamente dagli Avignone di Taurianova, e dall'altra i Raso-Albanese-Gullace e De Raco, sostenuti dai Piromalli-Pesce.

L'origine della faida si fa risalire a contrasti sorti nell'esercizio dell'attività pastorizia. Il 23 marzo 1964, in località Zomaro, venne ucciso Domenico Gerace, un possidente imparentato con i Facchineri. Per vendicarsi, Luigi Facchineri ammazzava Antonio Albanese, il presunto assassino di Gerace. «Mi aveva fatto uno sgarbo, escludendomi da una partita a carte in un bar» disse per giustificarsi.

Tra il dicembre del 1970 e il 1980 ci sono stati trentadue omicidi e nove tentati omicidi.

Dopo un iniziale predominio dei Facchineri, ad avere la

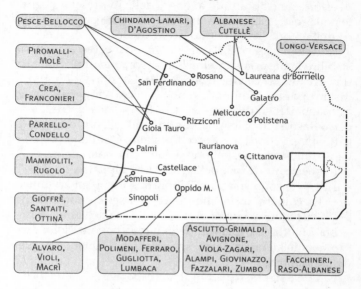

**Mappatura della criminalità organizzata**
*Calabria - Provincia di Reggio Calabria*

PESCE-BELLOCCO · CHINDAMO-LAMARI, D'AGOSTINO · ALBANESE-CUTELLÈ · LONGO-VERSACE · PIROMALLI-MOLÈ · CREA, FRANCONIERI · PARRELLO-CONDELLO · MAMMOLITI, RUGOLO · GIOFFRÈ, SANTAITI, OTTINÀ · ALVARO, VIOLI, MACRÌ · MODAFFERI, POLIMENI, FERRARO, GUGLIOTTA, LUMBACA · ASCIUTTO-GRIMALDI, AVIGNONE, VIOLA-ZAGARI, ALAMPI, GIOVINAZZO, FAZZALARI, ZUMBO · FACCHINERI, RASO-ALBANESE

Rosano · Laureana di Borriello · San Ferdinando · Galatro · Melicucco · Rizziconi · Polistena · Gioia Tauro · Palmi · Taurianova · Cittanova · Castellace · Seminara · Oppido M. · Sinopoli

meglio sono stati gli Albanese-Raso-Gullace. I Facchineri sono stati costretti a lasciare Cittanova: alcuni si sono trasferiti a San Giorgio Morgeto e a Giffone,[74] altri hanno raggiunto varie località in Umbria, Toscana, Liguria, Piemonte, Lombardia e Valle d'Aosta.

A San Giorgio Morgeto i Facchineri hanno assunto un ruolo eminente, grazie anche all'appoggio delle famiglie Valente-Mercuri-Ferraro, alle quali successivamente si sono aggregate le famiglie Sorbara e Landini, quest'ultima originaria di Cinquefrondi. Per diverse motivazioni, anche esponenti dei Raso-Albanese si sono trasferiti in località del Centronord, tra cui Pomezia (RM), Ceriale (SV), Toirano (SV), Villanova di Albenga (SV), Orbassano (TO), Ortovero (SV). In Calabria il gruppo dei Raso-Albanese-Gullace si era prevalentemente occupato di sequestri di persona, di estorsioni (soprattutto ai danni delle imprese impegnate nella costruzione della diga sul Metramo), di ripartizione delle acque irrigue e di pascolo vagante.

Nell'estate del 1987, il clan Facchineri, nel tentativo di ristabilire la propria supremazia, ha scatenato nuovamente un'altra ondata di violenza omicida. La sera del 7 luglio, a distanza di pochi minuti, vennero uccise cinque persone, tutte appartenenti al clan Albanese-Raso-Gullace: due, Francesco Raso e Raffaele Albanese, in località Don Tommasi di Cittanova; gli altri tre, Rocco Catalano, Girolamo Bruzzì e Giovanni Avignone, nei pressi della villa comunale.

In questa nuova fase della guerra, sviluppatasi tra il 1987 e il 1991, ci sono stati altri 27 morti. Nove i tentati omicidi. I Facchineri, approfittando di una serie di arresti che nel 1990 hanno decimato il gruppo Raso e della tregua imposta in tutta la provincia dalla nuova commissione provinciale della 'ndrangheta, sono riusciti a rimetterere piede a Cittanova.

Nel 1998 si sono registrati alcuni sabotaggi ai danni di automezzi appartenenti a un'impresa protetta dai Facchineri. L'episodio non ha avuto conseguenze. Negli ultimi anni i due gruppi hanno continuato su fronti opposti a gestire varie attività illecite, tra cui il traffico di droga, con collegamenti in varie regioni italiane, tra cui Puglia, Umbria e Lazio. In quest'ultima regione, negli anni Novanta, membri della famiglia Facchineri sono stati più volte segnalati in compagnia di Enrico Nicoletti, noto come il tesoriere della Banda della Magliana. Oltre agli Albanese, Raso, Gullace e Facchineri, in questa zona operano anche i Bianchino di Anoia. Ultimamente l'escalation della 'ndrangheta ha superato i livelli di guardia. «Il continuo verificarsi di azioni intimidatorie, perpetrate ai danni di artigiani, imprenditori, amministratori pubblici» ha denunciato nel 2006 il sindaco di Cittanova, Francesco Morano, «non è più accettabile e tollerabile da parte di una comunità che vede minati i principi della sicurezza e dell'ordine pubblico e sente crescere forte allarme e preoccupazione».[75]

Il 31 agosto 2002 a Cannes, in un appartamento della promenade des Anglais, a due passi dalla Croisette e dalla Mostra del cinema, in un condominio lussuoso dove abitano personaggi dell'alta borghesia e della finanza francese, è stato arrestato Luigi Facchineri, uno dei trenta latitanti italiani più pericolosi, nipote del patriarca Vincenzo, recentemente scomparso. Era ricercato da quindici anni. Nel 1975 era scampato alla strage in cui morirono due suoi cuginetti. Il trasferimento al Nord nottetempo sotto i sedili di un'auto dei carabinieri ispirò una fiction televisiva dal titolo *Un bambino in fuga*. A un'adolescenza di paure e di ricordi violenti seguirono gli anni trascorsi in Umbria e in Toscana per sfuggire a un destino di sangue. Poi il richiamo della faida lo riportò in Calabria a uccidere e a taglieggiare.

Nel novembre del 2007 a Ferrara è stato ferito Rodolfo Ferraro, originario di Cittanova e legato al cartello di famiglie contrapposto ai Facchineri. Condannato per duplice omicidio negli anni Novanta, nella faida aveva perso il padre, due fratelli e uno zio.

## Cinquefrondi

Cinquefrondi ha conosciuto i prodromi della 'ndrangheta agli albori del Novecento. Nel 1902 la Corte d'appello delle Calabrie condannava più di cento persone appartenenti a un'organizzazione criminale operante nei comuni di Cinquefrondi, Galatro, Anoia e Maropati. I giudici, nella sentenza, coglievano perfettamente il senso della forza di intimidazione del vincolo associativo, tipico delle mafie: «L'associazione fornisce ancora la protezione agli associati, la solidarietà fra i soci pel pronto accorrere alla reciproca difesa. Da tale aiuto ciascuno trasse la sua forza e la sua audacia per commettere quel reato più conforme al suo stato sociale, e così il pastore si sentiva audace nei pascoli abusi-

vi, il contadino più sicuro nei furti campestri e nei danneggiamenti; ciascuno fu più forte nell'esercitare la delinquenza in quei confini che si riferivano al proprio stato».[76]

Per decenni questa mentalità ha trovato terreno fertile a
Cinquefrondi, dove spesso si è ricorso alle armi per dirime-
re questioni personali e patrimoniali. Negli anni Sessanta lo
scontro tra i Petullà e i Foriglio nacque da un fidanzamento
bruscamente interrotto. Nell'agosto del 1966, Fortunato Foriglio andò a casa dell'ex fidanzata, Elena Petullà, per chiedere la restituzione dell'anticipo di cinquantamila lire che
aveva consegnato a un commerciante per l'acquisto dei mobili. Il fratello di Elena lo prese a pistolettate, ferendolo a un
piede. Foriglio, che quel giorno era disarmato, se la legò al
dito. In ospedale, dove venne trasportato anche per un colpo ricevuto alla testa con il calcio della pistola, cominciò a
covare la vendetta. Foriglio non era uno stinco di santo. Aveva da poco finito di scontare una condanna a 21 anni di reclusione per omicidio.  Nell'aprile del 1942, quando aveva
sedici anni, con un'accetta aveva decapitato Domenico Am-
mazzagatto, un possidente del luogo che si era permesso di
rimproverarlo per avergli reciso un paio di piante di casta-
gno. Attese con pazienza la scarcerazione di Silvio Petullà
e il 2 ottobre 1968 lo uccise in un bar, nella centralissima via
Garibaldi, mentre giocava a carte con gli amici.

Il tempo ha cancellato quei vecchi rancori. E i Foriglio, dopo
aver ricucito lo strappo, si sono imparentati con i Petullà. Dopo
l'omicidio di Raffaele Petullà, boss dell'omonimo clan, avvenuto il 17 novembre 1987,[77] i Foriglio sono andati avanti da
soli, concentrandosi nel settore dell'estrazione e della commercializzazione di materiali inerti. Per qualche abigeato sono
arrivati anche a uccidere degli allevatori di bestiame.

I Petullà, invece, hanno scelto di legarsi ai Longo-Versace di Polistena, puntando sul traffico di stupefacenti. Esponenti del clan Petullà sono stati segnalati a Novi Ligure, ma
anche in Germania, Francia, Perù e Australia. Nella seconda metà degli anni Novanta, alla famiglia Audino, allea-

ta con i Petullà, sono stati attribuiti una serie di taglieggiamenti ai danni di commercianti del luogo.

Nell'ottobre del 2007 a Cinquefrondi è stato arrestato Renato Petullà, capo dell'omonima cosca, latitante dal 2003 e figlio di Raffaele, il padrino che era riuscito a ristabilire la convivenza con i Foriglio.

### Laureana di Borrello, Candidoni, Serrata, San Pietro di Caridà, Galatro e Feroleto della Chiesa

Questa zona, negli ultimi cinquant'anni, è stata sempre sotto l'influenza delle cosche Piromalli-Molè. Anche qui la 'ndrangheta ha radici profonde. Già nel 1896 i carabinieri notavano l'esistenza di rapporti tra le diverse 'ndrine operanti a Laureana, Rosarno, Cittanova e Radicena. Nel 1908, a Laureana, per la promozione al grado di camorrista, si svolgeva «la cosiddetta tirata del sangue».[78]

Neanche in questo paesone all'estrema periferia della provincia di Reggio Calabria, dominato dai piani della Ghilinia, da dove in un sobbalzo si arriva sulle Serre, sono mancate le faide. Una delle ultime è scoppiata nel 1985 tra i Chindamo-Lamari-D'Agostino e gli Albanese-Cutellè-Tassone. Nel 1989, in una tragica serata di febbraio, assieme al fratello venne uccisa anche Marcella Tassone, una bimba di dieci anni. Dopo averla colpita alla nuca, il sicario infierì sulla bimba con altri sei colpi al volto. Ricorda Pantaleone Sergi, uno dei cronisti più attenti: « Nonostante la tenera età della vittima, quella tragedia in Calabria non provocò alcuna reazione di sdegno». I Tassone erano originari di Nardodipace, un paese che rievoca alluvioni, povertà e tragedie.

Un anno dopo, in una masseria, in contrada Barbasano, vennero eliminati Michele, Biagio e Leonardo Cutellè, 36, 25 e 21 anni, cugini. Assieme a loro ha trovato la morte anche Demetrio Ozzimo, un amico. Michele Cutellè, una delle vittime, condannato per associazione mafiosa, era latitante da oltre un anno.

Prima dello scoppio di questa faida, a Laureana di Borrello comandava Giuseppe Gullace. Negli anni Ottanta il vecchio boss fu messo in discussione dai Cutellè-Albanese. «Era lesto solo a prendere» dicevano di lui.

I Cutellè a Laureana di Borrello, Feroleto della Chiesa e Galatro e gli Albanese a Candidoni, Serrata e San Pietro di Caridà decisero di gestire in proprio le loro attività. Lo scontro fu inevitabile. Dopo decine di morti e vari tentativi di mediazione, si riuscì a trovare un accordo. Mediarono i Piromalli-Pesce per conto degli Albanese-Cutellè e i Bellocco per i Chindamo-Lamari-D'Agostino.

Gli Albanese, oltre ad avere il controllo della zona comprendente i comuni di Candidoni, Serrata, San Pietro di Caridà, Galatro e Melicucco, furono autorizzati a spingersi fino a Dinami e Aquaro, nel Vibonese.[79] Ai Chindamo-Lamari, invece, fu consentito il consolidamento a Laureana di Borrello, mentre Giuseppe Gullace, il vecchio capo bastone, venne messo da parte.

I due schieramenti, negli ultimi dieci anni, sono riusciti a estendere la propria influenza anche in Lombardia, particolarmente nel Bresciano e in Toscana, grazie ad attività, come il traffico di droga, la produzione di canapa indiana e il monopolio del mercato stagionale dell'uva.

Nel 2005 e nel 2006 sono stati arrestati i latitanti Carmelo Lamari e Giuseppe D'Agostino. Un altro esponente dei Lamari, Massimo, è stato arrestato nel luglio del 2007 per favoreggiamento, in occasione della cattura di Giuseppe Bellocco, ricercato da oltre dieci anni.

## Polistena

Polistena è un altro di quei paesi della Piana che hanno conosciuto il contagio mafioso nella seconda metà dell'Ottocento. Nel 1888 un certo Rocco Borgese veniva ammonito dal pretore «a non dar luogo a ulteriori sospetti in fatto di ferimenti, camorra e di far parte di maffiosi».[80] Nel

1890 la 'ndrina di Polistena era guidata da Pasquale Ferrara mentre nel 1898 il capo bastone era Francesco Sergio «che fra tutti elevavasi perché di famiglia civile decaduta, ma anche per il suo casellario penale ricco di numerosi reati e numerose condanne».

Altri processi hanno visto alla sbarra picciotti e camorristi di Polistena, in un continuo avvicendamento di storie per la conquista del predominio territoriale. Negli anni Settanta il bastone del comando passò nelle mani del clan guidato da Luigi Longo. Erano pastori che dal racket dei pascoli abusivi e dall'estorsione avevano esteso i propri interessi ai nuovi affari: gli appalti e i sequestri di persona.[81]

A far saltare gli equilibri fu un matrimonio. Venne celebrato il 26 gennaio 1980 tra Antonio Versace, un giovane del luogo, molto ambizioso, e Violetta Longo, la figlia del capoclan di Polistena. Quattro anni dopo, in seguito alla morte del suocero, fu lui a prendere in mano le redini del clan che fino ad allora era riuscito a convivere pacificamente con tutte le altre cosche della zona, dai Piromalli-Molè di Gioia Tauro agli Albanese-Cutellè di Laureana di Borrello.

Antonio Versace, spalleggiato dai suoi fratelli, s'inimicò quasi tutti i parenti della moglie. I Longo, senza darsi per vinti, sostenuti dai Piromalli-Molè, risposero colpo su colpo, fino a uccidere nel 1991 Antonio Versace e suo fratello Michele.

Nonostante le perdite, i Longo[82] e i Versace sono riusciti comunque a insediarsi in altre località della Calabria (CT), a Maranello (MO), a Mondovì (CN), a Villafranca di Verona, ma anche in Valle d'Aosta, in provincia di Pisa e nei pressi di Roma. La forza e l'importanza della cosca Longo è stata confermata anche dal collaboratore Antonio Di Dieco, secondo il quale Giovanni Longo, prima di essere eliminato nella faida con i Versace, aveva partecipato più volte alle riunioni tenutesi a Rosarno con gli esponenti delle cosche Piromalli e Pesce per la spartizione dei subappalti per i lavori di ammodernamento dell'autostrada A3 Salerno - Reggio Calabria.

Sia i Versace sia i Longo hanno cercato anche di condizionare l'amministrazione comunale. Nel 1990 in un agguato è stato ferito il vicesindaco Giovanni La Ruffa, più volte minacciato come l'ex senatore Girolamo Tripodi, sindaco di Polistena per oltre trent'anni.

Nell'agosto del 2007 a Polistena è stato arrestato Domenico Aquino. Era in possesso di un arsenale da guerra, tra cui un fucile automatico a pompa con canna mozzata, una mitraglietta Mab calibro 9 parabellum, una carabina di precisione marca Bolt Actions calibro 270 Winchester, completa di cannocchiale e con canna filettata, e una bomba a mano modello M93 proveniente dall'ex Iugoslavia.

## Taurianova e Terranova Sappo Minulio

Radicena fu, sul finire dell'Ottocento, il paese «dove più rigogliosa è attecchita la picciotteria».[83] Allora il boss era Demetrio Sorrenti. Anche a Iatrinoli, dove comandava Giacomo Alessi, in quegli stessi anni i picciotti erano in gran numero. Dalla fusione di questi due villaggi, nel 1928 nacque Taurianova.

Questa zona, negli ultimi quarant'anni, è stata teatro di numerosi scontri che hanno visto il gruppo Avignone-Cosentino prevalere prima sui Furfaro-Monteleone e poi sui Corica-Versace.[84] Gli Avignone-Cosentino hanno anche appoggiato i Cianci, i Chirico, gli Scarfò e i Ciccone contro gli Zappia-Carrozza nella faida di San Martino, una frazione del comune di Taurianova.

Il 1° luglio 1977 a frenare l'ascesa criminale e imprenditoriale degli Avignone è stato un terribile fatto di sangue, passato alle cronache come la strage di contrada Razzà. In quella circostanza due carabinieri vennero uccisi in un conflitto a fuoco, nel quale persero la vita anche Rocco e Vincenzo Avignone. I due militari dell'Arma, Stefano Condello e Vincenzo Caruso, durante una perlustrazione della zona avevano interrotto in un casolare un summit, al quale, oltre agli Avignone, avevano preso parte il boss di Canolo, Domenico D'Agostino, e alcuni latitanti della famiglia Cianci.

Dopo la strage di Razzà, a guidare il clan venne chiamato Domenico Giovinazzo, nipote del boss Giuseppe Avignone, finito in carcere come tanti altri della sua famiglia in seguito a quel sanguinoso evento.

Giovinazzo seppe riorganizzare le file, aggregando attorno al gruppo degli Avignone altre famiglie della zona come gli Zagari, i Viola, i Petullà, i Mezzatesta, i Pace, gli Alampi, i Furfaro, i Rositano, i D'Agostino, i Ficara, i Pezzano, i Romanelli, i Nanchi e i Pepe. Questo nuovo cartello, per diversi anni, ebbe il controllo incontrastato di ogni settore economico della zona. Nel 1984 le porte del carcere si aprirono anche per Domenico Giovinazzo, accusato dell'omicidio di Domenico Monteleone, un suo acerrimo nemico, ucciso a Taurianova il 6 aprile 1976.

Senza guida, il clan si divise. Agli Asciutto-Neri-Grimaldi venne assegnato il quartiere di Radicena, ai Viola-Zagari quello di Iatrinoli. I Cianci continuarono a mantenere il controllo della frazione San Martino. La scarcerazione di Giovinazzo ricompattò il gruppo, grazie anche all'appoggio dei Piromalli-Molè, uno dei clan più potenti della 'ndrangheta. Non tutti però si allinearono. A Taurianova la famiglia Neri continuò a gestire lo spaccio di droga senza curarsi dei nuovi rapporti di forza. Nell'ottobre del 1988, in località Mella di Taurianova, a rimetterci la pelle per una overdose di eroina fu Felice Zagari, un uomo dei Giovinazzo. La droga l'aveva acquistata da un esponente della famiglia Neri. La vendetta fu inevitabile. Il 2 luglio 1989 venne ucciso Rocco Neri. Un altro fratello, Gaetano, venne eliminato a Pont Saint-Martin, al confine tra la Valle d'Aosta e il Piemonte.

La faida si concluse dopo trentadue omicidi nel 1991. Nel maggio di quell'anno, per vendicare l'uccisione del boss della famiglia Zagari, ucciso il giorno prima, a Taurianova vennero ammazzate quattro persone. Con la testa mozzata di una delle vittime i sicari si abbandonarono a un macabro tiro al bersaglio che fece scoprire all'Italia il volto feroce della 'ndrangheta. Nella faida perse la vita anche il boss Domenico Giovinazzo, ucciso a colpi di mitraglietta il 22 maggio 1990 assieme a Francesco Rositano.

Due dei fratelli Neri, per evitare di essere massacrati come il resto della loro famiglia, hanno deciso di collaborare con la giustizia.

Negli anni Novanta l'assetto del territorio è mutato ulteriormente. Sotto l'apparente egida degli Avignone, la parte alta del paese, cioè Radicena, è stata affidata alla famiglia emergente dei Rositano, legati ai Giovinazzo, mentre Iatrinoli è passata sotto il controllo dei Fazzalari, fiduciari degli Zagari-Viola. La frazione San Martino è rimasta in mano ai Cianci.

Nel 1989 i Sisinni-Zumbo, imparentati con gli Zappia, hanno cercato di uccidere Giuseppe Cianci. Tre giorni dopo, a perdere la vita è stato Rosario Sisinni. Poi sono caduti anche Giuseppe Zappia, il boss che aveva presieduto il summit di Montalto nel 1969, ucciso assieme al figlio il 5 agosto 1993. Il 2 febbraio 2000 a finire in carcere sono state due donne, Teresa e Maria Concetta Zappia, accusate di guidare l'omonima cosca con metodi da moderne manager, ma anche con un tavolino a tre piedi, con cui interpellavano il nonno, il vecchio patriarca Giuseppe Zappia, per averne consigli e consulenze.

A Taurianova restano sempre forti i clan Fazzalari-Zagari-Viola e Asciutto-Avignone-Grimaldi. Nel marzo del 2007 è stato estradato in Italia il latitante Vincenzo Avignone, esponente di spicco dell'omonima famiglia, rintracciato e arrestato a Miami in Florida.

Sempre nel 2007, in provincia di Genova, è stato ucciso Giuseppe Alessi, affiliato alla cosca Viola-Zagari. In carcere è finito il cognato, un siciliano con il quale la vittima aveva avuto dei dissidi per una partita di droga.

### Varapodio

A Varapodio, piccolo comune a economia essenzialmente agricola, nel 1938 Rocco Corso, il capo della malavita locale, dopo essere stato ferito, dette prova della sua ominità, dichiarando ai carabinieri che «dell'affare intendeva occuparsi lui solo senza interventi dell'autorità».[85]

A queste stesse logiche rispondeva anche Matteo Barca, il vecchio capo bastone che a Varapodio negli anni Ottanta controllava tutto. Nel 1982, assieme agli Zumbo, aveva partecipato anche al sequestro di Stefano Pellegrino, un imprenditore del luogo.[86] Gli Zumbo furono accusati anche del primo sequestro effettuato in Calabria nel 1963, quello di Ercole Versace.

All'alba degli anni Novanta, Barca, intuendo l'affievolirsi del suo carisma, decise di farsi da parte. Gli subentrò prima Diego Fedele e poi Benito Condello, salito ai vertici della famiglia grazie agli ottimi rapporti con i Raso-Albanese di Cittanova. Nel 1990 il pregiudicato Saverio Zumbo rimase ferito in un conflitto a fuoco con i carabinieri camuffati da contadini nel podere di un avvocato di Varapodio, dove era andato a ritirare una mazzetta.

Il clan, da allora, ha vissuto di estorsioni, truffe, gestione dei raccolti negli uliveti della zona, coltivazione di canapa indiana e traffici di droga in collaborazione con esponenti della criminalità campana, catanese e laziale.[87]

### Gioia Tauro, Rizziconi, San Ferdinando, Rosarno, Melicucco e Maropati

Il territorio che comprende Gioia Tauro, Rizziconi, San Ferdinando, Rosarno, Melicucco e Maropati è storicamente una delle roccaforti della 'ndrangheta. Nel 1903 cinquantaquattro imputati di Gioia Tauro furono accusati di essersi aggregati «nelle file della mafia».[88] Il capo era Bruno Mangione mentre Francesco Lisciotti «esercitava la camorra alla marina di

Gioia». Altre 'ndrine vennero individuate negli anni Venti. A Rosarno, nel 1926, un gruppo di donne, protetto dalla malavita, raccoglieva liberamente le olive in terreni privati.[89]

Anche in questa zona, numerose sono state le faide, come quella tra i Cunsolo e gli Scriva a Rosarno, gli Ascone e i Crea a Rizziconi, i Thomas e i De Vita a San Ferdinando, gli Stillitano e i Maesano a Drosi di Rizziconi e i Gerace e gli Italiano a Gioia Tauro. Qui, da oltre cinquant'anni, operano alcune delle famiglie più potenti della 'ndrangheta, come i Bellocco, i Pesce e i Piromalli-Molè.[90]

I Piromalli-Molè già negli anni Cinquanta furono al centro di un violento scontro con i Ventre-Carlino.[91] Vent'anni dopo, guidato da Girolamo «Mommo» Piromalli, il clan balzò alla ribalta per la scoperta di un imponente traffico internazionale di stupefacenti, svelato anche grazie alla collaborazione dei servizi segreti americani e al sequestro di Paul Getty III, rampollo dell'omonima famiglia americana.

In quegli anni, Mommo Piromalli, un ex bovaro, era il capo indiscusso. «Non sopportava le insubordinazioni» ricordano gli investigatori che lo hanno conosciuto. Un nipote dello stesso boss, Giuseppe Piromalli, assieme a Martino Raso e ai fratelli Antonio e Domenico Foti furono uccisi perché s'erano messi in testa di poter gestire da soli il settore degli agrumi e delle estorsioni. Dopo ogni omicidio si brindava con lo champagne, quello migliore.

Fu in quegli anni che, per evitare altri scontri, Mommo Piromalli scese a patti con i fratelli Francesco, Teodoro e Girolamo Mazzaferro di Gioia Tauro, con i Mammoliti e i Rugolo di Oppido Mamertina, con i Pesce di Rosarno, con i Crea di Rizziconi e con gli Avignone di Taurianova. C'erano da spartire gli appalti per il porto. Gli unici a far finta di non capire furono i De Stefano di Reggio Calabria che, dopo aver fatto fuori Mico Tripodi e 'Ntoni Macrì, pensavano di poter ridimensionare anche il ruolo dei Piromalli. Anche in quell'occasione Mommo non mostrò debolezze. Il 7 novembre 1977 fece eliminare Giorgio De Stefano, sancendo un'alleanza con Francesco Serraino, il boss di Gambarie, il quale, proprio in quegli anni, acquistò un uliveto con annessa segheria nel comune di Gioia Tauro.

Con la morte di Mommo Piromalli, avvenuta per cause naturali l'11 febbraio 1979 in una stanza dell'ospedale di Gioia Tauro, la gestione della cosca passò nelle mani del fratello, Giuseppe, Peppino, già reggente del clan. Insorsero i Tripodi, i Furfaro e i Priolo che, fino ad allora, avevano subìto, più che voluto, il regime di alleanze imposto dai Piromalli. Anche in questo caso, pur subendo alcune perdite importanti, i Piromalli ebbero la meglio. Ai funerali di Giuseppe Zito, tutti i Piromalli si presentarono vestiti di nero. Racconta il pentito Giuseppe Scriva: «Dopo l'uccisione di Zito, i Piromalli si recarono dagli Alvaro per chiedere dove fossero i Tripodi. Gli Alvaro risposero di non sapere nulla. Successivamente i Piromalli, per conoscere dove fossero i Tripodi, sequestrarono Francesco Seminara, congiunto dei Tripodi stessi. Il Seminara confessò di avere più volte accompagnato Carmelo Tripodi dagli Alvaro. I Piromalli, dopo aver fatto cantare il Seminara, lo uccisero. Materialmente vi provvide Antonio Piromalli, il macellaio, il quale se lo mise tra le gambe e lo sgozzò come un capretto».

L'ira dei Piromalli si placò con lo sterminio dei Tripodi, dei Furfaro e dei Priolo. Giuseppe Tripodi fu ucciso a colpi di lupara a Verzuolo, in provincia di Cuneo, il figlio Carmelo fu vittima della lupara bianca a Pietra Ligure mentre Rocco Tripodi venne massacrato a Sanremo. A Gioia Tauro l'abitazione dei Tripodi fu fatta saltare in aria con l'esplosivo.

Nel 1985 Peppino Piromalli venne condannato a undici ergastoli, poi ridotti a due, grazie alla collaborazione di Annunziato Raso, un sicario legato ai Molè. Emersero anche collegamenti del clan di Gioia Tauro con frange del terrorismo rosso. A reggere il potente clan venne designato Pino Piromalli. Figlio di Antonio Piromalli, il cui omicidio aveva dato il via negli anni Cinquanta alla faida con i Carlino, costretti ad abbandonare Rizziconi, Pino cercò di legittimare quanto i suoi familiari avevano acquisito con il delitto e col sangue. Fu lui a mettere per primo le mani sul porto, pretendendo come tangente un dollaro e mezzo a container. Nel 1987 venne ucciso il sindaco di Gioia Tauro Vincenzo Gentile. Si era rifiutato di liquidare a un prestanome di Carmelo Stillitano, nipote di Peppino Piromalli, una fattura di 22 milioni e 350 mila lire più Iva per i lavori di sistemazione della discarica, peraltro mai eseguiti.

Altre inchieste, negli anni Novanta, accertarono l'esistenza di un patto federativo con i Pesce di Rosarno e i Mancuso di Limbadi. Emersero anche i legami dei Piromalli-Molè nel traffico di droga con alcune importanti cosche operanti nelle regioni del Nord, come gli Asciutto di Taurianova, i Belfiore di Gioiosa Ionica, i Commisso di Siderno[92] e i Giuliano di Napoli. I «cloni» dei Piromalli vennero individuati in Lombardia,[93] Lazio, Liguria, Piemonte, Veneto, Emilia Romagna, Toscana, Puglia e Sicilia, ma anche in Francia, Svizzera, Belgio, Germania e Argentina.

Racconta il collaboratore Gaetano Costa che, dopo la seconda guerra di mafia, furono i Piromalli a spingere per la creazione di una commissione provinciale, sovraordinata alle singole 'ndrine. Nonostante i grandi traffici di droga, il clan non ha mai sottovalutato le risorse economiche della zona, soprattutto quelle agricole e turistiche. Affidandosi a prestanome, assieme a Pesce sono riusciti ad aggiudicarsi gli appalti per la costruzione della centrale termoelettrica dell'Enel.

Oltre ai Piromalli-Molè, altri clan della zona si sono occupati di droga, sia quella prodotta nelle numerose piantagioni di cannabis della Piana sia quella importata dall'estero.

I Bellocco e i Pesce, con i gruppi a essi collegati, tra cui i Pisano, hanno potuto contare su una serie di collegamenti con altri esponenti legati a organizzazioni criminali in Sicilia, Lombardia, Veneto, Emilia Romagna, Toscana, Lazio e Puglia, ma anche in Austria, Grecia, Libano, Germania e Francia.

Fu Umberto Bellocco a battezzare in carcere col grado di santista Giuseppe «Pino» Rogoli di Mesagne, gettando così le basi per la nascita della Sacra Corona Unita, la cosiddetta quarta mafia.[94] I Pesce invece furono coinvolti nella guerra di mafia che ha insanguinato la Sibaritide cosentina, coinvolgendo anche le province di Catanzaro e Crotone. Il clan Pesce-Bellocco sta vivendo una fase molto concitata a causa di un conflitto che coinvolge due famiglie: i Sabatino, legati ai Pesce, e gli Ascone, vicini ai Bellocco. Ad avere la peggio finora sono stati gli Ascone, vittime di due attentati nel 2007. Nel primo sono stati feriti a Nicotera Vincenzo Ascone e Aldo Nasso. Nel secondo è stato freddato a Rosarno Domenico Ascone, cugino di Vincenzo e nipote di Antonino, uno degli esponenti più importanti dell'omonima famiglia. Nell'agguato è rimasto ferito anche il fratello di Domenico, Michele.

Nel febbraio del 2008 in carcere sono finiti quattro esponenti del clan Pesce, tra cui il reggente, Marcello Pesce, indagati, tra l'altro, per estorsione ai danni della MedCenter Containers Terminal, la società che gestisce le attività di scalo del porto di Gioia Tauro.

Per decenni la politica del consenso, della spartizione delle risorse, la suddivisione della gestione mafiosa delle strutture portuali hanno garantito stabilità al gruppo Mammoliti-Molè. In particolare, il controllo del porto[95] ha garantito la gestione sinergica di altre attività, come il commercio clandestino di armi da guerra provenienti dalla Bosnia e dalla Croazia, il traffico di droga e il contrabbando delle sigarette.

Con i Molè i rapporti risalgono alla prima metà del secolo scorso. Girolamo Molè, il capostipite della famiglia, sposò Teresa Piromalli, la sorella di Mommo. Un loro figlio, Nino, negli anni Sessanta divenne uno degli esponenti più importanti del casato Piromalli-Molè. Un fratello di Nino, Domenico, diventò il genero di Peppino Piromalli, per averne sposato la figlia Concetta. Negli anni Ottanta i Piromalli-Molè-Stillitano e Copelli venivano considerati «un'unica cosa». A creare i primi dissapori fu l'omicidio del sindaco Gentile. Si racconta che i Molè avrebbero voluto «punire» l'assassino del sindaco, ma non lo fecero perché era nipote dei Piromalli. Il conflitto è riesploso recentemente con l'omicidio di Rocco Molè, reggente dell'omonima cosca e terzogenito del vecchio boss Nino, deceduto nel 2006 per cause naturali. Lo hanno ucciso in un agguato il 1° febbraio 2008 in via Cambria a Gioia Tauro, mentre a bordo di una minicar si stava recando in un terreno agricolo di sua proprietà. Aveva 42 anni. Pare che avesse trattenuto per sé un'ingente somma di denaro estorta ad alcuni imprenditori impegnati nei lavori di ammodernamento dell'autostrada Salerno-Reggio Calabria nel tratto Gioia Tauro - Scilla. A lamentarsi con i Piromalli erano stati gli Alvaro e i Condello. Rocco Molè aveva cercato di mettere il naso anche nella gestione del nuovo centro commerciale Porto degli Ulivi di Rizziconi, di cui è socio Pasquale Inzitari, genero di Nino Princi, l'imprenditore ucciso con un'autobomba nell'aprile del 2008. Princi, tra l'altro, era sposato con una donna della famiglia Rugolo, collegata alla cosca Mammoliti di Castellace di Oppido Mamertina.

La reggenza dei Molè è passata nelle mani di Domenico Stanganelli, genero di Antonio Pasquale Marafioti, il sindaco di Seminara arrestato nel 2008 per i suoi presunti legami con il clan Gioffrè. Nel 2007 la Direzione distrettuale antimafia aveva evidenziato il pericolo di «una nuova e totale guerra tra cosche, pronte a contendersi gli investimenti comunitari, gli investimenti governativi e regionali e, soprattutto, gli investimenti privati che operatori economici anche esteri hanno già programmato per l'immediato futuro». In discussione ci sono anche gli interessi che ruotano attorno al termovalorizzatore di Gioia Tauro e al porto container, il più grande del Mediterraneo, per il quale, nei prossimi anni, sono previsti investimenti di centinaia di milioni di euro. Denuncia la Commissione parlamentare antimafia: «C'è una presenza capillare della 'ndrangheta nelle attività del porto». La 'ndrangheta qui continua a prelevare un euro a container, 7500 euro al giorno, più di 2 milioni e 700 mila euro l'anno, una vera e propria tassa.

Oltre ai Piromalli, ai Molè, ai Pesce e ai Bellocco, in questa zona ci sono anche gli Albano - La Malfa di San Ferdinando, i Crea di Rizziconi e i Mercuri-Napoli di Melicucco.

Nel 2007 un'inchiesta della Direzione distrettuale antimafia di Reggio Calabria ha portato all'arresto di quindici persone, tra cui esponenti di punta delle famiglie Bellocco, Piromalli, Pesce e Mancuso che spesso si riunivano a Bosco di Rosarno per spartirsi le «competenze» sui lavori di ammodernamento della Salerno - Reggio Calabria, nel tratto compreso tra gli svincoli di Mileto e Gioia Tauro. Si erano «aggiustati» su tutto. Sulla tassa da chiedere ai costruttori e pure su quali ditte potevano accedere ai subappalti. Alle 'ndrine della zona spettava il 3 per cento del valore dell'opera, in più tutti i lavori di movimento terra e fornitura del calcestruzzo. Persino le assunzioni del personale erano controllate. Alle aziende del Nord che scendevano in Calabria per costruire l'autostrada veniva assicurata «la massima tranquilità sui cantieri» e «nessun problema con le vertenze sindacali».

Per costruire la Salerno - Reggio Calabria, dal 1963 al 1974, è stata spesa una somma che oggi corrisponderebbe a circa 5,6 milioni di euro al chilometro. Per ammodernarla di anni ne serviranno quattordici (dal 1998 al 2012) e si spenderanno 20,3 milioni al chilometro, cioè 9 miliardi di euro.

## Oppido Mamertina, Scido e Santa Cristina d'Aspromonte

Nel 1902 il vicepretore di Oppido annotava che la locale 'ndrina «non aveva soltanto per scopo la manomissione della proprietà ... ma anche l'amministrazione della giustizia».[96] Nella 'ndrangheta la giustizia è sempre stata un affare privato e non ha mai ammesso deroghe, né deleghe.

Negli anni Cinquanta Giuseppe Barca diventò un assassino per vendicare il fratello che era stato ucciso mentre con i due figlioletti in groppa a un mulo si stava recando nella clinica Repaci di Sinopoli per far visita al padre. Pare che Francesco Repaci fosse stato «condannato» dalla malavita locale per un precedente delitto.

Barca, che per quel fratello stravedeva, ammazzò quattro persone, ne ferì altre due, tentò di ucciderne altrettante, sostenne uno scontro a fuoco con i carabinieri e cercò di assaltare il carcere di Oppido Mamertina.

Dopo la sua cattura, avvenuta nel 1953 in un casolare nei pressi di Bosco San Leo, vennero uccisi un cugino di Barca, Giuseppe, falciato con sedici revolverate sull'uscio di casa a Castellace di Oppido, il cognato Natale Cutrì, e altri due giovani, Giovanni Marra e Francesco Ferrinda.

Oggi in questo territorio che ha conosciuto le vendette dei Barca e dei Licastro operano diversi clan. A Oppido Mamertina ci sono i Polimeni, i Mazzagatti, i Ferraro, i Gugliotta, i Bonarrigo, i Modafferi e i Lumbaca. Castellace, invece, continua a essere un feudo dei Mammoliti-Rugolo, ai quali fanno riferimento anche le famiglie Nava, Cosoleto, Luppino e Romeo. Negli anni Ottanta e Novanta i clan Mazzagatti-Polimeni uscirono vincenti dallo scontro con i Ferraro-Zumbo. La faida ebbe inizio con la morte, nel luglio del 1985, di Giuseppe Ferraro, il vecchio boss di Oppido Mamertina. Oltre che sulla successione di Ferraro, i due schieramenti ebbero da ridire su molte cose, tra cui l'acquisto di un terreno ubicato in località Fellusa di Oppido Mamertina, la gestione della discarica comunale e l'omicidio di un certo Santo Gugliotta, avvenuto nel 1992.

Una delle pagine più nere della faida di Oppido fu scritta nel maggio del 1998, quando alcuni sicari fecero irruzione nella macelleria di Mico Polimeni. Non trovandolo, puntarono le armi contro un fratello del boss, di 25 anni, e un suo coetaneo. Quando stavano per andarsene, confondendo la Croma grigia di un innocente per quella di un affiliato ai Polimeni, presero a sparare all'impazzata. Due persone persero la vita, tra cui Maria Angela Ansalone, 9 anni ancora da compiere. Sempre nel 1998 venne uccisa Angela Bomarrigo assieme al figlio Antonio Gugliotta e a un altro giovane. I Gugliotta erano legati ai Mazzagatti-Polimeni.

Oggi, più che le vendette i clan di Oppido hanno in mente gli affari. Come quelli di Delianova, Sant'Eufemia d'Aspromonte e Bagnara, si staranno preparando per mettere le mani sugli appalti della nuova arteria stradale Bovalino-Bagnara che prevede un impegno di spesa di circa 835 milioni di euro.

Capi indiscussi del gruppo Mammoliti-Rugolo continuano a essere Saverio «Saro» Mammoliti e Giuseppe Rugolo.[97]

Saro Mammoliti diventò il boss dell'omonima famiglia al termine di una sanguinosa faida con i Barbaro, che uscirono distrutti dal conflitto. Ereditò il ruolo del padre Francesco, morto ammazzato nel 1954, che era il capo riconosciuto della malavita organizzata di Castellace. Il giovane Mammoliti impose un metodo più manageriale nella gestione della propria cosca. Negli anni Settanta guidava la Jaguar e aveva contatti con mezzo mondo. Assolto assieme a Mommo Piromalli dall'accusa di aver ideato il sequestro di Paul Getty, fu uno dei primi boss della piana di Gioia Tauro ad affacciarsi sul mercato del narcotraffico. Due agenti americani che dicevano di essere trafficanti di stupefacenti lo contattarono per acquistare una grossa partita di droga. Mammoliti rispose che aveva bisogno «della fiducia e del benestare di tre boss»: Mommo Piromalli e 'Ntoni Macrì per la cocaina e Paul Violi, il boss di Montreal, per l'eroina. Violi, nativo di Sinopoli, apparteneva a una famiglia legata agli Alvaro. Al centro di molte inchieste, Mammoliti ha sempre avuto ottime entrature politiche. Più volte è stato trovato in possesso anche di numeri telefonici della presidenza del Consiglio e di diversi uffici ministeriali.

Negli anni Novanta Mammoliti, oltre a entrare a far parte della commissione provinciale istituita dopo la seconda guerra di mafia, è stato determinante anche nella creazione della cosiddetta mafia dei basilischi in Basilicata. Si legge nel rapporto sull'operazione «Penelope»: «Sostanzialmente fin dal 1995 si è andato affermando in Basilicata un nuovo cartello criminale, che ha preteso di trascendere i caratteri localistici di ciascun gruppo per acquisire unitarietà di strutture nell'ambito di una strategia criminale articolata ed estremamente allarmante. Tra gli ideatori e i capi di tale organizzazione ... si collocava anche Renato Martorano, che veniva nominato "capo società" da Don Saru (Mammoliti). Si tratta, in particolare, di un aggregato criminale operante nell'area geografica tra Policoro e Monte Pollino, corrispondente alle province materana e potentina».[98] Gli atti giudiziari, tra l'altro, hanno evidenziato un collegamento della mafia dei basilischi anche con la cosca Morabito di Africo.

Il gruppo Mammoliti-Rugolo, pur essendo coinvolto nel giro della droga, non ha mai trascurato il fiorente mercato olivicolo e agrumicolo della zona, acquisendo molti terreni con la violenza e le minacce.[99] Fino agli anni Novanta il clan dei Mammoliti-Rugolo è stato coinvolto anche in molti sequestri di persona a scopo estorsivo.

Nel 2006 a Castellace è stato arrestato Teodoro Crea, capo dell'omonima cosca di Rizziconi, legato anche da vincoli di parentela agli Alvaro di Sinopoli. Francesco Crea ha sposato la figlia del boss Nicola Alvaro.

### Sinopoli, Cosoleto, San Procopio, Sant'Eufemia d'Aspromonte e Delianova

Nella zona di Sinopoli,[100] Cosoleto, San Procopio, Sant'Eufemia d'Aspromonte e Delianova si è registrata una delle prime faide della seconda metà del Novecento, quella tra i Pinneri e i Leonello. La rivalità sorta tra i due clan per il controllo del territorio si acuì nell'agosto del 1944 dopo l'eliminazione di Francesco Lillino, legato alla cosca di Gioacchino Leonello. Nella vicina Sant'Eufemia, un mese prima,

Vincenzo Pinneri aveva dato dimostrazione della propria forza assaltando prima il municipio e poi la caserma dei carabinieri. Un anno dopo, lo stesso Pinneri aveva aperto il fuoco contro l'auto con cui il questore di Reggio, Parlato, il maggiore dei carabinieri, Collica, e il maresciallo Morbegno si stavano dirigendo a Sinopoli. Questa ennesima provocazione costò cara agli uomini di Pinneri e Leonello che, in pochi mesi, vennero quasi tutti assicurati alla giustizia. Leonello fu assassinato dalla sua compagna, Eufemia Bonfiglio, quando ormai era braccato dalle forze dell'ordine. Pinneri venne condannato all'ergastolo. Il 4 gennaio 1976, trent'anni dopo, fu giustiziato il figlio naturale di Leonello, nato dalla relazione con la Bonfiglio.

A Sinopoli, il paese di Leonello, fu un'altra faida, iniziata nel 1945, a spianare la strada a uno dei clan più potenti della 'ndrangheta, quello degli Alvaro.

Gli Alvaro, appoggiati dalle famiglie Forgione e Violi, per vent'anni dovettero fare i conti con i Filleti-De Angelis-Orfeo. Dopo l'omicidio di Giuseppe Filleti, la faida riesplose violentemente nel 1964 e proseguì fino al 1967. Uno dei delitti più efferati fu quello di Maria Rosa Filleti, la moglie di Francesco De Angelis, caduto in un burrone in circostanze misteriose nel 1964. La donna venne prima ferita a coltellate mentre pregava sulla tomba del figlio, Antonio, anch'egli vittima della faida, e poi freddata a colpi di mitra e lupara nella propria abitazione a Sinopoli, dove sanguinante aveva cercato riparo, sperando di sfuggire alla cieca determinazione degli assassini. Da allora nessuno ha più messo in discussione il potere degli Alvaro.

Coinvolti in molti sequestri di persona, tra i quali quello di Saverio Luppino, Francesco De Cicco, Antonino Abenavoli, Rocco Lo Faro, Osvaldo Ferretti ed Emanuele Rinciari, gli Alvaro sono riusciti a entrare anche nel grosso giro del traffico di droga. Uno dei loro affiliati venne arrestato per l'attentato nel quale il 3 settembre 1982 a Palermo persero la vita il generale Carlo Alberto Dalla Chiesa, la moglie Emanuela Setti Carraro e l'agente di scorta, Domenico Russo.

Negli anni Novanta, due frange della famiglia Alvaro si divisero il territorio. Sinopoli venne assegnata a Carmine Alvaro, detto «Cupirtuni», e Cosoleto ad Antonio Alvaro, detto «Testazza». I due gruppi erano noti come «carni i cani» e «cuddalonga».

Il clan degli Alvaro ha continuato a imporre la guardiania su quasi tutti i terreni agricoli della zona, ricorrendo anche ad attività intimidatorie come il taglio delle piante d'ulivo. La guardiania, soprattutto negli ultimi tempi, è diventata funzionale alla coltivazione di canapa indiana.[101] Quest'attività, peraltro, ha fatto da supporto al più vasto traffico di droghe pesanti, in cui gli esponenti della cosca Alvaro sono fortemente inseriti potendo contare su proprie filiali a Genova, nella provincia di Bologna, in quella di Pistoia, a Magenta, in provincia di Milano, nello stesso capoluogo lombardo, a Firenze e a Latina.

Recenti indagini hanno rilevato la massiccia acquisizione di immobili nell'area metropolitana di Roma e l'investimento di proventi illeciti nella provincia di Torino. In Piemonte il gruppo degli Alvaro avrebbe investito anche nel settore della distribuzione alimentare. Le proiezioni di questo clan si sono spinte anche all'estero, soprattutto in Australia e in Canada. Nell'ottobre del 2007 a Sinopoli, in una chiesa abbandonata, sono state trovate armi da guerra (mitragliatrici Mab) e munizioni (oltre seicento cartucce calibro 9x21 e 7,65).

A Cosoleto, Scido, Oppido Mamertina, Santa Cristina d'Aspromonte e Delianova operano anche gli Italiano-Papalia, legati agli Alvaro-Macrì-Violi. Un loro parente, John Papalia, nato a Hamilton, in Canada, da genitori emigrati da Delianova, negli anni Settanta successe a Giacomo Luppino, un boss originario di Castellace, come rappresentante in Ontario della famiglia Magaddino di Buffalo. Magaddino era cugino di Joseph Bonanno, ed entrambi erano legati a Cosa Nostra. Papalia venne ucciso in un agguato nel 1998, nello scontro con i Musitano, anche loro originari di Delianova e legati alla famiglia siciliana dei Rizzuto di Montreal.

Anche Delianova, agli inizi degli anni Cinquanta, fu al centro di una tragica vicenda di violenza. All'alba del 3 luglio 1951 in un conflitto a fuoco con i carabinieri vennero uccisi due giovani del luogo, Gianni Macrì, latitante, e un suo amico, Leo Palumbo. Poco meno di due mesi dopo, Angelo Macrì, un boscaiolo incensurato di 20 anni, fratello di una delle vittime, sfogava la sua vendetta contro il maresciallo Angelo Sanginiti, comandante della locale stazione. Poi andava ad ammazzare sui piani di Carmelia il pastore Francesco Papalia, l'uomo che avrebbe indicato ai carabinieri il nascondiglio del fratello. Angelo Macrì verrà arrestato il 9 febbraio 1956 a Buffalo, negli Stati Uniti, dove era emigrato illegalmente e dove si faceva chiamare Domenico Ferrara.

## Palmi e Melicuccà

«Esiste in Palmi una pericolosa società di malviventi denominata, come in tutta la Calabria, picciotteria.» Così scrivevano nel 1900 i giudici della Corte d'appello delle Calabrie, riferendosi a un clan guidato da Santazzo Scidone.[102]

Chiamato così per la sua prestanza fisica, Santazzo a 17 anni era già un boss temuto e rispettato. Condannato due volte per associazione a delinquere nel 1897 e nel 1900, per vent'anni tenne Palmi sotto scopa. Racconta un sacerdote, citato come teste nel secondo processo, riferendosi alla gang di Scidone: «L'audacia dei malviventi rende pericolosissimo il passaggio per le vie anche prima dell'Avemaria, sicché è invalsa l'usanza che le persone dabbene si reducano per tempo alle loro dimore, perché nei siti più frequenti e in qualsiasi ora si ascoltano lamenti di feriti e uccisi, mentre i furti vengono perpetrati con audacia mai più veduta».

Santazzo venne ucciso nel 1922 sulla spiaggia di Marinella a Palmi, dove si era recato per curarsi un'unghia incarnita con l'acqua di mare. Ad ammazzarlo a colpi di fiocina furono due fratelli, Giuseppe e Gregorio Simonetti, figli di 'Ntoni il marinaio, il quale il giorno prima era stato picchiato a sangue da Santazzo per essersi rifiutato di versare al boss una parte del denaro ricavato dalla vendita di una palamita pescata nel Tirreno.[103]

Nel 1890 la presenza della picciotteria era stata segnalata anche a Melicuccà, dove il capo bastone era Costanzo Ietto.[104]

Secondo il procuratore del re presso il tribunale di Palmi, Lucio Barbieri, la picciotteria era stata importata «in queste contrade tra il 1880 e il 1885 in occasione della costruzione della ferrovia [raccordo Reggio-Eboli] che aveva richiamato molti operai di diversi paesi».[105] Da allora la 'ndrangheta nel circondario di Palmi è avanzata come la linea della palma.

Nella prima metà degli anni Settanta nel comune di Palmi c'erano tre clan: i Bruzzise, i Gallico e i Parrello-Condello. La città era stata divisa in due: ai Gallico venne assegnata la zona nord e ai Parrello quella sud. Ai Bruzzise, invece, venne affidato il controllo di quella parte del territorio palmese nota come «Madonna delle Nevi», sulla costa viola. L'accordo durò poco. Nel maggio del 1977 i Gallico cercarono di imporre la chiusura di un locale gestito da un uomo legato ai Condello. La discussione degenerò e un congiunto del gestore del locale rimase ucciso. I Bruzzise, per respingere le mire espansionistiche degli Sciglitano-Sgrò, si allearono ai Condello-Parrello.[106] Una parte dei Bruzzise, al termine della faida, lasciò la Calabria e andò a vivere a Nogarole Rocca, in provincia di Verona. I morti si contarono a grappoli. Nel 1981 Rossella Casini venne uccisa perché aveva convinto il fidanzato, Francesco Frisina, a fare i nomi di alcuni sicari coinvolti nella faida.

Fiorentina, studentessa di magistero, bionda con gli occhi azzurri, Rossella aveva 24 anni quando scomparve nel nulla. Tredici anni dopo, fu un pentito a verbalizzare l'agghiacciante verità: «Era stata uccisa, fatta a pezzi e gettata in mare al largo della tonnara di Palmi».

Nel 1986, davanti all'albergo di cui era proprietario, venne ucciso Gaetano Parrello, detto «Lupo di Notte». Tre anni dopo, per eliminare Franco Condello, latitante da undici anni, si ricorse a un'autobomba.

Teresa Concetta Managò, dopo l'omicidio del marito, il boss Giuseppe Condello, per salvare la vita ai suoi quattro figli divenne l'amante dell'assassino, il boss rivale Mimmo Gallico.

Quello tra i Parrello e i Condello fu uno scontro all'ultimo sangue, che vide l'impiego di armi da guerra e apparecchi radioricetrasmittenti sintonizzati su frequenze riservate al ministero della Difesa. Molti esponenti dei due gruppi lasciarono la Calabria. Nel dicembre 1994 un covo del clan Parrello venne individuato a Frascati (Roma) mentre nel giugno del 1996, nella capitale, venne arrestato il capo dell'omonimo clan, Candeloro Parrello. Di contro, i Gallico, sfruttando l'esperienza accumulata nella creazione di società fantasma, riuscirono a farsi recapitare a Nettuno, in provincia di Latina, consistenti quantitativi di droga provenienti dal Brasile, attraverso l'aeroporto di Verona.[107] Sempre sul fronte del narcotraffico, l'operazione «Cartagine» accertò il coinvolgimento dei Parrello nell'importazione di alcune tonnellate di cocaina in collaborazione con altre notabili famiglie della 'ndrangheta trapiantate nell'area di Milano e Torino.

L'operazione «Taureana»[108] individuò i collegamenti dei Gallico con gruppi criminali siciliani, attivi nell'area di Marsala e destinatari di significative partite di marijuana.

Alla fine, dopo decine di morti, a Palmi la spuntarono i Gallico, più forti militarmente ed economicamente. Nell'agosto del 2000 fece scalpore la decisione di far sostare per pochi secondi in segno di rispetto la statua di san Rocco davanti all'abitazione di Antonino Gallico, l'anziano patriarca dell'omonimo clan.

Oggi i Gallico rappresentano il gruppo più forte nella zona di Palmi, Melicuccà e Seminara. Nel 2005 sono sorti contrasti con i Bruzzise per il controllo della zona di Barritteri, tra Palmi e Seminara, un luogo strategico per i lavori di ammodernamento della Salerno - Reggio Calabria. Ai Gallico si sono affiancati anche i Santaiti, i Brindisi, i Caia e i Gioffré di Seminara. Sono stati finora uccisi Giovanni Bruzzise, capo dell'omonima cosca (14 agosto 2005), Vincenzo Celi, imparentato con i Bruzzise (26 marzo 2006), Carmelo Ditto, affiliato alla cosca dei Santaiti (20 settembre 2006), Antonio Surace, legato ai Bruzzise (5 dicembre 2006), Domenico Gaglioti, contiguo alla famiglia Gioffrè (14 dicembre 2006) e Salvatore Pellegrino, detto «l'uomo-mitra», esponente di vertice dell'omonima famiglia, già coinvolto nella faida di Seminara (4 luglio 2007). Ci sono stati anche tre tentati omicidi: prima contro Vittorio Gioffrè (27 ottobre 2007) e poi ai danni di Antonio Caia e del cugino Carmelo Romeo (28 dicembre 2007). Caia è sposato con Concetta Maria Gioffrè, nipote del vecchio capo cosca Rocco Antonio Gioffrè.

## Seminara

Seminara è il paese della ceramica, la culla del monachesimo greco-bizantino, la patria di Barlaam, il teologo che insegnò al Petrarca e al Boccaccio i rudimenti del greco, ma anche delle tante croci piantate nella sua piazza, dove platealmente, in mezzo alla gente, sono state ammazzate decine di persone in lunghe e sanguinose faide.

Negli anni Settanta bastò uno schiaffo per armare due famiglie del luogo. Era il 17 settembre 1971. Giuseppe Frisina, imparentato con i Pellegrino, dopo aver sorseggiato un caffè in un bar, offese Domenico Gioffrè, capo dell'omonimo clan, il quale reagì colpendolo alla bocca con un manrovescio. Frisina, per vendicarsi, sparò al figlio di Gioffrè, Giuseppe, 17 anni, ferendolo gravemente alla gola. I Gioffrè, spalleggiati dai Santaiti, ebbero la meglio. Nel novembre del 1971 Salvatore Pellegrino, dopo aver ucciso Gaetano Gioffrè, si presentò ai suoi funerali armato di mitra, costringendo tutti alla fuga. Nel 1976 «l'uomo-mitra» finì in carcere, preceduto dal rivale, Vincenzo Gioffrè, detto «Ringo».

Nel gennaio del 1973 venne freddata a colpi di lupara Francesca Bardo, la vedova di Rocco Pellegrino. Era appena tornata a casa, dopo aver assistito a una messa in suffragio del marito, ucciso esattamente un anno prima. L'11 settembre 1974 a rimetterci la pelle fu un bimbo di 18 mesi, colpito mentre si trovava sulle spalle del padre, Bruno Alfonso, amico dei Gioffrè. Un mese dopo lo stesso Alfonso veniva giustiziato con numerosi colpi di pistola a Bagnara Calabra.

Si racconta che, dopo aver sterminato i Pellegrino, i Gioffrè dovettero fare i conti con il tribunale della 'ndrangheta. Si parlò di gravi trascuranze e di omicidi non vendicati. Tanto fu che il clan più potente di Seminara venne sospeso dal giro delle altre 'ndrine. Diversi affiliati ai clan Ottinà, i Tripepi, i Santaiti e gli Spinelli lasciarono la Calabria, trasferendosi al Nord, con la speranza di poter mettere assieme le risorse necessarie per tornare in paese e soppiantare i Gioffrè.

Nella seconda metà degli anni Ottanta i Gioffrè riuscirono a tornare nelle grazie della 'ndrangheta. Nel 1987, il capoclan Rocco Gioffrè, sostenuto, tra gli altri, da Pasquale Condello e Giovanni Fontana, veniva elevato al grado di «santista».

L'unica minaccia per i Gioffrè arrivò dal clan Spinelli, il quale, grazie ai rapporti instaurati con i Bellocco di Rosarno, riuscì a entrare nel giro degli stupefacenti in Lombardia. Diego Spinelli strinse anche un accordo con due turchi di origine curda Murat Kocakaya e Azer Hagakan, per abbassare il prezzo all'ingrosso dell'eroina. Non fu una scelta saggia. Fu ucciso dal clan rivale nel 1993, in provincia di Como.

A Seminara, dove nel 1896 venne scoperto il primo codice della picciotteria, la versione vernacolare della 'ndrangheta, i Gioffrè-Santaiti hanno continuato a dominare il territorio in maniera assoluta, condizionando anche l'esito del voto. Nel novembre del 2007 undici persone sono finite in galera, tra cui il sindaco Antonio Pasquale Marafioti, il vicesindaco Mariano Battaglia e l'ex primo cittadino di Seminara, Carmelo Buggè. In una conversazione, intercettata dagli investigatori, il boss Rocco Antonio Gioffrè ordina a Marafioti, che aveva espresso qualche perplessità, di ripresentarsi: «Tu ti devi candidare perché qui decido io e la tua elezione è sicura. Possiamo contare su 1050 voti e sono più che sufficienti per vincere». Le convinzioni del boss sono state confermate dai risultati della tornata elettorale. La lista guidata da Marafioti ha ottenuto 1058 voti, otto in più rispetto a quelli previsti. L'inchiesta ha anche confermato i rapporti della famiglia Gioffrè con gli Avignone, i Costagrande, i Parrello, i Condello, i Pesce, i Marafioti e i Piromalli-Molè. Gioffrè avrebbe partecipato anche al summit in cui si è deciso di riportare la pace a San Luca, dopo la strage di Duisburg.

## Bagnara Calabra e Scilla

A Scilla, tra la Marina Grande e la rupe-fortezza dei principi Ruffo, la 'ndrangheta è sempre stata forte. L'indotto turistico, l'estorsione ai danni di operatori economici attivi nei più disparati settori, inclusi quelli della ristorazione, della pesca, dell'edilizia e della ricetrasmissione di segnali televisivi, sono sempre stati al centro dell'interesse della famiglia Nasone-Gaietti, un clan molto vicino alle cosche Imerti e Fontana di Reggio Calabria.

Negli anni Ottanta una frangia di questa famiglia, spalleggiata dai Creazzo-Moio, cercò di estendere i propri interessi anche nella vicina Bagnara Calabra.

Sul finire degli anni Novanta i Nasone-Gaietti si scontrarono con i Bueti che speravano di poter acquisire più potere a Scilla e in particolare nella zona del porticciolo accanto alla Chianalea, il quartiere dei pescatori con le case a pelo d'acqua. Fu una lotta impari. Giuseppe e Francesco Bueti, padre e figlio, vennero eliminati entrambi nel marzo del 1998. Il primo a cadere fu Francesco Bueti, mentre viaggiava a bordo di un'auto assieme al padre.

Giuseppe Bueti, sperando che il figlio potesse salvarsi, continuò a guidare fino al più vicino ospedale. Venne inseguito e freddato senza pietà, davanti al nosocomio, a pochi passi dal cadavere del figlio.

Anche a Bagnara, il paese famoso per la sagra del pescespada, per gli appalti del porto i Surace-Occhiuto si sono scannati con i Nasone, i Moio, i Bova, i Cambareri e gli Oliveri. Sempre per i lavori del porto di Bagnara, nel 1982 a Reggio Calabria, con una bomba fatta esplodere sotto la sua autovettura, venne ucciso Gennaro Musella, un ingegnere salernitano che si era trasferito con la sua azienda in Calabria per realizzare alcune opere marittime.

Mentre a Scilla nessuno è mai riuscito a scalzare i Nasone-Gaietti, a Bagnara il gruppo egemone è quello dei Laurendi, che comprende anche gli Occhiuto-Surace e gli Oliveri-Bova-Cambareri, attivi anche a Melia di Scilla e Solano.

### Villa San Giovanni, Campo Calabro, Fiumara, Calanna e San Roberto

Villa San Giovanni è una cittadina che vive attorno al porto, da cui continuamente partono i traghetti che congiungono la Calabria alla Sicilia. Già ai primi del Novecento le 'ndrine di Villa San Giovanni «pretendevano da' lavoranti e scaricanti al porto una parte della loro mercede». L'importanza di questo snodo commerciale, ferroviario e marittimo ha attratto l'attenzione anche delle famiglie di Cosa Nostra. Agli inizi degli anni Sessanta l'incarico di costituire a Villa San Giovanni la prima famiglia legata alla mafia siciliana venne affidato a Francesco Furci.

In quegli anni, in questa zona, il gruppo più forte era quello degli Zito. A esso erano associati i Bertuca, i Bellantoni, gli Imerti, i Greco, i Bueti e i Garonfalo.[109]

Gli Zito hanno partecipato alla prima guerra di mafia, schierandosi dalla parte dei De Stefano. Nello scontro con lo schieramento guidato da Mico Tripodi, nel febbraio del 1975 venne ucciso Giuseppe Zito, detto «il Papa», il patriarca dell'omonimo clan. La morte del vecchio capo bastone, comunque, non intaccò il prestigio internazionale della famiglia Zito.[110]

Il 1985 segnò la fine del patto che aveva mantenuto assieme tutti i clan del Villese. Antonino Imerti, appoggiato dalle famiglie Ranieri e Marcianò, grazie anche ai profitti del traffico di droga, prese le distanze dagli Zito e dai suoi principali alleati, i Bellantoni e i Bertuca. Fu un matrimonio a spingere Antonino Imerti, detto «Nano feroce», e il suo gruppo dalla parte di Pasquale Condello.

A dare il via alla seconda guerra di mafia furono due tentativi di omicidio ai danni di Imerti, tra cui quello della famosa autobomba a Villa San Giovanni.

Oggi, dopo la pace faticosamente raggiunta nel 1991, in questa zona gli Imerti convivono con gli Zito-Bertuca. Ma la costruzione del ponte sullo Stretto potrebbe suscitare nuovi appetiti.

# XIII

# Le proiezioni nel resto della Calabria

La 'ndrangheta ha lasciato le prime tracce della sua esistenza in provincia di Reggio Calabria nella seconda metà dell'Ottocento. Oltre al capoluogo, sono stati interessati i comuni di San Luca, Iatrinoli e Radicena (l'odierna Taurianova), Molochio, Melicuccà, Polistena, Palmi, Sinopoli, Rosarno, San Ferdinando, Siderno, Cittanova, Santo Stefano d'Aspromonte, Africo, Roccaforte del Greco, Bova, Bovalino, Palizzi, Roghudi, Condofuri, Seminara, Gioia Tauro, Maropati, Pietrapennata, Villa San Giovanni, Campo Calabro, Fiumara, Oppido Mamertina e Scido. Contemporaneamente sono state segnalate presenze di organizzazioni criminali riconducibili alla picciotteria in provincia di Catanzaro e in particolare a Nicastro e Sambiase (Lamezia Terme), Monteleone (l'odierna Vibo Valentia), Arena, Ricadi, Gizzeria e Platania, Rombiolo, Mileto, Dinami, San Costantino e Nicotera. Un'apparizione fugace si è registrata anche a Cosenza tra l'Ottocento e il Novecento.

Dagli anni Sessanta in poi è cambiato tutto. La 'ndrangheta si è ramificata in tutte le province della Calabria, anche laddove prima era del tutto assente. Si è estesa via via nel Centro e nel Norditalia, grazie anche alla misura del soggiorno obbligato che consentiva di allontanare i mafiosi dai luoghi di residenza. Seguendo la catena migratoria di milioni di calabresi onesti e laboriosi, le 'ndrine sono riuscite a insediarsi anche all'estero.

In Italia, intere famiglie affiliate alla 'ndrangheta si sono trasferite inizialmente in Piemonte, Liguria e Lombardia, il polmone del miracolo economico italiano nel secondo dopoguerra. Oggi in Calabria non esistono più territori liberi. La 'ndrangheta ha conquistato gli ultimi lembi di questa regione finora sfuggiti alle sue leggi.

## La provincia di Catanzaro

Nella provincia di Catanzaro, la 'ndrangheta ha trovato terreno fertile nella seconda metà dell'Ottocento. A Nicastro, nel 1887, si registrò la presenza di camorristi, e a Sambiase, nel 1900, vennero condannate sessantatré persone accusate di far parte di un'associazione criminale che aveva messo radici anche a Platania e a Gizzeria. Nel 1903 a Catanzaro venne sgominato un clan che, come quello di Sambiase, presentava le stesse caratteristiche della picciotteria reggina.

Negli ultimi tempi le 'ndrine catanzaresi hanno subito l'influenza dei Mancuso di Limbadi e degli Arena di Isola Capo Rizzuto. A Catanzaro il clan più forte è quello dei Gaglianesi, un gruppo ricostituitosi sul finire degli anni Novanta con l'appoggio degli Arena e composto dai Costanzo e dai Di Bona. Dopo l'arresto del capo storico, Girolamo «Gino» Costanzo, a gestire gli affari del clan è Anselmo Di Bona, il quale, per i lavori di manovalanza, utilizza un gruppo nomade, guidato da Cosimino Abbruzzese. Questo rapporto con Abbruzzese ha creato dissapori con un'altra componente rom, guidata da Domenico Bevilacqua. Nel 2006, al termine di un'indagine coordinata dalla Direzione distrettuale antimafia di Catanzaro, si è scoperto che i Gaglianesi controllano tutto in maniera capillare. Al Catanzaro Calcio avevano imposto la sorveglianza degli ingressi allo stadio, anche se il vero affare continua a essere rappresentato da estorsioni, usura e controllo degli appalti sia pubblici che privati. Per la Direzione distrettuale antimafia di

**Mappatura della criminalità organizzata**
*Calabria - Provincia di Catanzaro*

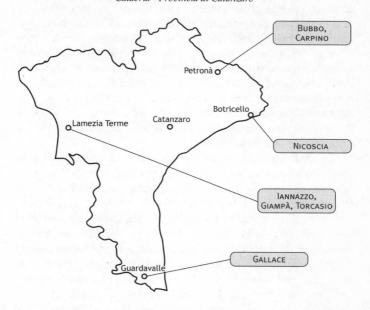

Catanzaro, i Costanzo-Di Bona in pochi anni sono riusciti a dotarsi di un'organizzazione imponente, degna dei clan più strutturati.

I Gaglianesi sono finiti in manette la prima volta nel giugno del 1993 in seguito a una maxioperazione coordinata dalla Direzione distrettuale antimafia di Catanzaro. Oltre ai clan del capoluogo sono stati coinvolti quelli dei paesi della costa ionica: da San Leonardo di Cutro, più giù in direzione di Botricello, Catanzaro Lido, Soverato, risalendo verso Torre di Ruggiero, Guardavalle, fino a lambire Serra San Bruno. A Catanzaro, dove oltre ai Costanzo vengono arrestati i Doria, detti «i Milanesi», i Critelli e i Catanzariti, anche gli imprenditori nazionali hanno pagato il pizzo. Vincenzo Lodigiani, presidente della Lodigiani Spa, la terza industria edile italiana, è stato costretto a versare un milione al giorno per la guardiania imposta al proprio cantiere.

Il Lametino, contrariamente alla città di Catanzaro, è una roccaforte storica della 'ndrangheta. A Lamezia Terme le cosche principali sono tre: quella dei Cerra-Torcasio, operante nella zona Capizzaglie di Nicastro, alleata con i Giorgi-Pizzata di San Luca; quella dei Giampà di Nicastro, alleata con gli Iannazzo di Sambiase; e quella dei Da Ponte - Cannizzaro. Ci sono anche altri clan minori, come i De Fazio, i Bagalà, gli Argento, i Mauro-Corrado, i Dattilo, i Gattini e i Mercuri-Arcieri-Strangis.[1]

Nel 2000 è avvenuta una spaccatura tra i gruppi Cerra-Torcasio e Iannazzo-Giampà.[2] Spiega la Commissione parlamentare antimafia nella sua relazione del 2008: «La supremazia dei Cerra-Torcasio è stata, in passato, indiscussa, ma da qualche tempo e oggi più che mai è messa seriamente in pericolo dalla famiglia Iannazzo, alleata con quella dei Giampà, a capo di un'organizzazione potente, anche economicamente, che non nasconde le proprie mire egemoniche sull'intera area». Una sorta di ricompattamento del gruppo criminale dei Cerra sarebbe stato favorito dal ritorno sulla scena criminale di Nino Cerra (classe 1948), scarcerato dalla casa circondariale di Voghera il 12 agosto 2005. Da quel giorno, infatti, si registra una recrudescenza degli atti intimidatori di matrice estorsiva, soprattutto nell'area di Nicastro.

Ultimamente i Cerra-Torcasio, oltre a essere stati decimati da una serie di arresti, hanno perso anche l'appoggio dei Gualtieri.

Lo scontro con gli Iannazzo-Giampà, che ha dato origine a una vera e propria guerra di mafia, finora ha causato 38 omicidi e 14 tentati omicidi.

Negli ultimi tempi è stata notata la presenza del cosiddetto «gruppo di Sambiase», composto dalle famiglie Pulice-Anzalone-Chieffallo, dedito alle estorsioni e affiliato ai Cannizzaro e quindi agli Iannazzo.[3]

Sono ripresi anche gli attentati contro amministratori locali. Proprio a Lamezia negli anni Settanta si è registrato il primo delitto eccellente, con l'uccisione dell'avvocato dello Stato Francesco Ferlaino, avvenuta il 3 luglio 1975.

Nell'ottobre del 2006 cinquemila manifestanti sono scesi in piazza a Lamezia Terme per protestare contro gli attentati dinamitardi ai danni di molti imprenditori della zona, attacchi che hanno superato ogni limite, come ha sottolineato il sindaco Gianni Speranza. «Facciamoci sentire, per non farci seppellire» è stato lo slogan che ha aperto il corteo.

Nel 2007 a pentirsi è una donna, Angela Donato, madre di Santino Panzarella, ucciso nel 2005 perché aveva avuto una storia con la moglie di un boss della 'ndrangheta che era in carcere. Panzarella venne sequestrato e ucciso; il suo corpo fatto a pezzi e gettato in un torrente. Soltanto nel 2007, grazie alla collaborazione di un pentito, è stato ritrovato un osso del piede che l'esame del dna ha permesso di attribuire al giovane scomparso.

Nel resto della provincia la zona dell'alto versante ionico è controllata dagli Scumaci-Mannolo, dai Pane-Iazzolino (alleati con la cosca Mannolo di Cutro), dai Pisani, strettamente collegati ai Grande Aracri di Cutro, dal gruppo Scalise, dai Carpino di Petronà (alleati con gli Arena) e dai Bubbo (alleati con la cosca Coco-Trovato di Marcenise e con i Nicoscia).[4]

Nella zona di Petronà e Sersale, tra i Bubbo e i Carpino di Petronà si sono registrate tensioni riconducibili a contrasti per gli appalti boschivi. La faida che ne è scaturita ha avuto il suo momento più cruento nel biennio 1992-93, causando sette omicidi, sei tentati omicidi e un caso di lupara bianca. Lo scontro adesso sembra essersi attenuato. Molto attivi in questa zona sono poi i Ferrazzo di Mesoraca, che vantano collegamenti anche in Svizzera.

Sul versante opposto, a Guardavalle e nel Soveratese, operano le cosche Procopio-Lentini di Satriano e Davoli, e Gallace-Novella di Guardavalle, entrambe inserite nei cartelli di narcotrafficanti attivi a Milano, Torino e Roma. Il

14 luglio 2008 a San Vittore Olona, comune del Milanese, è stato ammazzato Carmelo Novella, reggente dell'omonima cosca, al quale recentemente erano stati confiscati beni per cinque milioni di euro. Novella, 60 anni, dal 2006 era sottoposto alla sorveglianza speciale per la durata di tre anni, con l'obbligo di soggiorno nel comune di residenza in Lombardia.

Gli altri clan sono gli Iozzo-Chiefari a Chiaravalle-Cardinale, i Pilò-Giacobbe-Cossari a Borgia e dintorni, i Tolone nella zona di Vallefiorita e i Sia a Soverato, Montauro, Montepaone, Gagliato e Petrizzi. I Sia, attivi nel settore degli stupefacenti, sono legati ai Vallelunga di Serra San Bruno, ai Procopio-Lentini di Satriano e ai Costa di Siderno. L'omicidio di Rosario Passafaro, avvenuto nel settembre del 2007, ha creato qualche incrinatura in seno al clan Pilò-Giacobbe-Cossari di Borgia per la gestione e il controllo di alcuni importanti appalti.

Segnala la Commissione parlamentare antimafia:[5]

> Sono risultati particolarmente diffusi, nel capoluogo e nel Lametino, lo sfruttamento della prostituzione, connessa a fenomeni di immigrazione clandestina di cittadine dell'Europa dell'Est, e le attività estorsive (tipica forma di controllo e sfruttamento del territorio). Tutte queste fenomenologie si sono affiancate ai prevalenti interessi criminali, quali i traffici di stupefacenti, che hanno visto la provincia come zona di transito di grossi quantitativi destinati ai mercati del Norditalia e di alcuni Paesi europei, e quelli di armi, operati in collegamento con esponenti di altre organizzazioni. È parsa sempre più consolidata l'abilità della 'ndrangheta a penetrare il sistema produttivo, mantenendo una costante capacità di adattamento all'evoluzione economica della società civile. Le attività meno redditizie sono state lentamente abbandonate per interessi economico-finanziari più remunerativi, come i mercati immobiliari, le attività finanziarie e i grandi appalti pubblici. I cosiddetti reati di «criminalità diffusa» maggiormente consumati sono il furto di autoveicoli e in appartamento,

da ricondursi prevalentemente all'opera di zingari, ormai stanziali, dimoranti nel Catanzarese e nel Lametino. Al riguardo, il furto di autoveicoli si è dimostrato presupposto delle successive estorsioni con le quali si richiede ai proprietari uana somma per la restituzione del mezzo («cavallo di ritorno»). Da segnalare il nuovo interesse delle citate comunità gitane verso il mercato al minuto degli stupefacenti nonché i tentativi di avvicinamento alla criminalità organizzata locale.

## La provincia di Cosenza

Quella di Cosenza è stata l'ultima delle province calabresi a finire nella morsa della 'ndrangheta. Nel 1903 erano state condannate 86 persone accusate di associazione a delinquere. Il capo era Stanislao De Luca, un giovane di buona famiglia, fiancheggiato da un certo Francesco De Francesco, detto «za Peppa». Il clan aveva riti di iniziazione simili a quelli della picciotteria reggina e catanzarese.

Dopo quell'esperienza, le organizzazioni criminali rimasero lungamente sotto traccia. Dagli anni Trenta agli anni Sessanta uno dei boss più temuti fu Luigi Pennino, un fotografo ambulante, molto abile nell'uso del coltello.

I clan tornarono alla ribalta il 14 dicembre 1977, quando a Cosenza venne ucciso Luigi Palermo, detto «u Zorru», un boss cresciuto accanto a Pennino. A ordinarne l'uccisione fu Franco Pino, un giovane emergente. Scoppiò una guerra senza quartiere. Con Franco Pino e il suo principale alleato, Antonio Sena, si schierarono i Muto di Cetraro, i Basile-Calvano di San Lucido e il boss Giuseppe Cirillo, fiduciario della Nuova camorra organizzata di Raffaele Cutolo nella Sibaritide.

Con Franco Perna, nipote acquisito del boss assassinato, si allinearono invece i fratelli Pranno e Vitelli, gli Africano di Amantea e i Serpa di Paola. La guerra andò avanti fino alla fine degli anni Ottanta. Vennero uccise decine di per-

**Mappatura della criminalità organizzata**
*Calabria - Provincia di Cosenza*

DI DIECO*

ABRUZZESE,
FORASTEFANO

CARELLI, FAILLACE,
FORASTEFANO

Castrovillari

Cassano allo Ionio

Corigliano

MUTO — Cetraro

SCOFANO,
MARTELLO — Fuscaldo

Paola

SERPA — San Lucido

CARBONE

Cosenza

PERNA,
RUÀ

GENTILE — Amantea

* Collaboratore di giustizia

sone, tra cui un dodicenne, Pasqualino Perri, figlio di un imprenditore legato al gruppo Pino-Sena. Altro episodio significativo di quel violento scontro fu l'eliminazione da parte del gruppo Pino-Sena di due esponenti della 'ndrangheta reggina il 6 agosto 1983 a Scalea, su richiesta delle cosche di Reggio Calabria facenti capo a Pasquale Condello e Giovanni Fontana. A Cetraro venne, invece, eliminato Giannino Lo Sardo, segretario capo della Procura di Paola e assessore comunista della cittadina tirrenica, nemico dei clan cosentini.

«Si ammazzano tra di loro, conviene attendere.» È quel che si sentiva dire negli anni Ottanta a Cosenza. I clan in lotta si braccavano come bestie. Uccidere il nemico, prima che fosse l'altro a ucciderti.

Alla fine degli anni Ottanta, dopo decine di omicidi, venne siglata una sorta di *pax* mafiosa che tuttavia ebbe breve durata a seguito del distacco del gruppo Bartolomeo-Notargiacomo dalla cosca dei Perna-Pranno-Vitelli. Fu in questo contesto che maturò l'omicidio del direttore del carcere di Cosenza, Sergio Cosmai. «Mio marito» ha raccontato Tiziana Palazzo «è stato ucciso dalla 'ndrangheta perché era un funzionario dello Stato che credeva nel rispetto della legge.» Prima dell'arrivo di Cosmai, i clan cosentini, nel carcere di Cosenza, vivevano di piccoli e grandi privilegi. Il 21 giugno 1983 ci fu un ammutinamento. I detenuti chiedevano il prolungamento dell'ora d'aria. Il direttore del carcere decise di usare le maniere forti. Alcune guardie carcerarie ricorsero ai manganelli per convincere i detenuti a rientrare nelle loro celle. Neanche il boss Francesco Perna sfuggì alle randellate dei secondini. E quelle manganellate se le legò al dito: «Voglio un fucile calibro 12 a canne tagliate» avrebbe detto in carcere «perché quando gli sparerò lo dovrò sfregiare, lo dovrò ridurre in condizioni tali da non essere riconosciuto».

Il 12 marzo 1985 Cosmai venne ucciso da un sicario del clan Perna mentre a bordo della sua Fiat 500 stava andando a prendere la figlia a scuola.

Anche la seconda guerra di mafia si rivelò una mattanza. Uno degli episodi più efferati fu l'assassinio dei fratelli Stefano e Giuseppe Bartolomeo, rispettivamente di 24 e 26 anni, sequestrati il 5 gennaio 1991. I cadaveri dei due fratelli, come hanno dichiarato gli stessi assassini, Aldo Acri, Ferdinando Vitelli, Angelo Santolla e Mario Pranno, furono sciolti nell'acido. Un altro minorenne, Francesco Bruni, nel novembre 1991, venne ucciso per una vendetta nei confronti del padre, ritenuto responsabile della morte di Francesco Carelli, vicino al gruppo Pranno-Vitelli. Aveva 16 anni. Lo hanno trovato con la gola tagliata, strangolato con un filo di ferro in fondo a un burrone nei fitti boschi di faggi sotto Montescuro, una delle vette più alte dell'altipiano silano.

È stata l'operazione «Missing» nell'ottobre del 2006 a ricostruire un quarto di secolo di guerre di mafia tra clan cosentini, con l'arresto dei boss Giuseppe Irilli e Domenico Cicero, esponenti di punta di quello che un tempo era il clan Perna-Pranno, e dei fratelli Michele e Pasquale Bruni, capi dell'omonima cosca. Nell'inchiesta sono stati coinvolti anche Francesco Muto, storico capo dell'omonimo clan di Cetraro, e i boss di San Lucido e Paola, Romeo Calvano e Giuliano Serpa, nonché l'ala militare dei due clan, gli unici in provincia di Cosenza che avevano base su nuclei familiari.

Grazie alla decimazione delle 'ndrine del Crati, il cosiddetto «clan degli zingari» – perché composto da soggetti di etnia rom divenuti da tempo stanziali – ha preso il sopravvento nella gestione del traffico di droga. Solo nel dicembre del 2007 contro questo clan, per la prima volta, è stata applicata la legge antimafia sul sequestro dei beni.

Avverte il Servizio centrale operativo della polizia di Stato: «La scarcerazione di alcuni esponenti del clan Bruni, grazie all'indulto, potrebbe creare qualche frizione con il gruppo rom che cerca di acquisire autonomia e di estendere la propria egemonia su Cosenza». Proprio alle porte di Cosenza, nel gennaio del 2008, è stato arrestato Francesco Abbruzzese, presunto boss del clan degli zingari di Lauropoli, una frazione del comune di Cassano, l'antica Cossa degli Enotri. Ad Abbruzzese, tra il 2002 e il 2003, erano stati assassinati, in una cruenta guerra di mafia con i Faillace-Forastefano-Portoraro, il fratello Fioravante e lo zio Nicola.

Secondo i rapporti di intelligence, a Cosenza, nonostante l'aggressiva presenza del clan nomade, bisogna ancora fare i conti con i Perna-Ruà, nel quale sono confluiti i superstiti delle famiglie Perna-Cicero-Pranno, e con il gruppo Pino-Sena. Un tempo i due clan erano ferocemente contrapposti. Oggi appaiono uniti sotto la direzione di due boss: Ettore Lanzino e Domenico Cicero. Quest'ultimo, nel 2008, è stato arrestato per associazione mafiosa e usura. Aveva creato una banca senza sportelli che erogava centinaia di prestiti, spesso a tasso usuraio. Sono stati ritrovati anche appunti con cifre e nomi relativi ai clienti del clan Cicero che investiva i profitti del lucroso business anche in Spagna. All'usura era soggetto anche un modesto venditore di noccioline.

Nell'area tirrenica operano sempre le cosche Muto-Polillo di Cetraro, Stummo-Valente di Scalea e Belvedere Marittimo, Gentile e Besaldo di Amantea, Femia di Santa Maria del Cedro, Tundis di Fuscaldo, Calvano e Carbone di San Lucido, quale referente della cosca Perna-Cicero, i Serpa e i Martello-Scofano di Paola. I Martello-Scofano, fino a poco tempo fa, facevano parte del gruppo dei Serpa.

Segnala la Commissione parlamentare antimafia, riferendosi ai Muto, che dagli inizi degli anni Ottanta hanno mantenuto il controllo pressoché esclusivo dell'alto Tirreno cosentino:[6]

> La cosca – approfittando del vuoto di potere determinatosi a causa degli arresti dei boss cosentini che un tempo controllavano le attività illecite in città – avrebbe esteso negli ultimi anni il proprio potere anche nel territorio di Cosenza, inserendosi nelle estorsioni ai danni degli imprenditori edili del capoluogo (che hanno appaltato lavori per milioni di euro approfittando delle possibilità offerte dal nuovo piano regolatore), nel settore dell'usura e gestendo direttamente attività imprenditoriali nel settore delle costruzioni.

Sul litorale ionico e nell'alto Cosentino tre sono i locali presenti da più tempo: quello dei Morfò-Acri-Galluzzi di Rossano, quello dei Carelli a Corigliano Calabro, uscito vittorioso dallo scontro sul finire del 2000 con i Portoraro di Cassano, e quello dei Critelli a Cariati. I Critelli sono minacciati dalle crescenti mire espansionistiche dei Greco-Crescenti di Mandatoriccio. Scontri si sono registrati anche tra i Manzi e i Morfò-Acri a Rossano e tra i Recchia e gli Impieri a Castrovillari, in lotta per il controllo del territorio e la gestione delle attività estorsive. Nel gennaio del 2007 a Rossano è stato ammazzato Luciano Converso, un imprenditore pregiudicato, legato alla famiglia Acri. Le indagini hanno accertato che la vittima era stata eliminata perché aveva sottratto dei soldi dalla «bacinella», la cassa del clan.

Conferma la Commissione parlamentare antimafia:

La sibaritide e il comprensorio di Rossano sono stati caratterizzati da una instabilità dovuta alla precarietà degli equilibri criminali, derivanti sia dalla mancanza di autorevoli leadership sia dal succedersi di numerose attività repressive. In particolare, dopo gli arresti di Morfò Salvatore e Acri Nicola, principali esponenti della criminalità di Rossano, sono emerse nuove figure tese a un graduale processo di stabilizzazione. Nella piana di Sibari sono risultati operativi esponenti della comunità nomade (famiglia Abbruzzese di Cassano allo Ionio) in contrasto con alcuni gruppi locali. Tale situazione ha creato una fase di incertezza negli equilibri della zona. L'omicidio di Antonio Bevilacqua, legato alla cosca degli Abbruzzese - Pepe di Lauropoli, ha rappresentato l'epilogo della guerra tra il clan degli zingari e la cosca contrapposta Faillace-Portoraro-Forastefano per il controllo del mercato degli stupefacenti ... Per quanto riguarda il comprensorio coriglianese, si è registrata l'egemonia del clan facente capo ai Carelli, guidato da Natale Perri e da Rocco Azzaro, che ha stretto intese operative con la famiglia nomade stanziale degli Abbruzzese. Nella zona di Castrovillari, dopo l'uscita di scena di Antonio Di Dieco, ha assunto una posizione di vertice Antonello Esposito. I gruppi cosentini hanno manifestato particolare interesse nei settori delle estorsioni, dell'usura e del narcotraffico (tale settore, in particolare quello della cocaina e dell'eroina, è stato controllato e gestito da personaggi gravitanti nella criminalità organizzata cosentina e da esponenti della comunità nomade insediatasi in Cosenza e in Cassano allo Ionio), mentre solo alcune cosche hanno esercitato il controllo delle attività connesse alla pesca e alla commercializzazione dei prodotti ittici nelle zone di Paola e Scalea e la gestione dei videopoker. È da segnalare l'infiltrazione delle cosche cosentine nel settore dei pubblici appalti, attraverso la gestione di alcune imprese aggiudicatarie o con il ricorso al sistema dei subappalti e delle forniture mediante il controllo delle ditte interessate. Per quanto concerne il fenomeno estorsivo, la cui statistica resta influenzata dalla percezione della generalità degli operatori economici quale «costo di produzione» o come sorta di assicurazione, ha segnato un sensibile decremento. Gli estorsori appartengono sia alla criminalità organizzata sia a quella comune; questi ultimi, in maggioranza, sono tossicodipendenti che spesso non esitano a estorcere piccole somme a chiunque, familiari compresi. Inoltre, specie nel capoluogo, si evidenzia la particolare forma di estorsione, appannaggio di elementi della comunità rom, consistente nel furto di veicoli e nella successiva richiesta di denaro al proprietario per la restituzione del bene asportato. In tutta la provincia sono stati perpetrati reati contro il patrimonio, in particolare rapine, estorsioni (con la tecnica del «cavallo di ritorno»), furti di bestiame a scopo estorsivo o per alimentare il circuito della macellazione clandestina. Soprattutto nella piana di Sibari, le manifestazioni di criminalità rurale si sono concretizzate, sovente, in attentati e danneggiamenti di strutture agricole. Di particolare rilievo è risultato anche il coinvolgimento di minorenni in reati predatori, nelle estorsioni e nelle connesse forme di intimidazione. Il fenomeno delle rapine ha visto, poi, lo spostamento dell'attenzione della malavita dagli obiettivi tradizionali comportanti maggiori rischi ad altri più facilmente aggredibili quali le tabaccherie, i distributori di carburante, le farmacie, i piccoli supermercati e, in qualche caso, le abitazioni. Nella provincia di Cosenza hanno operato anche gruppi criminali albanesi attivi nel settore degli stupefacenti, delle armi, nel favoreggiamento dell'immigrazione clandestina e nel connesso sfruttamento, sistematico e organizzato, di persone originarie dell'Europa dell'Est e del Nordafrica. Quest'ultima attività ha consentito alla criminalità locale, attraverso un rapporto di mutua collaborazione con gli albanesi, di ottenere armi e droga in cambio della gestione dello sfruttamento della prostituzione.[7]

A Cassano, in particolare, c'era un gruppo di picchiatori, legati alle 'ndrine locali. Tre rumeni sospettati di essere gli autori di una serie di furti vennero sequestrati e puniti. Racconta Francesco Elia, un giovane collaboratore di giustizia:

> A uno gli hanno tirato le unghie delle mani, all'altro lo hanno attaccato dietro il trattore e trascinato per i terreni, al terzo l'hanno appeso con una corda a un albero. Uno dei tre l'hanno persino tenuto in ostaggio per un giorno, l'hanno messo vicino a un laghetto e gli hanno più volte immerso la testa nell'acqua per vedere se dicesse la verità, cioè se erano stati loro a rubare.[8]

Ad Amantea, nel dicembre del 2007, è stato sequestrato il porto, controllato dal clan Africano-Gentile e utilizzato anche per traffici di droga, armi ed esplosivo. Oltre a ville e appartamenti, sotto sequestro è stata posta anche la motonave *Benedetta II* utilizzata per i collegamenti con le isole Eolie, in Sicilia. Le 'ndrine di Amantea, utilizzando tutta la loro forza intimidatrice, erano riuscite anche a «sfrattare» la capitaneria di porto di Vibo Valentia, costretta a smantellare i presidi fissi e mobili di vigilanza all'interno dell'area portuale, dopo aver subito una lunga serie di attentati.

Gli Africano-Gentile, con l'appoggio del boss di Cetraro, Francesco Muto, gestivano anche il servizio dei rifiuti in molti comuni del comprensorio. Nel luglio del 2008 molte delle persone arrestate nel dicembre del 2007, tra cui anche un consigliere regionale, Franco La Rupa, ex sindaco di Amantea, sono state rinviate a giudizio.

## La provincia di Crotone

Oggi Crotone è la provincia più povera per reddito pro-capite d'Italia con appena 9405 euro contro i 21.284 di Milano, secondo un'indagine condotta dal Centro studi Unioncamere in collaborazione con l'Istituto Tagliacarne. Trent'anni fa Crotone era una provincia operaia, ma ricca. C'era la Montedison, poi divenuta Enimont e Enichem, la Pertuso-

**Mappatura della criminalità organizzata**
*Calabria - Provincia di Crotone*

la che produceva zinco, e la Cellulosa, l'ex cartiera. Per la Cellulosa lavorava anche Luigi Vrenna, detto «u Zirru»,[9] il boss più potente del Marchesato. Con un pianale trainato dal cavallo trasportava il legno che arrivava al porto. Presto dal cavallo passò al trattore e poi alla Mercedes. Riuscì a evitare il soggiorno obbligato grazie a una petizione estorta con minacce e ricatti e a strani certificati di buona condotta rilasciati persino dal vescovo del tempo. Fu lui a sdoganare la mafia vinaria, quella cresciuta attorno a mastro 'Ntoni Rotondo, un fabbro che aveva iniziato alla picciotteria molti giovani crotonesi nel periodo compreso tra le due guerre.[10]

Negli anni Settanta il suo clan venne coinvolto in uno scontro con i Feudale per il controllo degli interessi che ruotavano attorno a un'area che, grazie anche alla presenza del porto, rappresentava un punto nodale per il contrabbando di sigarette e per il traffico di droga. Crotone, negli anni Settanta, costituiva la base di transito delle armi provenienti clandestinamente dai mercati mediorientali. E nel Crotonese trascorse parte della sua latitanza Pietro Vernengo, il quale con i fratelli Mannolo impiantò una raffineria di eroina a San Leonardo di Cutro. Si racconta che Vrenna mise al mondo ventiquattro figli con tre donne diverse.

Lo scontro con i Feudale fu cruento. Ebbe inizio nel luglio del 1973, quando sicari dei due clan si affrontarono armi in pugno in località Fondo Gesù. Per un tragico errore venne uccisa Maria Giovanna Elia, un'anziana casalinga che era affacciata al suo balcone. Ma l'episodio più efferato fu l'omicidio dei fratelli Domenico e Salvatore Feudale, rispettivamente di 19 e 10 anni, eliminati in piazza Mercato, nel centro di Crotone, il 23 settembre del 1973. Per questo duplice omicidio fu condannato a 19 anni, come mandante, il boss Luigi Vrenna.

Oggi a Crotone dominano ancora i Vrenna, assieme ai Ciampà e ai Bonaventura. Nel 2008, invece, sono esplosi i contrasti tra i Megna e i Russelli nella frazione Papanice. Nel marzo del 2008 è stato ucciso Luca Megna, il reggente dell'omonima famiglia, figlio di Micu Megna, il boss in carcere con una condanna a 26 anni. Nell'agguato è rimasta gravemente ferita anche la figlioletta di 5 anni. Quarantotto ore dopo due sicari hanno scaricato le armi contro Giuseppe Cavallo, marito di Rosa Russelli, cugina del boss Leo Russelli. La donna, che era assieme al marito, ha subito ferite alle gambe e all'addome. È rimasto invece illeso il figlio, di appena 2 anni. Le indagini sui due omicidi hanno percorso una sola via: quella della guerra tra cosche per accaparrarsi il potere su una delle aree più remunerative nel settore degli appalti pubblici. Da una parte i Megna, alleati con gli Arena di Isola Capo Rizzuto e i Vrenna-Ciampà. Dall'altra i Russelli, con i Grande Aracri di Cutro e i Nicoscia di Isola Capo Rizzuto. Famiglie potenti che avrebbero deciso di rompere la tregua soprattutto dopo il definitivo addio al megaprogetto turistico Europaradiso, sette miliardi d'investimenti, la cui realizzazione, sul territorio del Crotonese, avrebbe «sfamato» gli appetiti dei clan. Una faida, per certi versi, annunciata di cui avevano parlato due collaboratori di giustizia, Luigi Bonaventura e Domenico Bumbaca.

Anche a Isola Capo Rizzuto le divergenze tra gli Arena e i Nicoscia, alleati del clan Grande Aracri di Cutro, hanno da tempo saturato la riserva d'odio. E potrebbero riesplodere in ogni momento, come è successo a Papanice.

Dopo l'uccisione del boss Antonio Dragone nel 2004 si sono registrati diversi omicidi, tra cui quello di Carmine Arena, eliminato con un bazooka mentre si trovava a bordo della propria autovettura blindata. Scrive la Commissione parlamentare antimafia:[11] «L'arresto, il 12 marzo 2006, dei fratelli Corda, Vincenzo e Paolo, latitanti di primo piano della cosca Nicoscia-Corda-Capicchiano, potrebbe aver generato un accordo tra le due cosche rivali, finalizzato all'instaurazione di un'alleanza o quanto meno di una pace fra le due ... cosche in conflitto».

Un'altra inchiesta ha delineato le interazioni degli Arena con clan reggini, catanzaresi e crotonesi, ma in particolare con i Dragone di Cutro, i Trapasso di San Leonardo di Cutro, i Comberiati di Petilia Policastro, i Farao-Marincola di Cutro, i Carpino di Petronà, i Sia di Soverato, i Gaglianesi di Catanzaro e i Mazzagatti di Oppido Mamertina.

A Cirò la famiglia egemone continua a essere quella dei Farao-Marincola. La scarcerazione di Cataldo Marincola nel 2006 per un errore di applicazione della legge sull'indulto ha ridimensionato l'ala dei Farao, tra l'altro oggetto di alcune inchieste giudiziarie. Nell'agosto del 2007 a Cirò Marina è stato eliminato Vincenzo Pirillo, un esponente di spicco della cosca Farao-Marincola. Come sostiene il Ros, l'omicidio potrebbe essere un episodio di epurazione interna disposta dal boss Marincola, il quale dopo la scarcerazione si è dato alla latitanza.

Nella Valle del Neto – nei comuni di Belvedere Spinello e Rocca di Neto – comanda la cosca Iona, guidata da Guerino Iona, attualmente detenuto.

La mappa redatta dagli investigatori colloca gli Anania-Cariati a Cirò Marina, i Dima e i Giglio-Levato a Strongoli (vicini ai cirotani), i Ferrazzo di Mesoraca, i Comberiati-Garofalo e i Ferrazzo a Petilia Policastro, i Dragone-Mannolo e i Grande Aracri a Cutro. A San Leonardo di Cutro, oltre ai Mannolo, ci sono i Trapasso, legati agli Arena di Isola Capo Rizzuto, mentre a Petilia Policastro nel dicembre del 2007 sono stati uccisi Luigi e Francesco Comberiati, figli del boss Vincenzo, detto «Tummuluni», capo dell'omonimo clan, attualmente detenuto.

In questa provincia diffuse appaiono le pratiche estorsive e usuraie, realizzate con attentati incendiari ad autovetture e a esercizi commerciali. In crescita è anche il fenomeno dello sbarco di clandestini, in prevalenza turchi, soprattutto a Isola Capo Rizzuto. Le cosche della provincia sono dedite prevalentemente al traffico internazionale di droga (che dividono con le organizzazioni criminali del Reggino con cui hanno dei saldi rapporti di alleanza) spesso attraverso affiliati a strutture logistiche presenti nel Norditalia (Toscana, Reggio Emilia e Lombardia), in Europa (Germania) e nel continente americano. In particolare, i clan crotonesi vantano contatti con gruppi della malavita internazionale ed elementi della criminalità organizzata pugliese, che garantiscono l'approvvigionamento di consistenti quantitativi di eroina e cocaina provenienti dall'Albania.

Annota la Commissione parlamentare antimafia:[12] «Il Crotonese è caratterizzato storicamente da una capillare presenza mafiosa. Le cosche della zona, nonostante i colpi subiti negli ultimi anni, sono ancora fortemente strutturate e capaci di trattare affari illeciti con le più importanti 'ndrine delle altre province calabresi – da quelle reggine a quelle della sibaritide e dell'alto Ionio cosentino – oltre che mantenere ramificazioni operative e imprenditoriali fuori dalla regione e all'estero».

## La provincia di Vibo Valentia

Nella provincia di Vibo Valentia il clan Mancuso domina senza soluzione di continuità dagli inizi del secolo scorso. Già nel 1903 la Corte d'appello delle Calabrie condannava Vincenzo Mancuso assieme ad altre dodici persone di Monteleone, l'odierna Vibo Valentia, per associazione a delinquere. Da allora, nonostante i duri colpi inflitti a questa organizzazione e ad alcune divisioni interne, quello dei Mancuso continua a essere uno dei clan più potenti in Calabria, sia per le sinergie mafiose che sono riusciti a costruire negli anni, soprattutto con i Piromalli, i De Stefano e gli Arena, sia per la capacità di radicarsi e proliferare, oltre che nelle regioni del Nord, in mezza Europa e in America Latina.

Originari di Limbadi, un paesino agricolo che si affaccia sul golfo di Gioia Tauro, i Mancuso – una famiglia di pastori-contadini – devono molte delle loro fortune a una cava, da cui vennero estratti gli inerti per la costruzione del porto industriale di Gioia Tauro. Nel 1983 Ciccio Mancuso,

**Mappatura della criminalità organizzata**
*Calabria - Provincia di Vibo Valentia*

l'allora boss dell'omonimo clan, vinse le elezioni comunali, nonostante fosse latitante da due anni. Il presidente della Repubblica, Sandro Pertini, sciolse immediatamente il consiglio comunale. Mancuso morì per un male incurabile nel 1997 nella sua casa di Limbadi.

Oggi la potente cosca vibonese è divisa in tre gruppi, guidati rispettivamente da Diego, Francesco e Cosmo Mancuso.

Annota il Raggruppamento speciale operativo: «La cosca Mancuso opera nell'intera provincia vibonese mediante gestione diretta delle aree territoriali di Limbadi, Nicotera, Vibo Marina, Tropea e gestione decentrata del restante territorio, per il tramite delle cosche Fiarè di San Gregorio, Anello di Filadelfia, Vallelunga di Serra San Bruno, Pititto di San Giovanni di Mileto e Accorinti di Zungri. Mantiene, inoltre, forti legami con il clan Piromalli-Molè di Gioia Tauro e la famiglia Bellocco di Rosarno. I Mancuso, inoltre, hanno cointeressenze criminali con altri sodalizi attivi nelle province di Cosenza, di Crotone (gruppo Arena di Isola Capo Rizzuto), di Lamezia Terme e di altre parti del territorio nazionale (Lombardia, Piemonte, Emilia Romagna e Toscana). Le principali attività illecite gestite dalla cosca riguardano il traffico (anche internazionale) di stupefacenti e di armi, le estorsioni e le connesse attività intimidatorie, nonché cointeressenze nel settore degli appalti di opere pubbliche».

Nella zona di Tropea e Ricadi, cioè quella a maggiore vocazione turistico-alberghiera, si è messa in evidenza la cosca La Rosa, forte anche della stretta alleanza con il gruppo guidato da Cosmo Mancuso. Recentemente i La Rosa hanno esteso la loro influenza anche sui comuni di Parghelia, Zambrone, Briatico, Porto Salvo, Vibo Marina e Pizzo Calabro.

Oltre ai Mancuso, i principali sodalizi operanti in questa provincia sono i Lo Bianco, che a Vibo Valentia stanno assumendo una propria autonomia e attuando un'assai dinamica penetrazione nel mondo imprenditoriale e dell'usura, gli Accorinti di Zungri, i Gasparro-Fiarè di San Gregorio d'Ippona, i Bartolotta di Stefanaconi, i Bonavota di Sant'Onofrio, i Vallelunga e i Ciconte di Serra San Bruno e i Fiumara-Anello di Francavilla Angitola, nota per essere stata coinvolta nell'inchiesta americana «Pizza Connection». Le altre cosche sono i Mantino e i Tripodi di Vibo Valentia, i Patania di Stefanaconi, i Petrolo di Sant'Onofrio, i Cracolici-Manco, e i Vecchio di Joppolo.

Nel 2006, per presunti legami con i Mancuso, è finita in carcere Patrizia Serena Pasquin, presidente di sezione del tribunale civile di Vibo Valentia.

Nel 2007 è stata decapitata la cosca dei Bonavota di Sant'Onofrio che, secondo gli inquirenti, aveva ramificazioni in tutta Italia con forti interessi economici a Roma e a Torino, dove decine di attività economiche erano state finanziate con i proventi di traffici illeciti e delle estorsioni perpetrate in Calabria.

Nel 2008, a Verano Brianza, è stato ucciso Rocco Cristello, 47 anni, referente dei Mancuso in Lombardia. Cristello – precedenti per droga, in affidamento ai servizi sociali – stava rientrando in casa dopo aver giocato a calcetto con gli amici. Due sicari scesi da una Fiat Stilo l'hanno travolto con una tempesta di fuoco: ventisei colpi di pistola, otto dei quali l'hanno colpito alla testa, al cuore e all'addome.

L'omicidio sarebbe da inserire in una serie di avvertimenti a colpi di pistola e minacce contro esercizi commerciali che da più di un anno si verificano in questa zona dell'alta Brianza. A partire dall'arsenale delle cosche trovato a Seregno nel 2006: c'erano kalashnikov, mitragliatori Uzi, Skorpion, munizioni, cannocchiali di precisione, bombe a mano.

# XIV

# Le proiezioni fuori dalla Calabria

La 'ndrangheta, oltre a essere radicata nelle cinque province calabresi, è diffusa in gran parte del territorio nazionale. Nelle periodiche relazioni preparate dalle varie forze di polizia, la 'ndrangheta viene, da tempo, descritta come una delle più insidiose strutture criminali, abile nella gestione delle risorse finanziarie e delle attività imprenditoriali. Nel resto d'Italia la mafia calabrese è presente in sedici regioni e ha collegamenti con realtà criminali di altre tre.

## Piemonte

In Piemonte la 'ndrangheta ha messo radici negli anni Settanta, specializzandosi prima nei sequestri di persona e poi nel traffico di droga, nel commercio delle armi, nel racket delle estorsioni, nel gioco d'azzardo, nell'usura, nello sfruttamento della prostituzione e negli appalti. Sotto la Mole è stata la mafia calabrese a rimpiazzare il clan dei catanesi dei fratelli Miano, che fino al 1984 aveva monopolizzato il traffico di eroina tra Torino e Milano assaltando furgoni blindati e banche. Considerati *ominicchi* dalla mafia siciliana, i catanesi avevano stretto legami con Angelo Epaminonda, detto «il Tebano», raìs della droga a Milano. Poi vennero sgominati dalle rivelazioni dei pentiti. Da allora nessuno è riuscito a mettere in discussione il presti-

## Mappatura della criminalità organizzata
*Piemonte, Valle d'Aosta*

IAMONTE, NIRTA, FACCHINERI, LIBRI, ASCIUTTO-NERI-GRIMALDI, TORCASIO

Aosta

D'AGOSTINO, BELCASTRO, ROMANELLO, POLIFRONI, VARACALLI

Biella

Ivrea

ALVARO, MANCUSO, IERINÒ

Torino

BONAVOTA

Carmagnola

BARBARO, URSINO-MACRÌ, MORABITO-BRUZZANITI-PALAMARA, BELFIORE, LO PRESTI, ILACQUA, VRENNA, MEGNA

gio di quelle famiglie, quasi tutte originarie della Locride, che la violenza dei fratelli Miano aveva relegato nei comuni della cintura.

Uno tra i clan più potenti è quello degli Ursino-Macrì-Belfiore di Gioiosa Ionica che si è insediato sotto la Mole, specializzandosi nel traffico internazionale di sostanze stupefacenti. I pionieri sono stati Mario Ursino e Domenico Belfiore. Prima di loro in Piemonte uno dei boss più rispettati era stato Rocco Piscioneri.

Mario Ursino, il vecchio padrino, qualche anno fa è stato scarcerato anche grazie all'indulto, mentre Domenico Belfiore nel 1993 è stato condannato definitivamente all'ergastolo come mandante dell'omicidio del procuratore della Repubblica di Torino Bruno Caccia.

Erano le 23.15 di domenica 26 giugno 1983. Quando venne ucciso, il magistrato stava passeggiando con il suo cocker su un marciapiede di via Sommacampagna, solo, senza scorta, come un cittadino qualunque, nonostante avesse inquisito le Brigate Rosse e Prima Linea, i grandi petrolieri e i generali delle Fiamme Gialle corrotti, i politici torinesi della prima Tangentopoli di Adriano Zampini, gli uomini Fiat e le mafie trapiantate al Nord.

Con l'arresto nell'aprile del 2008 di Giuseppe Belfiore, pupillo di Mario Ursini, e la scomparsa o l'uccisione di Pasqualino Marando, capo dell'omonima cosca, l'area del Torinese si trova privata di personaggi di spessore e quindi preda di nuovi boss.[1]

Nel capoluogo piemontese, oltre alle famiglie di Gioiosa Ionica, operano anche i Morabito-Bruzzaniti-Palamara di Africo e i Vrenna-Megna di Crotone. Terminali delle famiglie Marando-Agresta e Trimboli (cosca Barbaro) di Platì sono presenti nella zona di Ciriè e Volpiano, con propaggini operative ad Asti e Alessandria, mentre nella zona di Susa e Bardonecchia[2] si sono insediati esponenti della cosca Mazzaferro di Marina di Gioiosa Ionica.

La 'ndrangheta è presente anche a Carmagnola, dove vivono pregiudicati legati alla cosca Bonavota di Sant'Onofrio, ma anche nella zona di Ivrea e nel Canavese, dove si sono insediati elementi collegati alle cosche Ierinò di Gioiosa Ionica, Alvaro di Sinopoli e Mancuso di Limbadi.

Secondo un recente rapporto della Dia, a Chivasso esiste un locale controllato dal clan degli Ilacqua, mentre a Biella operano elementi delle famiglie D'Agostino, Belcastro, Polifroni, Varacalli e Romanello, tutte della Locride, specializzate nel narcotraffico. La 'ndrangheta è presente anche nelle province di Verbano Cusio Ossola e di Novara.

In un'indagine del 1993, coordinata dall'allora sostituto procuratore della Repubblica di Torino Francesco Saluzzo, venne scoperto un ingente traffico di droga proveniente dalla Colombia e dal Pakistan. I clan della Locride, in quegli anni, riuscivano a barattare quattro chili di cocaina per uno di eroina, cioè il doppio rispetto a Cosa Nostra. Sempre negli anni Novanta, Renato Macrì, uno dei nipoti di Mario Ursini, è stato arrestato a Cagnes sur Mer in Francia con l'auto piena di cocaina.

In Piemonte la 'ndrangheta è riuscita anche a entrare in contatto con la politica, come dimostra lo scioglimento per infiltrazioni mafiose del consiglio comunale di Bardonecchia, un comune di poco più di 3000 abitanti in provincia di Torino.

## Lombardia

La Lombardia è la regione che più di ogni altra oggi dà l'idea del dinamismo imprenditoriale della 'ndrangheta. Qui le 'ndrine sono riuscite perfettamente a clonarsi, senza rinunciare a nessuna delle loro caratteristiche, trasformando Milano in una delle centrali europee della cocaina. Negli anni Novanta la 'ndrangheta controllava le singole piazze, oggi si occupa dei grandi carichi che sposta in società con altre organizzazioni criminali, spesso straniere; cartelli misti, o «forme associative temporanee», come le ha definite la Direzione nazionale antimafia.

Oltre al controllo del territorio, in Lombardia la 'ndrangheta è riuscita a saldare rapporti con esponenti del mondo bancario, finanziario e istituzionale. Spiegano i magistrati che l'hanno combattuta: «Il controllo del territorio, pur se modellato secondo le tradizionali espressioni della terra d'origine, viene esercitato dalle 'ndrine calabresi prevalentemente attuando schemi di tipo imprenditoriale, piuttosto che attraverso il ricorso alla violenza». È una criminalità che si «insinua», come spiega il pm Laura Barbaini, «in ipermercati, imprese di movimento terra, aziende edili», ditte «che si occupano di fornitura di cibo»,

**Mappatura della criminalità organizzata**
*Lombardia*

MANCUSO, IAMONTE, MAZZAFERRO, PESCE, ROMEO, GALLACE-NOVELLA, BRUZZANITI, ARENA

DE STEFANO

FACCHINERI, BELLOCCO

MORABITO, MAZZAFERRO

Varese

Lecco

Como

Bergamo

Monza

Brescia

Milano

COSCHE REGGINE

Pavia

PESCE, MAZZAFERRO, PAVIGLIANITI-PANGALLO

MAZZAFERRO

come l'Ortomercato, società immobiliari, aziende che forniscono bodyguard alle discoteche». È una criminalità che s'ingrossa, si rafforza, s'espande avida, vogliosa e ricca. È così dai tempi di Joe Adonis, Giuseppe Doto per l'anagrafe, il boss di Cosa Nostra che sul finire degli anni Cinquanta viveva a due passi dal Duomo, in un appartamento di via Albricci.[3]

Secondo la Direzione distrettuale antimafia di Milano, le più recenti indagini hanno consentito di confermare «la stretta cooperazione, già evidenziatasi negli anni precedenti, tra gruppi mafiosi, in genere di 'ndrangheta, e personaggi operanti in Spagna e Sudamerica, specie in Colombia, nell'ambito di attività di traffico internazionale di cocaina».

Le famiglie calabresi dominanti risiedono principalmente nelle zone dell'hinterland milanese, dove possono godere di una minore visibilità e di più ampi spazi di manovra.

A Buccinasco, un comune nella periferia sud di Milano, negli anni Settanta si è trasferita metà degli abitanti di Platì. Proprio in questa cittadina, negli ultimi anni, si sono registrati attentati e minacce ai danni degli amministratori comunali.

Nel 2005, la polizia municipale ha trovato davanti all'ingresso secondario del municipio una foto del sindaco, gli auguri di «buona Pasqua» e una pallottola di fucile mitragliatore. Nel 2003 l'auto dello stesso amministratore è stata data alle fiamme.

L'ultima relazione della Commissione parlamentare antimafia, la prima dedicata interamente alla 'ndrangheta, ha delineato un quadro a tinte fosche.

A Milano e nel suo hinterland le cosche più importanti sono originarie della Locride e del Reggino (Pesce, Mazzaferro, Paviglianiti, Pangallo, Barbaro, Branca, Crisafulli, Flachi, Papalia, Criaco e Morabito). In modo particolare, tra le numerose famiglie presenti, quella dei Morabito sarebbe «la più potente economicamente e la più organizzata nel territorio milanese, anche grazie a una serie di alleanze stabilite con altre cosche operanti in Lombardia». Altre presenze minori, ma significative, sono quelle dei Manno e Maiolo a Pioltello, dei Callipari di Careri a Inveruno e Cuggiono, dei Mandalari-Novella a Novate e Bollate.

Per quanto riguarda le province di Como e Varese, gli inquirenti hanno più volte segnalato la presenza delle cosche Mazzaferro, Gattini, De Stefano (quest'ultima capeggiata da Franco Coco Trovato), dedite prevalentemente al traffico di sostanze stupefacenti da e verso Milano.

A Campione d'Italia, in provincia di Como, sede dell'omonimo casinò, è stata accertata la presenza di calabresi, in maggioranza pregiudicati, coinvolti nel prestito di denaro e nel cambio di valuta.

In Brianza le cosche calabresi, oltre ai reati tipici, sono coinvolte nell'intermediazione immobiliare e finanziaria e nella conduzione di imprese nel comparto della ristorazione. A Pavia e provincia, oltre alla cosca Mazzaferro sono presenti esponenti dei clan crotonesi. Nel 2002 è stato arrestato Vincenzo Corda che, secondo l'accusa, stava organizzando una base operativa in quella provincia.

Col tempo la 'ndrangheta si è insediata anche nelle province orientali della Lombardia. Rileva la Direzione distrettuale antimafia di Brescia: «La forte disponibilità di capitali, derivanti dal narcotraffico e dalle altre attività, reinvestiti e riciclati attraverso gli innumerevoli canali, siano essi economici o finanziari, ha consentito a questo sodalizio di creare un doppio binario dove le attività illecite si mimetizzano con quelle lecite, si autofinanziano vicendevolmente e consentono di "ripulire" il denaro proveniente dalle attività delittuose. Conseguentemente ne è derivata una tentacolare diversificazione delle attività che vanno dalla gestione dei grossi traffici di sostanze stupefacenti al traffico delle armi, all'usura, all'estorsione e altro».

Anche nelle province di Brescia e Bergamo da tempo sono presenti esponenti legati alle cosche del Crotonese e in particolare di Cutro.

Ma in Lombardia operano anche le cosche Facchineri, Bellocco e Mazzaferro, dedite soprattutto al narcotraffico e allo sfruttamento della prostituzione, nonché della manodopera clandestina in collaborazione con gruppi criminali stranieri. Sembra che i rappresentanti del clan Bellocco esercitino una preoccupante pressione sulla piccola imprenditoria locale, attraverso prestiti a usura ed estorsioni.

In provincia di Cremona, infine, è stata accertata la presenza di appartenenti alle famiglie Grande Aracri, Trovato, De Stefano, Mesoraca, Lamanna, Piromalli e Rando.

Chiosano i servizi di intelligence della Dia: «In Lombardia desta altresì preoccupazione il pericolo di infiltrazione nel sistema imprenditoriale attraverso l'investimento degli enormi capitali di cui la 'ndrangheta dispone. Una grossa massa di liquidità è reinvestita in strutture societarie o in beni immobili attraverso un'accorta attività di riciclaggio, realizzata ricorrendo all'esterovestizione mediante l'intervento di società fiduciarie con Paesi offshore».

Secondo gli inquirenti, la pericolosità della 'ndrangheta in Lombardia è elevata perché può ancora contare su un numero consistente di affiliati, solo in parte identificati, e sul dinamismo dei «capi» che, malgrado le misure di prevenzione patrimoniali applicate a numerosi e importanti associati, non sembrano avere rallentato la loro mobilità.

Oggi Milano rappresenta «la metafora della ramificazione tentacolare della 'ndrangheta». Lo scrive la Commissione parlamentare antimafia che nella sua relazione sulla 'ndrangheta del 2008 indica come esempio della pervasività della mafia calabrese le indagini sull'Ortomercato, il più grande d'Italia: «Ogni notte vi fanno capo centinaia di camion che distribuiscono i prodotti in tutta la regione. Dei 3000 lavoratori impiegati quasi la metà sono irregolari. Il giro di affari è di 3 milioni di euro al giorno con 150 tra imprese e cooperative interessate». L'ordinanza di custodia cautelare emessa in data 26 aprile 2007 – nei confronti di Salvatore Morabito, Antonino Palamara, Pasquale Modafferi e altre 21 persone – ha messo in luce che la cosca Morabito-Bruzzaniti, grazie all'arruolamento dell'imprenditore Antonio Paolo, titolare del consorzio di cooperative Nuovo Co.Se.Li., era riuscita a utilizzare le strutture dell'Ortomercato e i suoi uffici come punto di riferimento per gli incontri e la gestione di grosse partite di sostanze stupefacenti. Nell'ambito di questa indagine la polizia ha seguito 250 chili di cocaina provenienti dal Sudamerica, giunti in Senegal a bordo di un camper e sequestrati in Spagna dopo aver viaggiato sotto la copertura di una storica gara di rally come la Parigi-Dakar. L'aspetto più inquietante è che, come già detto, Morabito, appena terminato nel 2004 il periodo di soggiorno obbligato, riusciva a entrare e uscire con la propria Ferrari a qualunque ora del giorno e della notte dall'Ortomercato, grazie a un pass che gli aveva rilasciato la So.Ge.Mi., la società che gestisce l'intera struttura per conto del comune di Milano. Addirittura, tramite un prestanome, era riuscito ad aprire nell'Ortomercato un night club, For the King, inaugurato il 19 aprile 2007 alla presenza di noti boss della 'ndrangheta. Nonostante tutto, ancora oggi, quando si parla di 'ndrangheta, a Milano molti reagiscono stizziti.

## Valle d'Aosta

In Valle d'Aosta le 'ndrine hanno puntato gli occhi sull'industria turistica. E secondo la Direzione nazionale antimafia, assieme alla Val di Susa e a Torino, la regione rappresenta una delle aree di maggiore criticità. Qui vivono da tempo esponenti dei clan Iamonte di Melito Porto Salvo, Nirta di San Luca, Facchineri di Cittanova, Libri di Reggio Calabria, Asciutto-Neri-Grimaldi di Taurianova e Torcasio di Lamezia Terme. In particolare, alcuni esponenti della famiglia Nirta, da tempo trapiantati in Valle d'Aosta, sarebbero coinvolti nell'importazione di ingenti quantitativi di cocaina, attraverso un proprio referente stabilmente collegato con un cartello di narcotrafficanti colombiani.

La presenza della 'ndrangheta venne notata per la prima volta in un'indagine degli anni Settanta, quando la polizia intercettò alcune telefonate nelle quali dei bracconieri locali minacciavano di rivolgersi alle 'ndrine trapiantate in Valle d'Aosta per dare una lezione alle guardie forestali. In quegli anni i bracconieri valdostani si rifornivano in Svizzera di armi ad alta precisione che rivendevano al mercato nero.

Nel giugno del 1990 a Issogne, in provincia di Aosta, venne ucciso Giuseppe Mirabelli nell'ambito di una faida che dal 1975, a Petilia Policastro, nel Crotonese, aveva fatto quindici vittime. Nel 1995, per quest'omicidio, nonostante fosse già stato ucciso da alcuni mesi, fu condannato

Tommaso Ceraudo. Ai giudici della Corte d'assise di Torino che lo processarono in contumacia non venne comunicata la notizia del suo decesso, avvenuto a Milano il 30 novembre 1994.

## Liguria

In Liguria la 'ndrangheta è arrivata negli anni Sessanta. C'era tutto: il porto, utile accesso per le rotte della droga, il casinò, ma soprattutto la Francia, con le sue coste, a due passi da Ventimiglia. Nel 1984 a Cap d'Antibes venne arrestato il boss Paolo De Stefano. E sempre in Francia finiscono in manette pezzi da novanta come Domenico Libri, Natale Rosmini e Luigi Facchineri.

A Ventimiglia esiste da tempo un'importante struttura, nota come «camera di compensazione», che ha il compito di raccordare le attività delle 'ndrine in Liguria con quelle dei «locali» che operano a Nizza e nell'intera Costa Azzurra. Il magistrato Vincenzo Macrì qualche anno fa l'ha definita una «cerniera rispetto al sud della Francia, nella quale la presenza della 'ndrangheta si è rivelata ampia e incisiva».[4] Oltre che a Genova e a Ventimiglia, la presenza dei clan calabresi è stata segnalata anche a Sanremo, Arma di Taggia, Imperia, Diano Marina, Lavagna, Rapallo, Sarzana e Savona.

Delle strutture associative e delle attività criminali in questa regione hanno parlato numerosi collaboratori di giustizia (da Gullà ai fratelli Comandé, da Franzese ai fratelli Grimaldi).

La posizione strategica della Liguria[5] ha permesso il radicarsi di organizzazioni calabresi in stretta osmosi con quelle piemontesi. In particolare le cosche della fascia tirrenica calabrese si sono insediate nel versante di Ponente, mentre quelle della fascia ionica hanno optato per il versante di Levante.

Nel corso degli anni, gli inquirenti hanno accertato la presenza di esponenti appartenenti o riconducibili alle se-

**Mappatura della criminalità organizzata**
*Liguria*

guenti cosche: Asciutto-Neri-Grimaldi e Raso-Gullace-Alba-
nese di Taurianova, Fogliani di Cittanova, Libri, Rosmini e
De Stefano di Reggio Calabria, Papalia di Platì, Iamonte di
Melito Porto Salvo, Pesce e Bellocco di Rosarno, Nucera di
Condofuri, Cordì di Locri, Mammoliti di Oppido Mamer-
tina, Longo-Versace di Polistena, Alvaro di Sinopoli, San-
taiti e Gioffrè di Seminara, Romeo di Roghudi, Bruzzaniti-
Morabito di Africo, Mazzaferro, Ursino e Macrì di Gioiosa
Ionica, Macrì di Mammola e Piromalli di Gioia Tauro.

In Liguria sono passati anche personaggi di spessore della 'ndrangheta reggina, come Vittorio Canale e Paolo Martino. E, sempre in questa regione, nel 2001 sono stati catturati Antonio Novella, legato al clan Cordì di Locri, e Stefano
Santaiti della cosca Iamonte di Melito Porto Salvo.

In questo territorio i proventi del traffico di droga sono
stati investiti soprattutto nel settore delle costruzioni (appartamenti e approdi turistici). Secondo l'Istat, in quindici
anni, dal 1990 al 2005, il territorio non invaso dal cemento
è passato da 249.000 ettari a 135.570 con una riduzione del
45,55 per cento. In pratica quasi la metà delle zone libere è
stata cementificata.[6]

Nel dicembre del 2005 il tribunale di Genova, per la prima volta, ha confiscato beni a un soggetto considerato organico alle cosche calabresi. La confisca ha riguardato alcuni fabbricati rurali e una palazzina in costruzione di tre piani sulla collina del Tigullio.

Nel 2008 la Liguria ha scoperto di essere anche la prima regione del Norditalia per infrazioni ambientali. Lo smaltimento dei rifiuti è un altro lucroso business nelle mani delle 'ndrine, assieme alla ristorazione e agli appalti pubblici. Molte indagini hanno coinvolto anche amministratori di località turistiche come Sanremo, Ospedaletti e Arma di Taggia, evidenziando il sopravanzare di gruppi imprenditoriali-politico-affaristici inclini ad abusare del potere pubblico per conseguire profitti illeciti. «La corruzione e lo scambio di voti hanno portato la classe dirigente in braccio alla mafia» ha commentato qualche anno fa Anna Canepa, magistrato antimafia di Genova, parlando della Liguria.

Nel 2005 e nel 2007 sono stati arrestati due latitanti, Carmelo Ditto a Diano Marina e Carmelo Costagrande a Bordighera.

Nel 2007, in provincia di Genova, è stato ucciso Giuseppe Alessi, affiliato alla cosca Viola-Zagari di Taurianova. Dell'omicidio è stato accusato il cognato, Umberto Pittino, con il quale la vittima avrebbe avuto problemi di carattere economico legati a un giro di droga. Sempre nel 2007, in provincia di Genova, sono finiti in carcere i cugini Michelangelo Ansalone e Francesco Filippone, entrambi originari di Siderno, per possesso di hashish, e Nicodemo Macrì per rapina ai danni di una gioielleria di Sant'Alceste. I tre erano legati al clan Macrì di Mammola. Da altre due indagini è emerso il coinvolgimento dei Gioffrè e dei Santaiti nel settore delle estorsioni, degli appalti pubblici e del traffico di droga.

## Trentino Alto Adige

Agli inizi degli anni Novanta la 'ndrangheta compare anche in Trentino Alto Adige, dove aveva avviato un fiorente traffico di droga e di armi. Nel 1992 vennero spiccati quarantasei mandati di cattura. Nel giro c'erano Giuseppe Rizzardi di Lamezia Terme, già indagato per l'omicidio dell'ispettore di polizia Salvatore Aversa e di sua moglie, e altri 'ndranghetisti coinvolti nel sequestro di Carlo Celadon.

Ancora oggi, nel Trentino Alto Adige, le 'ndrine sono molto attive nel traffico di droga. In particolare a Bressanone e nel suo comprensorio la famiglia Vecchio di Joppolo (in provincia di Vibo Valentia) continua a detenere il monopolio degli stupefacenti, appoggiandosi anche a malavitosi del luogo. Qui è emersa altresì la presenza di esponenti di spicco del locale di Sant'Ilario dello Ionio legati a un'organizzazione con ramificazioni anche in Lombardia e Piemonte, dedita al traffico di droga e al riciclaggio di denaro. In Trentino Alto Adige sono stati sequestrati ingenti quantitativi di armi e di droga.

In particolare, nella provincia di Bolzano, la 'ndrangheta si è sempre distinta nel traffico di stupefacenti. Il personaggio più rappresentativo è stato Francesco Lagreca, per molto tempo a contatto con elementi delle 'ndrine che operano nell'Italia settentrionale. Negli ultimi tempi, a Bolzano, gli inquirenti hanno notato la presenza di un'altra organizzazione della quale fanno parte anche elementi inseriti in cosche di primo piano, operanti nella Locride, in Lombardia e Piemonte. Delle cosche della Locride trapiantate nel Trentino Alto Adige ha parlato il collaboratore di giustizia Luciano Piccolo.

Nel 2006 un traffico internazionale di cocaina gestito da argentini e colombiani con la collaborazione di alcune cosche calabresi è stato scoperto dai carabinieri di Trento. Sono state sequestrate oltre tre tonnellate di droga. La cocaina viaggiava assieme a grossi carichi di carbone vegetale estratto dalle miniere del Chaco argentino.

*Friuli Venezia Giulia*

Il Friuli Venezia Giulia è una regione dove la 'ndrangheta investe molti dei suoi proventi. Nel 2003, grazie a un'indagine della guardia di finanza, la Direzione distrettuale
antimafia di Trieste è riuscita a identificare oltre quindi-
cimila operazioni bancarie riconducibili ai clan calabresi.
Sono state perquisite abitazioni, quattro studi di commercialisti e diciannove società che operavano nei settori della
ricezione turistico-alberghiera, dell'edilizia, della ristorazione e dell'intermediazione immobiliare. Quindici persone, tra cui quattro calabresi, sono state indagate per riciclaggio di grosse somme di denaro. Le indagini si sono
concentrate soprattutto sulla cosca Mancuso, considerata
il motore dei flussi finanziari dalla Calabria verso il Friuli Venezia Giulia.

In un'altra indagine un casuale sequestro di 220 chili di
cocaina nascosti all'esterno di una nave da carico proveniente-
te da Maracaibo, in Venezuela, e diretta nel porto di Monfalcone, ha permesso di individuare «un fiorente canale di
approvvigionamento di cocaina ... gestito dalla criminalità
calabrese, presumibilmente facente capo alla famiglia Molè
(di Gioia Tauro)». Secondo la Direzione distrettuale antimafia di Trieste la droga «sbarcata dalla nave, stoccata in Friuli, era destinata a essere spedita in Calabria (zona di San
Ferdinando) e da qui poi smerciata sul territorio nazionale». Nella zona di Monfalcone vivono e operano esponenti
della famiglia Iona, originaria del Crotonese.

*Veneto*

Verona è sempre stata un crocevia del traffico di droga.
L'allarme lo lanciò nel 1991 l'allora ministro dell'Interno
Vincenzo Scotti, definendo il Veneto una regione a rischio.
In quell'anno venne ucciso un giovane di 20 anni, Michele
Messina, originario di Taurianova e legato ai Pesce di Ro-

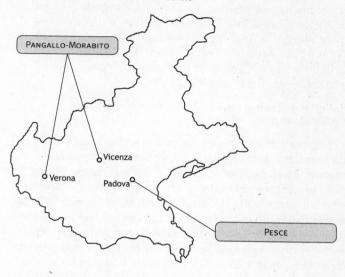

**Mappatura della criminalità organizzata**
*Veneto*

PANGALLO-MORABITO

Vicenza

Verona

Padova

PESCE

sarno, che era stato inviato al soggiorno obbligato a Carmignano di Brenta. In Calabria la stessa fine l'aveva fatta due anni prima anche il fratello Demetrio.

Erano i tempi della potente banda che prosperava nel territorio tra le province di Venezia e di Padova, lungo il fiume Brenta. In dieci anni c'erano stati ventuno omicidi rimasti irrisolti, alcune rapine miliardarie in alberghi di lusso a Venezia e nei laboratori orafi di Vicenza, almeno quattordici sequestri di persona organizzati in collaborazione con le bande dei nomadi. In quegli stessi anni organizzazioni criminali locali gestivano il traffico di eroina a Verona in collaborazione con clan legati alla 'ndrangheta. Oggi nel Veneto l'attività prevalente della 'ndrangheta è il riciclaggio di denaro sporco. Le cosche presenti sul territorio (Modafferi-Laratta, Leuzzi-Bertolaso) sono coinvolte anche nella gestione di traffici illeciti, come stupefacenti e armi. In molte zone del Veneto, con l'uso di minacce e ricatti, viene praticata anche l'estorsione. Le famiglie Pangallo e Morabito di Africo si sono insediate nelle province di Vicenza e Verona, mentre la cosca Pesce di Rosarno è presente, da tempo, nel Padovano. Recenti indagini del Ros hanno accertato la presenza nel Veronese di esponenti legati ai clan Ruga e Mezzatesta di Monasterace.

## Emilia Romagna

I rapporti di intelligence disegnano ombre lunghe sull'Emilia Romagna, una terra appetibile per le organizzazioni criminali. Modena, per esempio, è un passaggio obbligato per i grandi traffici di droga che corrono sull'Autobrennero e sull'autostrada del Sole. In riva all'Adriatico le finanziarie spuntano come funghi. In Riviera il racket del sesso a pagamendo fa gola a tutti. Rimini, con tutte le sue discoteche, è diventata una sorta di supermarket delle droghe leggere e pesanti. Per la Dia, l'Emilia Romagna è «un'area importante sotto il profilo criminogeno per il radicamento di boss che, arrivati qui in soggiorno obbligato, hanno eletto la regione come polo d'interessi proprio e delle famiglie d'origine, ma anche per la posizione geografica che offre qualificate opportunità di collegamento tra Centro e Nord, e per la forza attrattiva di un mercato variamente e altamente produttivo».[7]

Anche qui i primi mafiosi ad arrivare furono quelli inviati al soggiorno obbligato. Doveva essere un modo per fare terra bruciata attorno ai boss. Si è invece rivelato un boomerang o una strategia perdente, come hanno confermato gli interessi miliardari legati prima ai Riina e ai Liggio, poi ai Mammoliti e ai Dragone.

Il boss Antonio Dragone arrivò a Reggio Emilia da Cutro nel 1982. In poco tempo, come scrive la Commissione parlamentare antimafia nella sua relazione del 2008 sulla 'ndrangheta, «riuscì a creare una struttura familiare molto

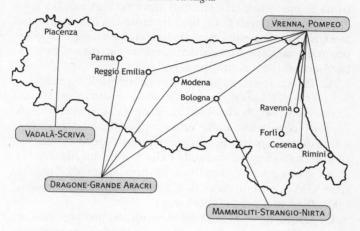

**Mappatura della criminalità organizzata**
*Emilia Romagna*

robusta, occupandosi del traffico di sostanze stupefacenti e di estorsioni nei confronti di persone di origine cutrese».

Oltre che a Reggio Emilia, il clan Dragone-Grande Aracri si è ramificato anche a Bologna e a Modena. Antonio Grande Aracri, fratello di Nicolino, il boss storico, è stato condannato nel 2007 dalla Corte d'appello di Bologna per associazione mafiosa. A Bologna, oltre ai Mammoliti, operano anche i clan reggini dei Nirta e degli Strangio. I Vadalà-Scriva hanno filiali a Piacenza, mentre le cosche del Crotonese, tra cui anche i Vrenna di Crotone e i Pompeo di Isola Capo Rizzuto, hanno esteso la loro influenza anche nella zona di Rimini, diventando i principali referenti per bische clandestine, usura, estorsioni e droga.

A Reggio Emilia, dove è arrivata anche la faida tra i Dragone e i Vasapollo, nel 2008 è stato arrestato Carmelo Tancrè, un operaio originario di Isola Capo Rizzuto e proprietario della pistola, una 375 Magnum, con cui a Papanice è stato ucciso Luca Megna, figlio del boss Domenico Megna, coinvolto in una sanguinosa guerra con i Russello.

A Modena sono stati arrestati boss di grossa caratura, come Franco Muto di Cetraro, Giuseppe Barbaro di Platì e Giuseppe Cariati di Cirò, tutti latitanti. E a Maranello, nel 1993, venne scoperto un arsenale della 'ndrangheta, composto da razzi, bombe a mano, armi varie, tra cui due mitragliette Skorpion ed esplosivo.

Nel 2006 un ordigno è esploso nella sede dell'Agenzia delle Entrate di Sassuolo, mentre era in corso un accertamento per evasione fiscale di alcune società che avevano avuto rapporti con uomini delle 'ndrine specializzati nel riciclaggio di denaro sporco. Spesso per ripulire il denaro sono state utilizzate imprese con sede nella vicina San Marino.

A Cesena sono stati individuati prestanomi di Pasquale Condello, il potente boss di Reggio Calabria arrestato nel 2008 dopo una lunga latitanza.

Oggi attorno alla 'ndrangheta ruotano investimenti nel settore del turismo e dell'edilizia. Secondo il procuratore antimafia Mario Spagnuolo in alcune zone dell'Emilia la 'ndrangheta gestirebbe il mercato delle costruzioni «in termini monopolistici». «Ci sono cooperative che a Forlì sono controllate dal clan Forastefano, il quale in Emilia ha investito nel settore edile, immobiliare e turistico» ha detto nel 2008 il magistrato in un'audizione davanti alla Commissione parlamentare antimafia.

## Toscana

«Sotto il sole della Toscana» non investono soltanto gli americani stregati dal film di Audrey Wells o dall'omonimo libro di Frances Mayes. In Maremma e in Versilia vivono anche i fiduciari della 'ndrangheta e i loro tanti cloni. Nel 1999, in un rapporto del ministero dell'Interno, la presenza dei clan Pesce di Rosarno e Mancuso di Limbadi veniva segnalata a Firenze, quella delle famiglie Priolo, Fedele e Infantino, legate ai Piromalli di Gioia Tauro, invece, a Valdarno Aretino, ma anche nel Livornese e nel Carrarese.

## Mappatura della criminalità organizzata
### *Toscana*

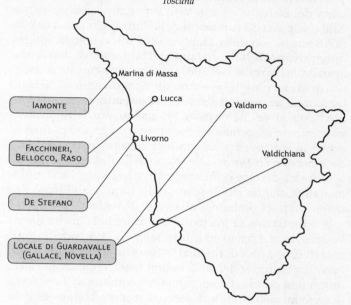

Filiali del clan Longo-Pesce di Polistena erano invece state individuate in Valdera, tra morbide pianure e colline ricche di boschi secolari.

In Toscana hanno investito uomini e risorse anche gli Alvaro di Sinopoli, i Nirta di San Luca, i Facchineri e i Raso di Cittanova, i Bellocco di Rosarno, i Sergi-Marando di Platì, i Maesano-Paviglianiti-Pangallo di Roccaforte del Greco e i Gallace-Novella di Guardavalle. A Prato, la città che dette i natali al mercante e banchiere Francesco Datini, l'inventore della cambiale, venne mandato al soggiorno obbligato Domenico Libri, il vecchio padrino recentemente scomparso, boss dell'omonima famiglia di Reggio Calabria. I Libri, per anni, sono stati rappresentati in Toscana dai Nucera-Guarnaccia.

Nell'area della Versilia un'operazione della Dia, nell'ottobre del 2001, ha smantellato un'organizzazione criminale composta da esponenti della 'ndrangheta e da ex affiliati alla banda della Magliana che attraverso la Spagna importavano in Italia cocaina dal Sudamerica, ma anche armi dalla Croazia. Nel 2002 un'altra indagine ha consentito di far luce sugli investimenti riconducibili a Carmelo Iamonte, elemento di vertice dell'omonima cosca di Melito Porto Salvo che viveva a Massa Carrara. Iamonte aveva creato un'associazione che gestiva un grosso traffico di droga in collaborazione con il clan camorristico guidato da Vincenzo Di Donna. Nel corso delle indagini sono state scoperte diverse cellule operative sparse in varie regioni, dalla Calabria alla Toscana, dalla Liguria all'Emilia Romagna, dalla Lombardia alla Valle d'Aosta.

Si è ipotizzata la mano della 'ndrangheta anche dietro l'omicidio di Angelo ed Ettore Talarico, due fratelli originari di Cerva, ma domiciliati a San Giovanni Val d'Arno, trovati nell'aprile del 2006 in una fossa, coperta da calce, lungo una strada di campagna nel comune di Terranova Bracciolini, nell'Aretino. L'esecuzione potrebbe essere stata decisa nell'ambito della sanguinosa faida tra i Carpino e i Bubbo, due clan della Presila catanzarese, cominciata per l'incrociarsi di interessi opposti legati agli appalti sui tagli boschivi e proseguita con estorsioni e traffico di droga.

Nel 2006 ad Altopascio, in provincia di Lucca, un affiliato al clan dei Facchineri ha cercato di uccidere un nomade, Sebastian Fudorovic.

Nel 2008 collegamenti della 'ndrangheta sono stati scoperti in Lucchesia, dove è stato arrestato un esponente dei clan crotonesi, coinvolto in un traffico di droga con Puglia, Lazio, Toscana e Piemonte. In provincia di Lucca vivono da tempo anche uomini dei clan Facchineri, Bellocco e Raso.

Non esistono isole felici e anche regioni come l'Umbria devono fare i conti con le attività sempre più complesse di gruppi criminali mafiosi. La provincia di Perugia, con ventitré morti per overdose nel 2006, è al terzo posto in Italia per il numero di decessi causati da droghe. L'Umbria, invece, è al secondo posto tra le regioni italiane per il numero delle persone segnalate all'autorità giudiziaria per traffico di stupefacenti.

L'insediamento della 'ndrangheta è avvenuto agli inizi degli anni Novanta. Alcuni componenti del clan De Stefano si trasferirono nella zona di Pietralunga, mentre i Facchineri andarono a sistemarsi a Città di Castello. I Facchineri proprio in questa cittadina dell'alta Valle del Tevere nel 1983 sequestrarono l'imprenditore Vittorio Garineri. Scrive il Ros: «In Umbria la cosca più attiva è quella dei Facchineri, i quali hanno dato vita a una struttura associativa multiforme, dedita ad attività criminose principalmente volte alla importazione di consistenti partite di stupefacenti e alla loro successiva commercializzazione».[8]

Nel 2005 Roberto Provenzano, un muratore originario di Maida, in Calabria, che aveva cercato di fare soldi con la droga, è stato ucciso con un colpo di pistola alla tempia sparato da distanza ravvicinata. Dell'omicidio sono state accusate persone legate al clan Farao-Marincola di Cirò Marina.

L'indagine «Windshear», condotta dal Ros di Perugia, ha consentito di ricostruire una rete criminale dedita all'importazione e al traffico di sostanze stupefacenti, nella quale figuravano personaggi come Roberto Pannunzi e il figlio Alessandro, Stefano De Pascale,[9] nonché appartenenti alle cosche Coluccio, Aquino, Bumbaca e D'Agostino, tutte originarie della Locride.

Nel 2007 sono stati confiscati a Pietralunga, in provincia di Perugia, 95 ettari di terreno intestati a prestanome lega-

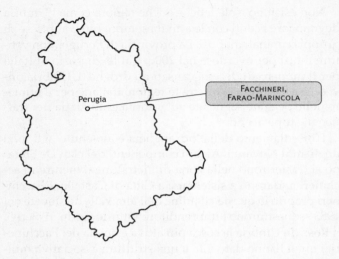

**Mappatura della criminalità organizzata**
*Umbria*

Perugia

FACCHINERI,
FARAO-MARINCOLA

ti a Giuseppe e Giovanni De Stefano, esponenti di vertice dell'omonimo clan di Reggio Calabria.

Nel 2008 un'altra inchiesta del Ros, coordinata dalla Procura di Perugia, ha colpito il clan Morabito-Palamara-Bruzzaniti che in combutta con i Casalesi, attraverso la creazione di società pulite, pensava di fare affari, di costruire villaggi turistici e centri commerciali, oltre a mettere le mani sulla centrale idroelettrica di Bivongi, in provincia di Reggio Calabria, da riqualificare per la produzione di energia alternativa (eolica).

Ha scritto il gip Antonella Duchini, uno dei magistrati perugini che coordinano l'inchiesta: «L'attività investigativa ha confermato il tentativo di colonizzazione criminale di altre regioni attraverso l'infiltrazione nell'economia locale che si accompagna a un diffuso impegno nei settori illeciti, tra questi anche il narcotraffico».

Il clan era particolarmente aggressivo anche nella pratica

delle estorsioni, nel campo dell'edilizia e degli appalti. Un emissario delle 'ndrine venne intercettato mentre scandiva così la sua minaccia a un imprenditore: «Se non mi dai l'attrezzatura vi scanno tutti quanti, come capretti». Se non li avessero fermati, questi «malacarne» in trasferta «capaci di soffocare l'economia e con essa le regole del libero mercato» avrebbero cercato di acquistare anche una «fabbrica di Torino ... di moda».

## Marche

Nelle Marche non manca nulla. C'è un litorale straordinario, un entroterra imprenditorialmente evoluto, con tante piccole e medie imprese, un porto, quello di Ancona, e un aeroporto, quello di Falconara, che garantiscono un collegamento con i mercati dell'Est.

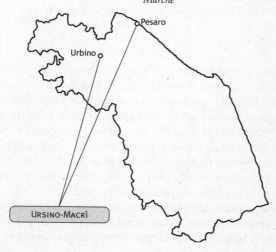

**Mappatura della criminalità organizzata**
*Marche*

Qui le cosche calabresi hanno messo radici da poco, ma sono quasi tutte coinvolte nel traffico di sostanze stupefacenti e nel riciclaggio di denaro sporco.

Nel febbraio 2002 un'indagine della Direzione distrettuale antimafia di Reggio Calabria ha individuato articolazioni operative della 'ndrangheta nella provincia di Pesaro-Urbino, dove si erano stabiliti elementi collegati alla famiglia Ursino-Macrì di Gioiosa Ionica, distinguendosi nella gestione di un rilevante traffico di cocaina proveniente dalla Calabria e diretto verso le Marche e l'Emilia Romagna.

Sempre nelle Marche è stata scoperta una filiale della famiglia Alvaro di Sinopoli. Il punto di riferimento era Carmine Alvaro, residente ad Ancona, il quale, con cadenza settimanale, si riforniva di sostanze stupefacenti, in particolare cocaina, provenienti dalla Calabria. A insospettire gli inquirenti erano stati una serie di investimenti commerciali nell'area compresa tra Ancona, Marina di Montemorciano e Senigallia. La stessa operazione ha portato all'arresto del latitante Antonio Alvaro. Nel 2006 a Matelica, in provincia di Macerata, è finita la latitanza di Vincenzo Ficara, elemento di spicco dell'omonimo clan di Reggio Calabria.

## Lazio

Da riparo per sfuggire alle guerre di mafia che insanguinavano la Calabria a terra di conquista. Sono venticinque le cosche della 'ndrangheta censite dall'Osservatorio tecnico-scientifico per la sicurezza e la legalità della regione Lazio, diretto da Enzo Ciconte. E sono impegnate a fare affari con lo smaltimento dei rifiuti, sfruttando gli appalti delle grandi opere, l'edilizia residenziale, la distribuzione dei prodotti ortofrutticoli, infiltrandosi nel settore turistico e della ristorazione e in quello della sanità.

In questa regione le 'ndrine hanno posto solide basi per il controllo del territorio attraverso l'usura, le estorsioni, gli omicidi, il traffico di sostanze stupefacenti, facendo an-

**Mappatura della criminalità organizzata**
*Lazio*

LOCALE DI GUARDAVALLE
(GALLACE-NOVELLA)

TRIPODO,
BELLOCCO (LA ROSA)

○ Roma

BARBARO,
IAMONTE, MORABITO-MOLLICA,
PALAMARA,
MANCUSO, PIROMALLI,
MAMMOLITI, ALVARO,
BELLOCCO, PESCE-PISANO,
AVIGNONE, ZAGARI-VIOLA,
FARAO-MARINCOLA

Anzio ○
Nettuno

Gaeta ○

che la cresta sui proventi delle attività illecite gestite da altre organizzazioni criminali. I clan calabresi sono riusciti a inserirsi anche nei meccanismi della pubblica amministrazione, tentando di infiltrarsi negli appalti connessi ai lavori di ristrutturazione e ammodernamento delle aree portuali di Civitavecchia e Gaeta.

Nel 2003 il Servizio centrale di investigazione sulla criminalità organizzata della guardia di finanza di Roma ha arrestato Giovanni Fornabaio, «latitante soprannominato "il vecchietto", ritenuto uomo di spicco della struttura contabile e amministrativa della 'ndrangheta». Secondo gli inquirenti, Fornabaio rivestiva, nell'ambito dell'organizzazione criminale, il ruolo di cambiavalute, occupandosi del riciclaggio di ingenti somme di denaro.

Nel 2004 un'indagine ha colpito il clan Novella-Gallace,

uno dei più agguerriti, insediato sul litorale laziale ed egemone nella fascia ionica della provincia di Catanzaro. Il clan, guidato dai fratelli Vincenzo, Agazio e Cosimo Gallace, contava su capizona autonomi, in grado di reclutare nuovi affiliati alla cosca con tanto di rituali di iniziazione importati dalla Calabria e «periodo di prova» per le nuove leve.

La 'ndrina, originaria di Guardavalle (dove nel novembre del 2003 il consiglio comunale è stato sciolto dal ministero dell'Interno per infiltrazioni mafiose), ha ormai addentellati in tutta Italia (Lombardia, Veneto, Piemonte, Liguria, Emilia Romagna), in Europa (Olanda, Spagna e Germania) e perfino in Colombia, Venezuela, Canada e Australia. La cosca laziale aveva però raggiunto un livello di autonomia che la rendeva più una consociata che una filiale. Oltre ai business tradizionali delle estorsioni e soprattutto del traffico di cocaina, gli uomini della cosca, dislocati soprattutto nella zona di Anzio e Nettuno, si dedicavano anche al ramo, estremamente redditizio, delle truffe su vasta scala alle assicurazioni.

Anche il comune di Nettuno è stato sciolto per infiltrazioni mafiose.

Scrive la Commissione parlamentare antimafia:[10]

Nel Lazio operano rappresentanti di note famiglie, molte delle quali della zona ionica della provincia di Reggio Calabria: Alvaro-Palamara, Pelle-Vottari-Romeo, Giorgi-Romano e Nirta-Strangio. Questi hanno concentrato i loro interessi anche nel tessuto economico-sociale della capitale, tramite la costituzione di società fittizie per la gestione di bar, paninoteche, pasticcerie, ristoranti. In particolare, alcuni rappresentanti dell'Alvaro-Palamara di Sinopoli (RC), capeggiata da Carmine Alvaro, e di Cosoleto (RC), comandata da Antonio Alvaro, nell'arco di pochissimo tempo si sono trasformati da piccoli artigiani locali a imprenditori di primissimo livello, reinvestendo ingenti capitali, provenienti da traffici di droga, sviluppati sull'asse Germania-Italia. Il reinvestimento dei profitti privilegia ancora una volta gli esercizi di ristorazione nel centro di Roma, con prezzi di acquisto dei locali e delle licenze nettamente inferiori al loro valore reale e alle stime di mercato.

I rappresentanti delle famiglie Alvaro e Piromalli hanno collegamenti con lo storico clan di origine nomade dei Casamonica, gruppo romano attivo in vari campi: usura, estorsione, truffa, riciclaggio, ricettazione di autoveicoli e traffico internazionale di sostanze stupefacenti. Un'alleanza apparentemente anomala ma molto significativa, perché mette in contatto organizzazioni diverse tra loro per storia e natura ma tutte di alto livello criminale. Tra Roma e la sua provincia, nelle zone di Anzio, Nettuno, Civitavecchia, Gaeta, Rieti, la Pontina e tutto il litorale laziale, emerge il ruolo di 'ndrine molto agguerrite: Alvaro, Avignone, Barbaro, Bellocco, Bruzzaniti, Carelli, Cosoleto, Farao, Franzè, Gallace, Mollica, Iamonte, Longo, Mammoliti, Mancuso, Marincola, Metastasio, Morabito, Nava, Nirta, Novella, Palamara, Pesce, Piromalli, Pisano, Rugolo, Ruga, Serpa, Serraino, Tripodo, Versace, Viola, Zagari. Una segnalazione particolare merita il porto di Civitavecchia dove numerose indagini riconducono alla sua area rotte che le cosche mafiose utilizzano per il transito di importanti partite di droga.

A Roma, dove la 'ndrangheta ha avuto rapporti con la banda della Magliana e con Cosa Nostra, operano i Barbaro, gli Iamonte, i Morabito-Mollica e i Morabito-Bruzzaniti-Palamara, tutti del versante ionico reggino. Ma anche i Mancuso di Limbadi; i Piromalli, Mammoliti e Alvaro della piana di Gioia Tauro; i Bellocco e i Pesce-Pisano di Rosarno; i Tripodo di Reggio Calabria; gli Avignone-Zagari-Viola di Taurianova e i Farao-Marincola di Cirò.

Nella zona dei Castelli agiscono i Marafioti; nel comprensorio di Pomezia le cosche degli Albanese, Raso e Gullace; a Latina sono presenti le famiglie Alvaro e Tripodo.

Nella provincia pontina, con particolare riferimento al territorio di Gaeta, le attività prevalenti sono rappresentate dal traffico di droga, dall'usura, dal gioco d'azzardo. Qui, nel marzo del 2002, è stato arrestato Carmelo Tripodo, per associazione a delinquere finalizzata al traffico di stupefacenti. E in questo stesso territorio è stata notata la presenza del gruppo facente capo a Salvatore La Rosa, affiliato alla cosca Bellocco di Rosarno.

Recenti indagini hanno accertato il coinvolgimento di esponenti della famiglia Nirta-Romeo-Pelle nel traffico di droga tra il Lazio e la Calabria e quello di esponenti della cosca Parrello in un grosso giro di droga con collegamenti in Spagna, Grecia e Marocco.

### Abruzzo e Molise

In Abruzzo e Molise i clan ingrassano con il riciclaggio del denaro sporco. Acquisiscono aziende in difficoltà, comprano immobili nelle zone turistiche, s'intromettono nel mondo degli appalti.

Nelle province di Teramo e Pescara, da alcuni anni, operano esponenti della cosca Cataldo di Locri. Sarebbero coinvolti in una serie di iniziative imprenditoriali sulla costa adriatica, l'area più interessante sotto il profilo economico. In Molise, invece, vivono elementi affiliati alla cosca Bellocco di Rosarno, molto attiva nel traffico di droga.

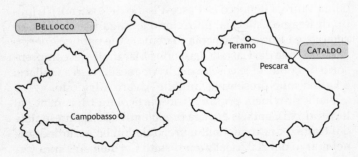

**Mappatura della criminalità organizzata**
*Abruzzo e Molise*

BELLOCCO

Campobasso

Teramo

CATALDO

Pescara

*Campania*

La 'ndrangheta ha cominciato a flirtare con la camorra quando ancora il contrabbando di sigarette era un business molto appetibile. Di quelli che facevano gola a tutti.

Negli anni Settanta, Raffaele Cutolo, boss della Nuova camorra organizzata, venne affiliato alla mafia calabrese, dopo aver organizzato per conto dei De Stefano l'uccisione di Domenico Tripodo, il boss di Sambatello, nel carcere di Poggioreale. Lo ha rivelato il pentito Giacomo Lauro, il quale ha parlato anche degli affari delle 'ndrine con Carmine Alfieri.

Oggi gli unici rapporti di cui si ha notizia sono quelli del clan camorristico guidato da Tommaso Fezza con esponenti delle cosche del Catanzarese e del Reggino (Iamonte), quelli di altri gruppi salernitani collegati con le 'ndrine cosentine e quelli dei Casalesi che con la 'ndrangheta hanno intrecciato parecchi legami, soprattutto in Umbria e in Emilia Romagna. I Casalesi, un mix di tradizione contadina e di fiuto imprenditoriale, come ha messo in evidenza nel suo libro *Gomorra* Roberto Saviano, rappresentano una sorta di terziario avanzato della società mafiosa.

*Puglia*

C'è una sottile linea che collega la Puglia alla Calabria, fatta di armi, cemento e cocaina. Nel marzo del 2005 una banda di calabresi, esponenti della 'ndrangheta, venne scoperta in un casolare di Corato, armata come per una guerra. Avevano nove fucili, una carabina, due pistole semiautomatiche, munizioni, binocoli, passamontagna, tute mimetiche e da lavoro, giubbotti antiproiettile. Con alcune troncatrici avevano smontato un guardrail sulla strada di Canosa e si stavano probabilmente preparando per far saltare in aria un furgone portavalori. È un legame quello della 'ndrangheta con la delinquenza pugliese che risale agli anni Ottanta, quando venne costituita la Sacra Corona Unita, la cosiddetta quarta mafia, il quarto angolo della criminalità organizzata nel Mezzogiorno, nata da una costola delle 'ndrine calabresi.

Oltre alla Sacra Corona Unita, in Puglia sono sorte altre organizzazioni criminali, meno note, come la Rosa dei Venti, nella zona di Bari, la Famiglia Salentina e la Remo Lecce Libera.

Numerose indagini hanno confermato l'esistenza di un patto di ferro tra le organizzazioni pugliesi e la 'ndrangheta. In particolare, sono emersi rapporti tra la famiglia Romito di Manfredonia e la cosca Libri-Tegano-De Stefano, quelli della Società Foggiana, con il clan Coco Trovato e quelli dei clan di Barletta con Umberto Bellocco, boss dell'omonimo clan di Rosarno, uno dei soci fondatori della Sacra Corona Unita. Altre indagini hanno accertato collegamenti di organizzazioni pugliesi con i Romeo di San Luca, i Sergi e i Barbaro di Platì e i Molè-Piromalli di Gioia Tauro.

Analoga la situazione nel Salento, dove con la delinquenza autoctona hanno intrecciato rapporti moltissimi clan calabresi, tra cui i Bevilacqua di Cosenza, i Gattini di Lamezia Terme, i Pesce di Rosarno, i Mollica di Bova, i Dragone di Cutro, i Mammoliti di Castellace (Oppido Mamertina), i Giorgi e i Pelle di San Luca, i Maviglia di Ardore, gli Ierinò di Gioiosa Ionica e i Morabito, i Bruzzaniti, i Sangallo e i Criaco di Africo.

Alcune indagini hanno messo a nudo i rapporti dei fratelli Modeo di Taranto con i Pelle, i Romeo, i Morabito e i Giorgi. Nell'omicidio del sovrintendente della polizia di Stato Salvatore Aversa e della moglie Lucia Precenzano si è accertato che i killer erano stati inviati dalla Puglia, su richiesta dei Giampà di Lamezia, ai Giorgi di San Luca. Dei rapporti intrattenuti con i Tegano e i De Stefano di Reggio Calabria ha parlato il pentito pugliese Salvatore Annacondia.

Nel luglio del 2008 Gaetano Muscia, un pregiudicato legato ai Mancuso, è stato arrestato a Foggia per traffico di droga.

*Basilicata*

In questa regione le realtà criminali locali hanno sempre tratto ispirazione dalla 'ndrangheta. Agli inizi degli anni Novanta venne costituita la cosiddetta mafia dei basilischi, utilizzando rituali e giuramenti che riproducevano fedelmente quelli usati dalla mafia calabrese. Successivamente vennero create diverse 'ndrine operanti nelle province di Matera e di Potenza, strettamente collegate alle cosche del Cirotano e del Reggino. È noto il rapporto di due boss locali, Luigi Cosentino e Renato Martorano, con i Mammoliti di Castellace e con i Morabito di Africo.

Gli antecedenti di questa evoluzione criminale vanno ricercati nella presenza di molti 'ndranghetisti nelle carceri lucane e in particolar modo nei penitenziari di Potenza, Melfi e Matera.[11]

Spiega il viceprocuratore nazionale antimafia Vincenzo Macrì:[12] «Il circuito carcerario ha giocato in questo caso un ruolo fondamentale; per la prima volta non è stata (solamente) la distribuzione dei soggiornanti obbligati sul territorio nazionale a costituire il veicolo di diffusione di una data organizzazione criminale, ma la distribuzione dei detenuti "eccellenti" negli istituti carcerari di territori "vergini", all'interno dei quali il potere carismatico di costoro ha trovato facile terreno per l'attività di intenso proselitismo, anche attraverso la trasmissione dei vecchi rituali di affiliazione, ma ancor più attraverso il coinvolgimento in lucrose attività illecite».

Il primo locale di 'ndrangheta a Potenza, affidato al controllo di Renato Martorano, venne aperto solo dopo l'approvazione della «mamma» di San Luca, la sola autorità in grado di conferire legittimazione ufficiale ai nuovi insediamenti che nel corso degli anni Ottanta si sono moltiplicati in ogni parte d'Italia.

Nel 2002 l'operazione «Maniglia» della Direzione distrettuale antimafia di Reggio Calabria ha accertato la presenza della cosca Ierinò di Gioiosa Ionica nella zona di Pisticci, in provincia di Matera. Negli ultimi anni c'è stato un tentativo, subito accantonato, di costituire un'organizzazione autonoma, completamente affrancata dalla 'ndrangheta. A Melfi agirebbero esponenti della famiglia Macrì di Siderno. Nella stessa cittadina, nel febbraio del 2008, è stato arrestato il latitante Leonardo Forastefano, presunto boss dell'omonimo clan di Cassano allo Ionio.

## Sicilia

All'influenza della 'ndrangheta non si è sottratta nemmeno la Sicilia. La stessa Cosa Nostra, in più occasioni, si è avvalsa del canale calabrese per approvvigionarsi di sostanze stupefacenti e psicotrope.

Le numerose operazioni di polizia, svolte nel Messinese, hanno fatto emergere connessioni tra appartenenti al clan Morabito e membri del clan siciliano dei Galli, nonché interessi in Sicilia dei Commisso di Siderno. Racconta il luogotenente del Gruppo operativo antidroga della guardia di finanza Ercole D'Alessandro: «Tutto è cominciato in una chiesa di Toronto, quando Salvatore Miceli viene scelto come padrino per il battesimo del figlio di Roberto Pannunzi». Miceli, che ha vissuto per molto tempo a Toronto, era nipote di Salvatore Zizzo, boss di Cosa Nostra a Salemi, in provincia di Trapani. Un fratello di Salvatore, Benedetto, era finito in carcere in Canada nel 1972 per traffico di droga assieme ad altre sei persone, tra cui un calabrese, Antonio Codispoti, originario del Catanzarese. In quell'operazione erano stati sequestrati 32 chili di eroina. Pannunzi, detto «Bebè», invece, era un ex dipendente dell'Alitalia che aveva vissuto molti anni in Nordamerica, tra Canada e Stati Uniti, ed era legato alla famiglia Macrì di Siderno. «Nel 1983» prosegue il luogotenente D'Alessandro «Pannunzi va a trovare Miceli per due volte in Sicilia. Lo incontra prima a Palermo e poi all'hotel San Domenico di Taormina. Con lui c'è anche un trafficante di droga originario di Siderno. Gli chiede una partita di eroina raffinata nel capoluogo siciliano da spedire in Canada. La droga viene trasportata da un gioielliere di Palermo a Siderno, da dove è poi trasferita a Toronto, nascosta in scatole che contengono mattonelle di ceramica. I referenti in Canada sono legati ai fratelli Vincenzo e Salvatore Macrì, figli di un fratello di 'Ntoni Macrì, il boss ucciso nel 1975.»

Dopo i sidernesi, nel giro della droga sono entrate anche le famiglie di Africo e San Luca. E le parti si sono invertite. Oggi sono le famiglie siciliane ad acquistare la droga dalle 'ndrine calabresi. Ai tempi si sono adeguati anche i sistemi di comunicazione, come ha messo in risalto il periodico «Antimafia 2000» in un articolo dal titolo *Joint venture fra Cosa Nostra e 'ndrangheta*: «Con un accordo, particolare sistema e-mail, Cosa Nostra e 'ndrangheta, per oltre due anni, hanno piazzato sul mercato italiano cocaina per un valore di oltre dieci milioni di euro. I meccanismi utilizzati consistevano nel fatto che gli spacciatori creavano delle caselle di posta elettronica nelle quali si limitavano a comporre messaggi mai inviati, ma salvati in una cartella. Il destinatario, conoscendo password, nome e utente del titolare, si limitava a entrare nella casella e a leggere dalla posta la e-mail archiviata».

In Calabria ha trascorso parte della sua latitanza Pietro Vernengo, uno degli esponenti più importanti della famiglia di Santa Maria di Gesù a Palermo, mentre un rampollo del boss Peppe Di Cristina sposò la figlia di Santo Carelli, il capo bastone di Corigliano Schiavonea. Furono Vernengo e Di Cristina a impiantare le prime raffinerie di eroina in Calabria.

Durante la loro latitanza, hanno più volte attraversato lo Stretto anche Totò Riina e Bernardo Provenzano, rispettivamente amici di Giuseppe Morabito e di Antonio Cordì. I rapporti sono proseguiti nel tempo, come hanno accertato decine di inchieste. Nel 2002 la guardia di finanza ha ricostruito i rapporti che legano boss di primo piano di Cosa Nostra, come Mariano Agate, a esponenti della 'ndrangheta come Paolo Sergi, Pasquale Marando, Roberto e Alessandro Pannunzi. Nell'ambito di questa operazione sono stati sequestrati 220 chili di cocaina nel porto di Atene e sono state arrestate quarantasette persone.

Il pentito Gaetano Costa, invece, ha raccontato che tutti i maggiori pregiudicati messinesi sono stati affiliati alla 'ndrangheta.

## Sardegna

Uno degli avamposti della 'ndrangheta in Sardegna è legato ai Nirta. Nel dicembre del 2005 il cognato di un affiliato al clan di San Luca è stato arrestato assieme ad altre sei persone per traffico di droga. La presenza della 'ndrangheta è stata segnalata recentemente anche in provincia di Olbia per una serie di infiltrazioni nel settore edilizio.

**Mappatura della criminalità organizzata**
*Sardegna*

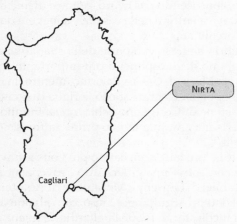

# XV

# La 'ndrangheta nel mondo

La 'ndrangheta è l'unica organizzazione criminale italiana che ha saputo riprodurre in ogni angolo del mondo il medesimo modulo organizzativo dei luoghi d'origine, l'unica vera mafia globalizzata. Ha scritto Vincenzo Macrì, sostituto procuratore nazionale antimafia: «Non vi è continente che possa considerarsi immune dalla presenza della 'ndrangheta, provocata in parte dai massicci fenomeni di emigrazione del passato, ma anche dalla estrema mobilità degli esponenti e dei suoi appartenenti e dalla capacità di adattamento a ogni ambiente, anche quello apparentemente più lontano e ostile».[1]

Spesso la 'ndrangheta ha seguito andamenti carsici, è comparsa, poi è scomparsa, ma il più delle volte ha agito sotto traccia.

Ci sono, comunque, paesi nei quali la presenza della 'ndrangheta è particolarmente radicata. Come l'Australia, dove la mafia calabrese ha investito i proventi di molti sequestri nella coltivazione di marijuana e dove tra il 1928 e il 1940, soprattutto nel Queensland, la cosiddetta «mano nera» è stata al centro di lotte cruente per il controllo dei mercati ortofrutticoli (dieci omicidi, ai tempi in cui il boss era Vincenzo D'Agostino).

In Australia la 'ndrangheta è sbarcata quando ancora in Italia c'era il fascismo. È questo il periodo in cui elementi legati ad alcune potenti 'ndrine calabresi cominciano a richiamare l'attenzione della polizia australiana, che spesso fa confusione tra onesti immigrati e picciotti abituati a vivere di espedienti.

Bisogna aspettare gli anni Settanta per leggere un rapporto nel quale la 'ndrangheta comincia a prendere i contorni dell'associazione a delinquere, «coinvolta in reati di estorsione, prostituzione, falsificazione, gioco d'azzardo, traffico di armi, traffico di stupefacenti e usura». Lo prepara John Cusack, un magistrato americano che era stato chiamato a studiare la criminalità organizzata in Australia. Fino al 13 dicembre 1962 il boss più rispettato era stato Domenico Italiano, detto «il Papa». Alla sua morte cominciarono gli scontri. Vincenzo Angilletta cercò di mettersi in proprio, dando vita a una 'ndrina «bastarda», cioè non autorizzata dal consiglio dei clan che annualmente si riunisce a San Luca. Tre mesi dopo, nel marzo del 1963, venne ucciso in un agguato. Fece la stessa fine anche Marco Medici, il quale, assieme ai cugini Rocco Medici e Giuseppe Furina, si era schierato dalla parte di Angilletta. Si disse che, per salvare l'onore della famiglia, Medici fosse stato ucciso da uno dei figli. Da allora la 'ndrangheta si è diffusa dappertutto: da Adelaide (Australia meridionale) a Griffith, Canberra e Sydney (Nuovo Galles del Sud), da Melbourne (Victoria) a varie città del Queensland come Townsville e Hillston, da Perth (Australia occidentale) ai territori del Nord.

| Adelaide<br>**Australia meridionale** | Originariamente c'erano sette 'ndrine: Sergi, Barbaro Romeo, Perre, Trimboli, Alvaro e Nirta, nella cui orbita gravitavano anche i Polifroni, i Musitano, i Piromalli, i Polimeni, gli Ielasi e i Papalia. |
|---|---|

| Queensland | Qui negli anni Venti ha vissuto Vincenzo D'Agostino, il primo padrino della mafia australiana. I Romeo sono stati una delle cosche storiche in questo Stato. Uno dei boss più importanti negli anni Settanta è stato Bruno «the Fox» Romeo, noto per la sua astuzia. |
|---|---|
| **Nuovo Galles del Sud** | A Griffith hanno sempre comandato le famiglie di Platì e in particolare i Sergi, i Barbaro, i Trimboli e i Romeo. Qui è stata segnalata anche la presenza dei Tremarchi, già noti alle forze dell'ordine negli anni Trenta. Si sono stabiliti nel Nuovo Galles del Sud anche esponenti delle famiglie Polimeni, Polifroni, Piromalli e Musitano. |
| **Sydney** | Le famiglie che operano a Sydney sono strettamente legate a quelle di Griffith. La più potente è quella degli Alvaro. |
| **Canberra** | Nella capitale australiana hanno messo radici i clan Barbaro, Nirta, Pelle, Rizzotto, Alvaro e Trimboli. Pasquale Barbaro, che aveva sposato la sorella di Domenico Nirta, il boss di Canberra, venne ucciso da alcuni familiari per una relazione extraconiugale con una donna di origini filippine. |

| Melbourne | Le cosche principali sono quasi tutte originarie di Siderno. |
|---|---|
| I territori del Nord | Molti clan calabresi sono coinvolti nella coltivazione di marijuana. |
| Australia occidentale | A Perth vivono esponenti della famiglia Romeo. |

Il salto di qualità è arrivato negli anni Settanta, quando i boss hanno cominciato a investire nella droga. Un attivista, che era stato anche candidato liberale, Donald Mackay, scatenò una campagna di stampa e puntò il dito contro tre calabresi, Robert Trimboli, Anthony Sergi e Giuseppe Scarfò. Nel novembre 1975 fu lui ad avvertire la polizia, facendo arrestare cinque italian≠i che stavano coltivando marijuana. Mackay scomparve nel nulla il 15 luglio 1977. Un collaboratore di giustizia, Gianfranco Tizzone, ha indicato come mandante dell'omicidio Robert Trimboli, il presunto boss di Griffith. In manette finirono gli esecutori materiali del delitto, compiuto «per interrompere la fastidiosa attività di contrasto al traffico di stupefacenti svolta da Mackay». È però necessario un altro delitto eccellente per convincere il governo australiano della pericolosità delle cosche calabresi. Accadde il 10 gennaio 1989 quando a Canberra venne ucciso Colin Winchester, il vicecapo della polizia federale. Il superpoliziotto stava indagando su terreni acquistati dalle famiglie della Locride con i soldi provenienti da alcuni rapimenti in Lombardia nei quali erano rimasti implicati esponenti dei Perre, dei Sergi, dei Papalia, dei Barbaro, tutti originari di Platì, la cittadina calabrese che deteneva «il record assoluto dell'emigrazione italiana in Australia».[2]

Negli anni Ottanta, l'Abci, l'anticrimine australiana, accertò l'esistenza di una struttura criminale estesa su tutto il territorio, dedita prevalentemente al traffico di droga. L'organizzazione era dominata da sei capi bastone: Giuseppe Carbone (Australia meridionale con l'eccezione di Sydney), Domenico Alvaro (Nuovo Galles del Sud, con l'eccezione di Griffith e Canberra), Pasquale Alvaro a Canberra, Peter Callipari a Griffith, Pasquale Barbaro a Melbourne e Giuseppe Alvaro ad Adelaide.

Proprio in quegli anni, durante un'operazione antidroga, venne scoperto un registro nel quale erano stati annotati i nominativi di presunti 'ndranghetisti originari di Siderno e i loro referenti in Canada e Stati Uniti. A darne notizia fu Peter John, un ispettore della polizia, intervenendo davanti a una commissione federale che cercava di capire le dinamiche del narcotraffico. L'investigatore non mancò di sottolineare un aspetto importante, parlando di decine di individui che spesso portavano lo stesso nome, di matrimoni incrociati e di alberi genealogici che sembravano dei veri e propri rompicapo.

Stessi cognomi, stesse origini e stessa capacità di adattarsi a luoghi, culture, contesti ambientali, economici e sociali del tutto diversi rispetto ai paesi di provenienza.

In Canada, come in Australia, la 'ndrangheta ha cominciato a far parlare di sé nei primi anni del secolo scorso. Ancora non si parlava di 'ndrangheta, ma di «mano nera», malavita, picciotteria. Capo bastone era Giuseppe «Joe» Musolino, cugino del famigerato bandito e capo di una potente gang che taglieggiava i commercianti italiani nella Little Italy di Elm Street, nei pressi del lago Ontario. Venne arrestato nel 1911 in seguito all'omicidio di uno dei suoi uomini, freddato a colpi di pistola da un certo Frank Griro, stanco di pagare mazzette e di subire minacce.

A Musolino fece capo inizialmente anche Rocco Perri, originario di Platì, il quale dopo aver lavorato con piccone e pala in molte cave dell'Ontario riuscì ad affrancarsi dal bisogno grazie al proibizionismo. Perri, in quegli anni, fece affari con Frank Costello, Al Capone, Joseph Kennedy, il padre di JFK, e assieme alla moglie, Bessie Starkman, fu uno dei primi a entrare nel giro della droga.

Le prime 'ndrine arrivarono negli anni Cinquanta, quando in Canada, su suggerimento di Antonio Macrì, boss di Siderno, si trasferiva Michele Racco, detto «Mike». Dopo una breve parentesi in una sperduta cittadina dell'Ontario, Racco si spostò a Toronto, dove avviò un forno con annessa pasticceria, a copertura di una vastissima rete di attività illegali: controllo del gioco d'azzardo, gestione del contrabbando, racket dell'estorsione. Un'informativa della polizia canadese, che cita una fonte statunitense, conferma che «nell'anno 1958 alcuni esponenti del crimine organizzato degli Stati Uniti stavano progettando di formare un gruppo a Toronto». Nello stesso rapporto si legge che «agli inizi degli anni Sessanta, a Niagara Falls, New York, avvennero una serie di incontri, nel corso dei quali si stabilì la riorganizzazione dei "locali" e la spartizione del territorio, con la costituzione di una "camera di controllo", con l'incarico di vigilare sui "locali" e per appianare eventuali dispute».

A questi incontri partecipò anche Vic Cotroni, capodecina della famiglia Bonanno in Québec. Originario di Mammola, in provincia di Reggio Calabria, per decenni fu temuto e rispettato. Negli anni Settanta venne chiamato in causa dall'Flq, il Fronte per la liberazione del Québec, l'organizzazione terroristica responsabile dell'omicidio del ministro del Lavoro Pierre La Porte. Nel manifesto, diffuso attraverso la televisione di stato, il Flq accusò Cotroni di aver condizionato le elezioni politiche, favorendo il partito liberale. Morì di cancro il 19 settembre 1984.

Calabrese di Sinopoli fu anche il successore di Cotroni, Paul Violi, natura violenta e aggressiva dentro una scorza apparentemente bonaria e paciosa. Non seppe mediare tra le due anime della «decina» di Montreal e venne eliminato nel 1978 per ordine della famiglia Rizzuto, agrigentina come i Cuntrera-Caruana. Vito Rizzuto, attualmente in carcere,[3] nel 2005 è stato indagato in Italia per riciclaggio di denaro sporco. Secondo la Dia, Rizzuto stava per investire cinque miliardi di euro per la realizzazione del ponte sullo Stretto. Il padre di Vito, Nicolò Rizzuto, 84 anni, nell'ottobre del 2008 è stato condannato per possesso di denaro proveniente da attività illecite. Due anni prima era stato arrestao assieme a Francesco Arcadi, calabrese di Sant'Agata del Bianco, ritenuto uno dei possibili successori di Vito Rizzuto.

Fino al 1998 anche in Ontario il rappresentante della famiglia Magaddino di Buffalo era figlio di un immigrato calabrese, originario di Delianova.[4] Non meno importante, secondo gli investigatori, è stato il ruolo del cosiddetto Siderno Group, molto attivo non solo in Canada, ma anche negli Stati Uniti. Questa discutibile definizione, coniata dalla magistratura canadese, in seguito ad alcuni delitti che ebbero come vittime emigrati sidernesi, ha finito purtroppo per marchiare a fuoco un'intera comunità, in larghissima parte laboriosa e onesta. Nel 1993 il tribunale di Reggio Calabria ha accertato collegamenti del clan dei Commisso di Siderno con il Canada e gli Stati Uniti, soprattutto «nel commercio della droga pesante».

A parlare dei collegamenti tra Siderno, New York e Toronto era stato Frank Archino (originariamente Archinà), il 21 gennaio 1977, in un carcere della contea di Woitbii. Archino aveva ammesso di appartenere al locale di Albany, confermando l'esistenza di strutture simili anche a New York e a Toronto, coinvolte nel traffico di armi e nella falsificazione di denaro. Poi ha ritrattato tutto.

Un'altra operazione condotta dall'Antidroga americana (Dea) nel 1989 ha confermato i legami tra la Locride, il Canada e gli Stati Uniti. Il denaro proveniente dai riscatti dei sequestri di persona in Italia arrivava a Toronto, dove veniva convertito in valuta canadese da un'agenzia di viaggi compiacente. Da qui veniva trasferito presso la sede di Manhattan della Bank of America dove veniva utilizzato per l'acquisto di cocaina. La droga veniva spedita per posta a Marina di Gioiosa Ionica, presso l'abitazione di alcune donne legate da vincoli di parentela con i boss che gestivano questo lucroso traffico. La mente era Vincenzo Restagno, 27 anni, di Marina di Gioiosa. Quando venne arrestato negli Stati Uniti, in tasca aveva il numero di telefono di Vittorio Ierinò, quello di un trafficante di eroina legato alla mafia e quello di un panamense che vendeva cocaina per conto dei cartelli colombiani.

In un'altra operazione condotta sempre negli Stati Uniti, nello stesso periodo, con l'accusa di traffico di droga è finito in manette Vincenzo Macrì, il nipote del vecchio padrino di Siderno.

I legami con il Nordamerica sono stati confermati nel 2008 da due importanti operazioni condotte dal Raggruppamento speciale operativo dei carabinieri. La prima ha portato alla cattura a Toronto, in Canada, di Giuseppe Coluccio, uno dei trenta latitanti più pericolosi, ricercato per traffico di droga. La seconda ha messo a nudo i rapporti della 'ndrangheta con i Los Zetas, il braccio armato del potentissimo cartello del Golfo, in Messico. Nel blitz, condotto in collaborazione con la Dea e l'Fbi, sono state arrestate 200 persone, sequestrate sedici tonnellate di cocaina e recuperati 57 milioni di dollari, frutto dei proventi del riciclaggio di denaro sporco.

Negli Stati Uniti, dove molti calabro-americani hanno fatto fortuna tra le file di Cosa Nostra,[5] il primo grande boss calabrese a finire negli archivi della Dea fu Saverio Mammoliti, il quale nel 1973, contattato da due agenti sotto copertura, si impegnò a procurare loro cocaina a fiumi, anche direttamente negli Stati Uniti.

Oggi, secondo l'Fbi, negli Usa ci sarebbero da cento a duecento persone legate alla 'ndrangheta, soprattutto negli Stati di New York e della Florida. La capacità imprenditoriale della mafia calabrese ha convinto l'amministrazione Bush a inserire la 'ndrangheta nel libro nero del narcotraffico.

*America Latina*

In America Latina, la mafia calabrese, da tempo ha spostato il baricentro delle proprie attività. Oggi gode di rapporti privilegiati e diretti con i produttori e trafficanti di cocaina in Perù, Cile, Brasile, Argentina, Uruguay, Paraguay, Venezuela, Bolivia e Colombia. Negli anni Ottanta l'unica garanzia era lo scambio di ostaggi. I colombiani inviavano i loro rappresentanti in Europa e la 'ndrangheta mandava i suoi broker nella foresta pluviale, nelle zone più pericolose e inaccessibili della Colombia, tra i paramilitari dell'Auc e i guerriglieri delle Farc, due orribili sigle che da decenni si contendono il primato dell'efferatezza.

Uno dei narcotrafficanti con più entrature in Sudamerica era Roberto Pannunzi, in contatto, tra gli altri, con Salvatore Mancuso, figlio di immigrati italiani e capo dell'Auc, le forze di autodifesa colombiane. Mancuso, dopo essersi consegnato alle autorità colombiane nell'ambito dell'accordo di smobilitazione, è stato estradato negli Stati Uniti, dove è accusato di traffico internazionale di droga. Per anni, come hanno rilevato le ultime inchieste condotte dalla magistratura calabrese, avrebbe fornito cocaina agli uomini della 'ndrangheta, tra cui «Decollo», «Igres», «Marcos», «Super Gordo», «Stupor Mundi» e «Zappa».

L'operazione «Zappa», in particolare, ha consentito di ricostruire la rete di rapporti e collegamenti tra la 'ndrangheta e i produttori colombiani e venezuelani. Gli affari non erano limitati alla sola droga, ma anche alle armi. L'operazione «Decollo», una delle più importanti degli ultimi tempi, invece, ha ricostruito i grandi flussi intercontinentali del traffico di droga gestito dai Mancuso di Limbadi e dai Pesce di Rosarno e ha portato al sequestro di cinque tonnellate di cocaina. La droga veniva confezionata in panetti circolari da un chilo, simili a forme di formaggio, che successivamente venivano inseriti in tubi di plastica e nascosti dentro fori praticati in blocchi di marmo da 20 tonnellate.

La rete criminale si estendeva dal Sudamerica all'Australia, dove operava una costola della 'ndrina vibonese guidata da Nicola Ciconte. In Spagna soggiornavano stabilmente rappresentanti dei cartelli colombiani, collegati a esponenti dell'Eta che facevano da esattori per i narcos. Nell'inchiesta dei Ros sono stati coinvolti anche i paramilitari delle Auc e i guerriglieri delle Farc, il Fronte armato rivoluzionario colombiano.

Mancuso, il capo delle Auc, per esempio, era in contatto con un imprenditore romano, Giorgio Sale, arrestato nell'ambito dell'inchiesta «Galloway Tiburon» su un traffico di droga tra Europa e Sudamerica. Sconosciuto in Italia, Sale in Colombia era proprietario di una catena di ristoranti e negozi, amico di giudici e di politici. Grazie a Mancuso, Sale riusciva ad acquistare cocaina a prezzi più bassi rispetto agli altri trafficanti, entrando e uscendo con grande disinvoltura dai territori gestiti dai paramilitari, cioè in zone off-limits anche per le forze dell'esercito colombiano. In quei territori, ancora oggi, la vita dei contadini scorre scandita da albe e tramonti. Raccontano gli investigatori colombiani che i campesinos erano soggetti a continue pressioni e minacce: ad alcuni hanno cavato gli occhi con un cucchiaio.

Prima di finire in carcere, Sale abitava a ridosso della Settima Strada: il cuore del potere economico. All'inizio riciclava soldi per Roberto e Alessandro Pannunzi, grand commis del traffico di droga. Poi, con i figli, decise di mettersi in proprio. Spiegano gli inquirenti: «Sale non toccava mai la droga e non si faceva pagare in contanti. Il suo guadagno era in merce. Chi comprava gli lasciava una parte del carico di droga in un deposito europeo che poi lui, attraverso intermediari, vendeva ad altri trafficanti». In Colombia era in contatto con Domenico Trimboli, uno degli emissari della 'ndrangheta in quel Paese. Glielo aveva presentato il figlio Cristian che, a sua volta, lo aveva conosciuto grazie a un ex affiliato alla banda della Magliana. Sale nella sua caduta si è trascinato anche il presidente del Consiglio superiore della magistratura colombiana, José Alfredo Escobar. L'alto magistrato, qualche mese prima, aveva ricevuto una telefonata da un collaboratore di Sale. «Ti chiamo per un problema che riguarda una persona molto legata a Giorgio. Il giudice Martha Marin Mora ha il fascicolo. Basta dirle di guardarlo con attenzione. Niente più.» Escobar non si era scomposto. E al telefono aveva assicurato: «La mia segreteria farà da tramite con questo giudice». Quando la notizia della telefonata, intercettata dalla polizia colombiana, finisce sulle pagine del settimanale «Semana», il presidente del Consiglio superiore della magistratura è costretto a dimettersi.

Il 14 ottobre 2003 Mancuso contatta Sale. Non trovandolo, gli lascia un messaggio: «Parla l'amico tuo di Monteria. Per la transazione del ristorante sono pronto». Il giorno dopo Sale telefona in Colombia, si identifica come «l'italiano del vino» e chiede di parlare con il «Mono», la scimmia, il soprannome con cui Mancuso, nativo di Monteria, è noto nel giro dei paramilitari dell'Auc.

Il contatto tra i due avviene il 16. È una conversazione nella quale Mancuso e Sale utilizzano molte metafore. «Ti ho spedito una e-mail con la foto del frigorifero» gli dice Mancuso. E Sale, che intuisce il doppiosenso del messaggio, replica confermandogli che il pagamento verrà effettuato «in due parti... dal lato della Spagna».

In una conversazione con uno dei suoi figli, Davide, Sale parla invece esplicitamente di 'ndrangheta, di Salvatore Mancuso e di traffici di droga.

Giorgio Sale (GS): «Quelli lo sai cosa fanno? Quelli ti dicono: "Dove la vuoi? Là? Noi te la mettiamo là"».

Davide Sale (DS): «Dove?».

GS: «Al porto. Dove la vuoi, lì al porto? Là, tanto tutta dal Venezuela parte».

DS: «E arriva in Calabria... c'è un paese dove lo sanno tutti, vivono tutti di questa cosa in Calabria, una cosa micidiale».

GS: «A Gioia Tauro?».

DS: «No, no, un altro paesino».

GS: «Ma poi arriva in Olanda, arriva in Spagna, arriva dappertutto... adesso la mandano in Russia, nei Balcani».

DS: «Dice che hanno trovato... aspetta questo magistrato, senti... da intercettazioni telefoniche di alcuni boss della 'ndrangheta dicevamo: "... aveva nascosto, sotto terra tipo 400 miliardi di lire... Cazzo, un miliardo l'ho trovato tutto mangiato dai topi". Hai capito? Hanno intercettato telefonate di questo tenore... cioè, in Calabria, poi dice c'è... perché diventano forti? Perché la 'ndrangheta c'ha un'omertà che è superiore alla mafia, e superiore a tutte le associazioni mafiose».

Poi la conversazione si sposta su Mancuso.

DS: «Per caso lui è di origine calabrese?».

GS: «È della provincia di Salerno».

DS: «Ah, non è calabrese?».

GS: «Poi a lui non gli piace fare questo, loro fanno questo solo per finanziarsi ... loro, loro, non stanno in società con i narcos, non gli interessa, hai capito?».

DS: «Loro gliela vendono solo».

GS: «Loro gliela vendono, gli danno i soldi, e arrivederci e grazie. Gliela mettono al porto pinco pallino... uno di tutti questi porti del Venezuela, del Brasile. Loro gliela mettono là e poi sono cazzi loro quello che ci fanno, gli danno i soldi e arrivederci, punto... loro non si immischiano dei...».

Le intercettazioni confermano i sospetti degli inquirenti italiani, per i quali Mancuso è sicuramente un narcotrafficante che vive del business della droga, oltre a essere un broker affidabile che sogna di trasferirsi in Italia per sfuggire alla giustizia americana. In un'altra conversazione, Sale racconta a uno dei figli che Mancuso era andato a ritirare «1800 milioni ... la prima tranche del 50 per cento». Soldi che il potente capo delle Auc aveva intenzione di utilizzare per costruire villaggi turistici, soprattutto in Toscana, ma anche per acquistare alcuni palazzi di proprietà del Vaticano, come palazzo Albani Del Drago, un edificio che si affaccia sui giardini del Papa.

## Asia e Africa

All'inizio degli anni Ottanta i clan reggini e catanesi hanno cominciato a importare droga dal Libano. Nel 1988 il magistrato Carlo Macrì scoprì che nella Locride le 'ndrine di Siderno compravano eroina libanese destinata al mercato statunitense. La stessa organizzazione spediva cocaina in Francia.[6]

Dal Libano importavano hashish ed eroina anche le cosche di San Luca e Natile di Careri per rifornire gli spacciatori liguri.

Con la Turchia, invece, avevano un filo diretto i Paviglianiti che, come i Papalia, erano coinvolti nel giro dell'eroina. In Calabria il centro di raccolta era a Rosarno.

Una delle prime trattative con la mafia turca per l'acquisto di eroina venne imbastita negli anni Ottanta. L'interlocutore era Ismet Kostu, braccio destro di Yaşar Avni Musullulu, il capo dei Lupi grigi, l'organizzazione alla quale era legato l'uomo che cercò di uccidere Giovanni Paolo II.

L'hashish invece arrivava dal Marocco. Nel febbraio del 1991 i carabinieri scoprirono, tra Isola di Capo Rizzuto e Steccato di Cutro, un'enorme quantità di hashish proveniente dal paese nordafricano. Uno dei principali fornitori era Bou Ghebel Ghassan, il libanese inquisito per la strage di via Pipitone Federico a Palermo – in cui persero la vita il consigliere istruttore Rocco Chinnici, due uomini della scorta e il portiere dello stabile in cui abitava il magistrato – «con un ruolo di estrema ambiguità nei rapporti con i servizi segreti e le stesse famiglie mafiose.»[7]

In quegli anni, venne individuato anche un grosso giro di hashish gestito da organizzazioni vicine alla famiglia di

Hassan II, re del Marocco, che avevano «collegamenti con la 'ndrangheta ... e altre organizzazioni criminali del Centro Europa».

I rapporti con l'Africa non sono recenti. «Negli anni Ottanta» ricorda Vincenzo Macrì, viceprocuratore nazionale antimafia, «ricevemmo informazioni sull'esistenza di un locale di 'ndrangheta in Sudafrica.» Dopo la fine dell'apartheid, il Sudafrica è diventato ancora più appetibile per la presenza di diamanti, spesso utilizzati come moneta per acquistare grosse partite di droga. Negli ultimi anni, l'Africa è diventata sempre più un avamposto alternativo alla Spagna per il flusso di cocaina dal Sudamerica verso l'Europa, ma anche per lo stoccaggio.

In un'altra inchiesta si è scoperto che i servizi segreti del Kuwait avevano cercato di contattare esponenti della 'ndrangheta per recuperare parte del tesoro trafugato da Saddam Hussein durante la prima guerra del Golfo. Sono stati accertati contatti delle 'ndrine anche in Siria (Morabito), in Thailandia (Bastoni-Iannì) e in Indonesia, dove alcune famiglie calabresi investivano il ricavato del traffico di droga in titoli di Stato.

## L'Europa

La Germania è uno dei Paesi dove la 'ndrangheta ha concentrato molti dei propri interessi. Il «Berliner Zeitung», nel novembre del 2006, citando un rapporto dei servizi di Intelligence (Bnd), ha scritto che le 'ndrine utilizzano i Länder per investire i proventi dei lucrosi traffici di droga e armi. Oltre ad acquistare azioni nella Borsa di Francoforte, hanno investito decine di milioni di euro in catene di alberghi e ristoranti nell'Est della Germania e case per vacanze sul mar Baltico.

Secondo il rapporto Bnd, la 'ndrangheta avrebbe acquistato azioni della Gazprom, monopolista russo del gas e coazionista della North Europe Pipeline, l'azienda ai cui vertici c'è l'ex cancelliere Gerhard Schröder.

Sempre secondo il Bnd, due clan della 'ndrangheta (il locale di Cirò e il locale di Corigliano) sarebbero particolarmente coinvolti nel traffico di armi in collaborazione con gruppi di criminali albanesi.

L'allarme era già stato lanciato nel 1993, quando l'allora direttore generale della sezione anticrimine della polizia federale, Wolker Gehm, aveva constatato che «le mafie italiane avevano cominciato a utilizzare in misura sempre crescente la Repubblica Federale di Germania come loro campo di azione».[8]

Oggi le autorità tedesche sono estremamente preoccupate della operatività di diversi affiliati alle cosche di San Luca residenti in Renania, Baden Württemberg e, più recentemente, nella Turingia, ovvero nella parte orientale del paese, dove le difficoltà connesse alla riunificazione, anche economica oltre che sociopolitica, tedesca hanno creato ampi spazi criminali, nei quali si sono inseriti, oltre che agguerrite organizzazioni dei paesi dell'Est prevalentemente di origine russa, anche i rappresentanti dei Romeo e dei Giorgi.

Oltre alle famiglie di San Luca, in Germania sono presenti da tempo anche esponenti delle 'ndrine di Africo, Bova Marina e Marina di Gioiosa Jonica.[9]

In questo Paese la 'ndrangheta si è occupata non solo di droga ma anche di contraffazione di banconote. Nel giugno 1989 è stato arrestato un gruppo di calabresi, tra cui Salvatore Maimone, oggi collaboratore di giustizia, che di concerto con esponenti legati alle famiglie Ferrara e Santapaola di Catania aveva contraffatto ben 11 milioni di marchi tedeschi.

Calabresi e siciliani sono stati coinvolti anche in un voluminoso giro di dollari falsi e di titoli rubati immessi in Germania, Austria, Svizzera, Bulgaria, Russia.

A Stoccarda, inoltre, è stata segnalata la presenza della famiglia Farao, originaria di Cirò, in provincia di Crotone. Mario Lavorato, un loro prestanome, gestore di un ristorante, sosteneva con migliaia di marchi Gunther Gettinger, leader del partito cristiano democratico (CDU). Questo rapporto mise nei guai anche Thomas Schäuble, ministro della Giustizia nel Land del Baden-Württemberg, amico e compagno di partito di Gettinger. L'uomo di governo avvisò Gettinger circa i sospetti di polizia e magistratura sul conto di Lavorato, compromettendo le indagini.[10]

Oltre che in Germania, in Europa la 'ndrangheta è fortemente radicata anche in Francia.

Racconta Francesco Fonti: «Locali di 'ndrangheta in Francia esistono a Tolone (molto numeroso), a Clermont-Ferrand (facente capo ai clan di Platì) e a Marsiglia (Platì). I marsigliesi hanno aiutato i platioti a impiantare delle raffinerie di eroina a Marsiglia e a Indianapolis (Australia). Sulla Costa Azzurra invece opera la 'ndrangheta reggina».

Le cosche originarie della Locride e della piana di Gioia Tauro sono prevalentemente impegnate nel settore degli stupefacenti, quelle della città di Reggio Calabria sono più coinvolte sul versante degli investimenti e del riciclaggio di denaro.

Le prime notizie che confermano la presenza di 'ndranghetisti in Francia risalgono agli inizi degli anni Ottanta. Nel 1984 a Cap d'Antibes veniva arrestato Paolo De Stefano. In Francia sono stati catturati boss potenti, come Domenico Libri, Natale Rosmini e Luigi Facchineri, e altri esponenti di rilievo della 'ndrangheta, come Antonio Calabrò, Arcangelo D'Agostino, Pasquale Nucera e Marcello Giovinazzo.

Il collaboratore Giovanni Gullà ha dichiarato che tutti i centri della Costa Azzurra hanno un locale di 'ndrangheta e sono tutti strettamente collegati con le 'ndrine della Liguria.

## L'ex Unione Sovietica

Dopo la caduta del muro di Berlino, le 'ndrine, che hanno attinto a piene mani nel pozzo senza fondo del narcotraffico, hanno cominciato a investire nell'Est europeo e in particolare in Ungheria, Polonia, Romania e Russia. Una delle attività prevalenti è stata e continua a essere il riciclaggio di denaro.

Un'indagine della Procura della Repubblica di Locri, nel novembre del 1993, è riuscita a individuare un «riciclaggio di dimensioni planetarie» che collegava la Calabria e la Russia. Salvatore Filippone, originario di Locri, autentico anello di congiunzione tra le famiglie più blasonate della 'ndrangheta e il mondo dell'imprenditoria e della finanza, aveva aperto un canale sicuro per lavare nei paesi dell'Est gli enormi profitti del traffico di droga. Aveva creato «una vera holding internazionale legata persino a Leningrado e nella stessa Mosca». Il piano era sofisticato quanto ambizioso: con la «complicità di nomi sparsi in ovattati istituti di credito svizzeri, lussemburghesi e austriaci» e tramite banche «del calibro del Crédit Lyonnaise e della Deutsche Bank» aveva architettato di comprare catene di alberghi, casinò e piccole agenzie bancarie di Mosca. Addirittura a Leningrado aveva in mente di comprare un'acciaieria, una banca e un'industria chimica. Filippone contava agganci potenti fino «all'entourage del ministro della Difesa russo». Per realizzare il suo megaprogetto era riuscito «a rastrellare in una banca tedesca rubli per 2600 miliardi di lire».

## Svizzera, Austria, Inghilterra, Spagna e Olanda

Per decenni Svizzera e Austria hanno custodito gli ingenti profitti della 'ndrangheta. In Svizzera molti clan calabresi, tra cui quello dei Mazzaferro e dei Di Giovine, si sono riforniti di armi di tutti i tipi. Anche organizzazioni del Catanzarese hanno fatto ricorso al mercato svizzero per acquistare armi e stupefacenti. Il gruppo di Giuseppe Naimo di Badolato, per esempio, importava armi in cambio di droga.

Con l'Inghilterra, invece, hanno avuto rapporti le famiglie Ursini e Macrì, sospettate di commerciare droga proveniente dalla Turchia e dal Pakistan.

Negli ultimi dieci anni le rotte del narcotraffico hanno puntato sempre più su Spagna e Portogallo. Già nel 1992 le autorità spagnole non avevano nascosto le proprie preoccupazioni sul fatto che la Spagna potesse trasformarsi in un deposito di cocaina per l'intera Europa.

In Spagna il 5 aprile 2004 è stato arrestato, assieme al figlio Alessandro e al genero Francesco Bumbaca, Alessandro Pannunzi, il «principe» del narcotraffico internazionale.

Secondo gli inquirenti, Pannunzi teneva le fila del traffico di droga dalla Colombia verso l'Italia, intrattenendo rapporti con tutte le mafie internazionali, compresa quella turca. Ha rifornito soprattutto siciliani e calabresi operanti in tutte le regioni italiane, spedendo in Europa partite di cocaina sempre superiori al quintale. In Sicilia ha avuto rapporti con le cosche che facevano capo a Gaetano Badalamenti e a Gerlando Alberti. Secondo la polizia sarebbe stato Pannunzi a mettere in contatto la cosca di Alberti con i narcotrafficanti marsigliesi, convincendo il «chimico» René Bousquet a trasferirsi a Palermo e a impiantare la prima raffineria di eroina in una villetta nei pressi dell'aeroporto di Punta Raisi.

La Spagna è lo stato dove circola un quarto delle banconote da 500 euro esistenti in Europa, per un totale di 47.364 milioni di euro, quasi il 60 per cento del valore di tutta la moneta messa in circolazione nel paese. Tutto ciò, unito al forte boom immobiliare che sta vivendo la Spagna, offre ai narcotrafficanti opportunità straordinarie. Nel 2005 le forze dell'ordine spagnole hanno portato a termine circa 800 maxi operazioni antidroga, sequestrando più di 46 tonnellate di cocaina e 650 tonnellate di hashish.[11]

Non meno importante è l'Olanda, una delle nuove frontiere della 'ndrangheta. Al porto di Rotterdam, il più grande d'Europa, arrivano i container dei narcos calabresi. Nel maggio del 2008 le indagini dei Ros hanno consentito alle autorità olandesi di intercettare 44 chilogrammi di cocaina provenienti dal Venezuela e destinati agli Aquino-Coluccio di Marina di Gioiosa. «Ormai i Paesi Bassi sono diventati un importante crocevia della droga» ammettono gli investigatori italiani. Da qui sono passate anche le spedizioni organizzate da Giancarlo Polifroni per conto delle 'ndrine di Ciminà, nella Locride, come ha accertato nel 2007 l'operazione «Stupor Mundi» condotta dal Goa della guardia di finanza. Polifroni trascorreva la sua latitanza spostandosi con grande naturalezza e senza difficoltà tra Belgio e Olanda. Come Sebastiano Strangio, arrestato nel marzo del 2006 ad Amsterdam. Strangio, uno dei boss della 'ndrangheta di San Luca, era latitante dal 1996. Sempre in Olanda, ad Amsterdam, nel novembre del 2008 è finito in manette anche Giuseppe Nirta, esponente di punta dell'omonima cosca di San Luca e cognato del presunto killer della strage di Duisburg. Nirta, che era latitante da quasi dieci anni, era ricercato per traffico internazionale di droga. Molto meglio dei governi nazionali e delle rispettive polizie, la 'ndrangheta ha già realizzato e messo a frutto l'unione europea.

In Olanda, infine, confluiscono anche i proventi delle 'ndrine che non sembrano interessate solo alle droghe chimiche, ma anche al commercio dei fiori, al mercato immobiliare e al settore della ristorazione.

# XVI

# Conclusioni

Sono ancora molti quelli che stentano a credere che la 'ndrangheta sia riuscita a soppiantare Cosa Nostra nei traffici di droga. Eppure, come ha messo in evidenza la Direzione investigativa antimafia, «negli ultimi tempi è emerso chiaramente lo spessore e l'importanza che questa realtà criminale ha assunto nel panorama della criminalità organizzata internazionale e transnazionale, portandola a operare in una posizione di quasi assoluto monopolio in Europa nel campo del traffico di sostanze stupefacenti».

Le «famiglie», specie quelle che operano sulla costa ionica, ormai sono in grado non soltanto di incidere sul mercato nazionale, ma anche di controllare i flussi di importazione della droga dai luoghi di produzione verso l'Europa e il Nordamerica, assumendo un ruolo pressoché egemone nel commercio di cocaina.

Nella seconda metà degli anni Ottanta, secondo calcoli approssimativi per difetto, una cosca calabrese attiva sul mercato di Milano e dintorni riusciva a ricavare dal traffico di droga circa quattrocento milioni di lire al giorno netti. Se si moltiplica questa somma per gli anni e per il numero delle cosche operanti nel settore degli stupefacenti si avrà un'idea della poderosa accumulazione di capitale realizzata complessivamente negli ultimi vent'anni.

È ricca la 'ndrangheta, ma anche potente, e ha ramificazioni internazionali. Purtroppo, però, continua a non fare notizia. Ha scritto nel 2003 la Commissione parlamentare antimafia: «Storicamente la mafia calabrese è stata sottovalutata e sottostimata, e per lungo tempo non è stata adeguatamente studiata e analizzata». La sua caratteristica principale è sempre stata quella di agire sotto traccia. E così facendo è riuscita a infiltrarsi efficacemente nel sistema imprenditoriale, attraverso l'investimento di enormi capitali.

La forza della 'ndrangheta sta nella capacità di coniugare vecchio e nuovo, come sostiene «Gnosis», la rivista dell'Aisi, l'Agenzia per l'informazione e la sicurezza interna, l'ex Sisde. Per questo è stata anche paragonata ad Al Qaeda.

Ha scritto Guido Olimpo sul «Corriere della Sera»:

> Più che Al Qaeda deve fare paura il *qaedismo*. E se anche la 'ndrangheta ne ha copiato il modo di operare la risposta dello Stato non sarà semplice. Perché i *qaedisti* dimostrano grande adattabilità alle situazioni, pronti a cambiare «in corsa» tattiche e comportamenti, agiscono senza bisogno di avere ordini diretti. A loro – come ai criminali comuni – basta avere in mente l'idea generale, l'obiettivo comune. Per i terroristi è sconfiggere il nemico rimpiazzandolo con il califfato, per la 'ndrangheta fare soldi ed estendere il controllo. Ogni gang, al pari di una cellula eversiva, agisce in base alle possibilità che offre il terreno impastando la forza bruta con la scaltrezza. E la sicurezza interna è garantita dai vincoli familiari. Difficile che il criminale o il mujahed tradisca il proprio fratello.[1]

Oggi la 'ndrangheta non è solo l'organizzazione criminale più compatta e meno visibile sul territorio, ma è anche quella più pericolosa e più pervasiva. Molti sbagliando l'hanno definita un anti-Stato, un'escrescenza patologica. E questi luoghi comuni non hanno aiutato a comprendere la vera natura della 'ndrangheta che è nata in presenza dello Stato e non in sua assenza, con esso e non contro di esso.

In Calabria il rapporto tra fatturato criminale e prodotto interno lordo è del 120 per cento contro il 39 per cento della Sicilia e il 32 per cento della Campania. In una regione dove il 23 per cento delle famiglie vive in stato di povertà, l'unico bilancio in attivo è quello della 'ndrangheta, che conquista sempre più mercati e che ha le mani dappertutto: sui fondi della 488, come ha denunciato la guardia di finanza nell'ottobre del 2006,[2] e sulle forniture sanitarie con ricarichi del 3000 per cento, come ha messo a nudo un'inchiesta della Direzione distrettuale antimafia di Reggio Calabria nell'aprile del 2007.[3]

È l'unica vera mafia globalizzata, una sorta di ragnatela mondiale, sempre più inserita nei traffici internazionali, in cui l'inglese è la lingua franca e l'euro la moneta di riferimento.

La diffusione della 'ndrangheta è ormai capillare anche in Italia: dal Piemonte al Lazio, passando per Basilicata e Sardegna, le 'ndrine si estendono ovunque e i loro loschi traffici coinvolgono non solo droga, prostituzione, armi, usura e gioco d'azzardo, ma anche migliaia di attività commerciali e imprenditoriali dietro il paravento di attività lecite: dalla ristorazione all'edilizia, dalla gestione di autorimesse alle agenzie di pompe funebri.

Nel 2006 un dossier riservato del ministero dell'Interno, pubblicato sul «Sole 24 ore», ha messo in evidenza l'invasione pressoché totale della 'ndrangheta nell'economia. «Supermercati che spuntano come funghi, il controllo totale della distribuzione della carne, infiltrazioni e imposizioni nel mercato immobiliare e turistico. Per non parlare del grande business dei rifiuti oltre, ovviamente, alla sanità. Investimenti anche in azioni e in titoli di Stato.»[4]

Un'intercettazione telefonica dà la misura delle dimensioni del caveau segreto delle 'ndrine: «Ho dovuto buttare via otto miliardi (di lire)» racconta un corriere a un suo collega, senza tradire il minimo disappunto. «Li avevo nascosti sotto terra, dentro un sacchetto di plastica. Ma è entrata l'acqua e si sono rovinati.»

Ritenere la 'ndrangheta un fatto esclusivamente criminale da contrastare con le sole forze dell'ordine è un limite culturale che ne ha finora condizionato la lotta. Se essa fosse solo questo, sarebbe già stata sconfitta come è avvenuto con il brigantaggio e il terrorismo. La 'ndrangheta invece è un sistema criminale che ha sempre goduto di forti contiguità con il potere politico e finanziario. Le roccaforti della mafia calabrese oggi sono al Nord, a Milano e a Torino, città in cui le 'ndrine parlano sempre più il linguaggio dell'economia, utilizzando gli stessi canali internazionali da cui sono passate le mazzette di Tangentopoli.

Chi ancora pensa ai picciotti con coppola e lupara nelle campagne vive in un passato remoto; oggi dietro i killer ci sono professionisti che riciclano denaro con raffinatezza manageriale e politici disposti a tutto pur di rimanere abbarbicati al potere.

In Italia, con sempre maggiore evidenza, sembra che la forza delle mafie sia proporzionale alla debolezza della politica. Una politica che, con inquietante perseveranza, mostra di essere, al pari delle mafie, più sensibile alle logiche del clan e dell'appartenenza che non a quelle del merito.

Molti politici sembrano accorgersi che le mafie esistono soltanto quando sparano, ma tendono a ignorarle quando si muovono sotto traccia, votano, fanno votare, riciclano denaro sporco, quando, insomma, non danno fastidio. È così che l'intera legislazione antimafia resta ancora oggi figlia dell'emergenza, della reazione emotiva alle stragi, ai delitti eccellenti. Una disorganicità che ci presenta l'intera legislazione come un collage, appiccicaticcio, approssimativo, provvisorio.

In una conversazione intercettata qualche anno fa, un esponente della cosca Piromalli-Molè ha così sintetizzato la forza della 'ndrangheta: «Abbiamo il passato, il presente e il futuro». Non esagerava, almeno sul passato e sul presente. La previsione può restare incompiuta. È ancora possibile cambiare le cose, riappropriarsi di un libero futuro. C'è però bisogno di fatti concreti, di iniziative coraggiose, capaci di coinvolgere la società, nelle sue diverse articolazioni, in percorsi di cambiamento culturale e di svolte radicali. È necessario che si affermi l'impegno etico della classe politica.

La voglia di riscatto, soprattutto quella delle nuove generazioni, non manca.

# Note

## I. *Omertà senza tempo*

[1] Eurispes, *20° rapporto Italia 2008. Percorsi di ricerca nella società italiana*, gennaio 2008.

[2] A. Zagari, *Ammazzare stanca. Autobiografia di uno 'ndranghetista pentito*, Periferia, Cosenza, 1992, p. 11. Il vincolo familiare ha funzionato come uno scudo a protezione dei segreti e della sicurezza, oltre che della riproduzione della propria identità sia nei luoghi di origine sia in quelli di emigrazione.

[3] Cfr. operazione «Armonia», coordinata dalla Direzione distrettuale antimafia di Reggio Calabria, i cui esiti sono stati divulgati nel marzo del 2000.

[4] Ibid.

[5] Generale di Brigata Carlo Alfiero, *Le criminalità organizzate nell'Italia meridionale continentale: camorra, 'ndrangheta, sacra corona unita*, in «Per Aspera ad Veritatem. Rivista di intelligence e di cultura professionale», Servizio per le informazioni e la sicurezza democratica, atti del primo seminario europeo «Falcon One» sulla criminalità organizzata, Roma, 26-27-28 aprile 1995.

[6] Ansa, *Dia: La 'ndrangheta usa sempre più internet per il riciclaggio*, 27 aprile 2001. Nella relazione citata dall'Ansa, la Dia sostiene che la mafia calabrese è l'organizzazione criminale che naviga di più su internet.

[7] P. Pollichieni, *'Ndrangheta garante di un traffico d'armi*, in «Gazzetta del Sud», 1° aprile 2002, p. 1.

[8] Conversazione tra Carlo Micò (CM) e Gaetano Palaia (GP), intercettata il 21 agosto 2001. CM: Senti, ho una cosa, non so dove cazzo la devo posare... non voglio che vada nelle mani di nessuno... ho dieci litri di gas nervino... otto chilometri quadra ammazza un... [incomprensibile]; GP: E che lo vuoi?; CM: E che cazzo so... me l'hanno dato là... ce l'ho sotterrato da una parte... non lo posso toccare là sotto... ho paura anche da avvicinarmi... se succede qualche guaio; GP: Sotterralo a una ventina di chilometri; CM: No l'ho sotterrato... è chiuso in... un coso... ho preso uno di quei serbatoi... di quei fusti che hai tu, nuovi, nuovi, nuovi, nuovi, nuovi... con la guarnizione [incomprensibile]... quelli sigillanti... l'abbiamo sceso là dentro... l'abbiamo chiuso [incomprensibile]... e l'abbiamo sceso a otto... [incomprensibile] eh... se n'è venuto quello: ti ho portato un regalo e mi ha portato... ho detto io cazzo che è questa cosa? E non aprirla che moriamo

tutti... [dice quello che gliel'ha dato] ... Che cazzo mi hai portato? [incomprensibile]. Un po' di gas nervino che mi avanzava ... Te lo devo presentare a questo, Gaetano. Russo, un sovietico, un pericolo ambulante è.

[9] Procura distrettuale antimafia di Catanzaro, richiesta di custodia cautelare Accorinti + 58, 9 ottobre 2003.

[10] La notizia è stata resa nota dal procuratore nazionale antimafia, Piero Grasso, il quale ha quantificato in 400 tonnellate di cocaina il traffico annuale della 'ndrangheta con la Colombia. Cfr. *Un sommergibile in Colombia per portare in Italia la cocaina*, in «la Repubblica», 27 marzo 2006.

[11] Dipartimento della Pubblica Sicurezza, Direzione centrale anticrimine della polizia di Stato, Servizio centrale operativo, *La 'Ndrangheta*, Roma, 30 giugno 2007.

[12] Eurispes, *'Ndrangheta holding*, rapporto 2008, maggio 2008.

[13] D. Minuti e A. Nicaso, *'Ndranghete: Le filiali della mafia calabrese*, Vibo Valentia, Monteleone, 1994, p. 153.

[14] P. Gomez e M. Lillo, *Cosche da esportazione*, in «L'Espresso», n. 47, anno L, 25 novembre 2004, pp. 79-82.

[15] M. Guarino, *Poteri segreti e criminalità. L'intreccio inconfessabile tra 'ndrangheta, massoneria e apparati dello Stato*, Edizioni Dedalo, Bari, 2004, p. 7.

## II. *Le origini*

[1] P. Martino, «Storia della parola 'ndrangheta», in AA.VV., *Le ragioni della mafia*, Jaca Book, Milano, 1983, p. 124.

[2] Il verbo *andragatizomai* (atteggiarsi a uomo valoroso) è stato usato anche da Tucidide, Aristotele, Diodoro Siculo, Plutarco e Polibio.

[3] G. Malara, *Vocabolario dialettale calabro-reggino*, Reggio Calabria, 1909, rist. Bologna, 1970, p. 282. Cfr. P. Martino, *Per la storia della 'ndrangheta*, Biblioteca di ricerche linguistiche e filologiche, dipartimento di Studi glottoantropologici dell'Università La Sapienza di Roma, 1988, p. 17.

[4] A. Nicaso, *Alle origini della 'ndrangheta: la picciotteria*, Rubbettino Editore, Soveria Mannelli, 1990, p. 7 (ASRC, Gabinetto di prefettura, Inv. 34, B. 39, fasc. 199).

[5] *Ibid.*, pp. 7-8.

[6] ASCZ, Procedimento Guzzi Giovanni + 2, v. 245, 4 settembre 1877.

[7] A. Nicaso, *op. cit.*, p. 9. ASRC, Gabinetto di prefettura. INV. 34, B. 52, fasc. 691.

[8] F. Caracciolo, *Miseria della mafiologia*, Monduzzi Editore, Bologna, 1992, pp. 38-39.

[9] A. Nicaso, *op. cit.*, p. 9. ASRC, tribunale di Reggio Calabria, anno 1890, vol. 3.

[10] *Ibid.*, p. 12. ASCZ, Sentenze penali, Corte d'appello delle Calabrie, anno 1897, vol. 364, 31 maggio.

[11] E. Ciconte, *'Ndrangheta: dall'Unità a oggi*, Editori Laterza, Bari, 1992, p. 77.

¹² S. Gambino, *Mafia. La lunga notte della Calabria*, Quaderni Calabria-Oggi, Serra San Bruno, 1976, p. 34.

¹³ A. Nicaso, *op. cit.*, p. 19, ASRC, Gabinetto di prefettura, INV. 34, B. 57, fasc. 850.

¹⁴ L. M. Lombardi Satriani e M. Meligrana, *Un villaggio nella memoria*, Casa del Libro, Reggio Calabria, 1983.

¹⁵ L'ambito delle 'ndrine, nonostante la loro portata numerica e l'influenza dei loro boss, è sempre stato territorialmente definito, quindi circoscritto.

¹⁶ A. Nicaso, *op. cit.*, p. 31, ASCZ, Sentenze penali, Corte d'appello delle Calabrie, 1904, vol. 406, 13 febbraio. Di Polsi si parla anche nel procedimento penale contro Giovanni Italiano e altri, imputati di associazione per delinquere nonché dell'omicidio di Giuseppe Priolo, ucciso in contrada Palmento di Podargoni la sera del 29 aprile 1954. In sede di confronto, due degli imputati – Giuseppe Priolo, detto «il Vecchio», e Fortunato Musolino – spontaneamente parlano, nel tentativo di addossarsi reciprocamente certe responsabilità, di un affiliato del loro «locale» da inviare a Polsi quale delegato.

¹⁷ A. Nicaso e L. Lamothe, *Angels, Mobsters and Narco-Terrorist, The Rising Menace of Global Criminal Empires*, Wiley, Toronto, pp. 14-18. L'esistenza delle zaccagnate, come sanzione, è confermata anche nel codice della 'ndrangheta rinvenuto a Toronto, Canada, nel 1971.

¹⁸ Saverio Mannino, *Criminalità nuova in una società in trasformazione: il Novecento e i tempi attuali. La 'ndrangheta nella realtà attuale*, Gangemi, Reggio Calabria, p. 372.

¹⁹ Nel Nordamerica molti giovani mafiosi hanno tratto spunto dall'abbigliamento e dall'atteggiamento dei protagonisti di film per la tv, come «I Soprano», per vestirsi e farsi riconoscere.

²⁰ A. Nicaso, *Alle origini della 'ndrangheta: la picciotteria,* cit., pp. 38-39. ASCZ, Ibid., Anno 1897, vol. 336, 14 agosto.

²¹ L. Malafarina, *La 'Ndrangheta: il codice segreto, la storia, i miti, i riti e i personaggi*, Gangemi Editore, Roma, 1986, p. 87.

²² ASRC, Sentenze penali, tribunale di Reggio Calabria, Anno 1897, vol. VI, 7 settembre. In un altro procedimento, i giudici così scrivono: «La società non aveva uno statuto scritto, ma vi era un certo linguaggio convenzionale». ASCZ, Ibidem, 1990, vol. 385, 12 luglio.

²³ A. Nicaso, *op. cit.*, p. 11, ASCZ, Ibid., anno 1892, vol. 336, 9 settembre.

²⁴ E. Ciconte, *'Ndrangheta: dall'Unità ad oggi*, Laterza, Bari, 1992, p. 81, ASCZ, Costanzo Antonio + 9, vol. 406, 27 febbraio 1904.

²⁵ Direzione investigativa antimafia, *La 'Ndrangheta nella provincia di Reggio Calabria*, 2000.

²⁶ Nell'operazione «Fiori della notte di san Vito» è emersa la figura di Maria Morello, descritta come la «sorella d'omertà» della Lombardia. Spiega il pentito Calogero Marcenò: «Tale carica, che esiste in ogni regione, è affidata a una donna, che nel caso della Lombardia è Morello Maria, che ha il compito di dare assistenza ai latitanti dell'organizzazione. Nel caso della Morello ... posso dire che la stessa è inserita a pieno titolo nell'organizzazione e ha la dote di *santista* che è la più elevata che una donna può avere all'interno della

'ndrangheta. Faccio presente che nella regione può esserci una sola donna componente del clan, che assume la dote di *santista* e svolge per l'appunto le funzioni di *sorella d'omertà*». In uno studio, la sociologa Renate Siebert affronta il nodo della donna nelle mafie, parlando di «complicità palesi». R. Siebert, *Le donne, la mafia*, Il Saggiatore, Milano, 1994, p. 221.

[27] Procedimento penale a carico di Condello Pasquale e altri, n. 46/93 r.g. D.D.A. Reggio Calabria.

[28] A. Zagari, *Ammazzare stanca. Autobiografia di un 'ndranghetista*, Periferia, Cosenza, 1991, p. 7.

[29] A. Nicaso, *op. cit.*, p. 20. ASRC, Gabinetto di prefettura, INV. 34, B. 57, fasc. 850.

[30] *Ibid.*

[31] Biblioteca civica di Cosenza, resoconti del processo Abate Vincenzo più altri, pubblicati sulla «Cronaca di Calabria», sul «Giornale di Calabria» e sul «Domani», 1903. Per gentile concessione di Paride Leporace e Claudio Dionesalvi.

[32] Relazione della Commissione parlamentare antimafia sulla 'ndrangheta, febbraio 2008, relatore l'onorevole Francesco Forgione.

### III. *La 'ndrangheta e l'operazione Marzano*

[1] Durante il Ventennio, in Calabria sono stati celebrati 55 processi. Alla sbarra sono finiti 1279 presunti mafiosi, arrestati dalla polizia grazie anche all'aiuto degli agrari che li avevano scaricati, sentendosi protetti dal regime fascista.

[2] N. Palmieri, *'ndrangheta 2005*, dossier della fondazione Cesar e dell'associazione Sicurstrada per conto della Consulta nazionale dei Consigli regionali Unipol per le loro attività sociali, p. 86.

[3] «Crimen», IV, 2, 13-20 gennaio 1948. La rivista era diretta da Ezio D'Errico. Per gentile segnalazione del ricercatore Claudio Marca.

[4] N. Palmieri, *op. cit.*, p. 86.

[5] S. Lupo, *La 'Ndrangheta*. Nella versione consultata il 29 ottobre 2006 sul sito di Riferimenti.org, www.riferimenti.org/Pagine/lupo.htm

[6] Ministero Interno Gab. 1953-1956 b. 293, fasc. 6995/66

[7] A. Nicaso, *Senza onore. Antologia di testi letterari sulla 'ndrangheta*, Luigi Pellegrini Editore, Cosenza, 2007, pp. 49-50.

[8] ASCZ, Corte d'appello delle Calabrie, anno 1916, vol. 460, 18 gennaio, Giuseppe Facchineri + s20.

[9] Don Luca Asprea, *Il previtocciolo*, Luigi Pellegrini Editore, Cosenza, 2003.

### IV. *Serafino Castagna*

[1] S. Castagna, *Tu devi uccidere*, a cura di Antonio Perria, Editrice Il Momento, Milano, 1967, pp. 5-7.

[2] S. Castagna, *Ibid.*, pp. 31-37.

V. *La 'ndrangheta si urbanizza e si spacca*

[1] La testimonianza è di Giacomo Lauro. Proprio in quei giorni era previsto un comizio a Reggio Calabria di Junio Valerio Borghese, sospeso per motivi di opportunità dalle autorità di polizia che temevano incidenti.

[2] «La mafia a Montalto», sentenza 2 ottobre 1970 del tribunale di Locri, Reggio Calabria, Stab. Tip. La Voce di Calabria, 1971, p. 22.

[3] L'inchiesta giudiziaria del 1992, denominata «Olimpia», fece luce su questi intrecci. La Santa sarebbe entrata nella massoneria tramite logge compiacenti e personaggi come Pietro Marrapodi, notaio a Reggio Calabria, Pasquale Modafferi, esponente di punta del gruppo Condello-Imerti di Reggio Calabria, e Cosimo Zaccone, capo di una loggia massonica di Reggio Calabria.

[4] La fotocopia del codice ritrovato a Sant'Eufemia nel 1987 è stata pubblicata in appendice al libro di A. Nicaso *Alle origini della 'ndrangheta: la picciotteria*, cit., nel settembre del 1990. La trascrizione dello stesso documento viene riproposta interamente in appendice a questo libro.

[5] Operazione «Olimpia», Direzione distrettuale antimafia, Reggio Calabria.

[6] Tribunale di Locri, sentenza n. 299, N. 75-70 Reg. Gen. Depositata il 24 marzo 1971. Zappia Giuseppe + 71, p. 95.

[7] F. Caracciolo, *op. cit.*, p. 149.

VI. *La prima guerra di mafia*

[1] M. Guarino, *Poteri segreti e criminalità*, Edizioni Dedalo, Bari, 2004, p. 8.

[2] Intervista con Gianfranco Manfredi, febbraio 2006.

[3] Nei cantieri di Gioia Tauro erano utilizzati automezzi appartenenti a esponenti delle cosche Piromalli, Stanganelli, Mammoliti, Rugolo, Nava e Pesce. Cfr. sentenza emessa dal tribunale di Reggio Calabria in esito al procedimento contro Paolo De Stefano + 59, sentenza n. 1/79 datata 4 gennaio 1979, p. 245.

[4] La riunione si tenne in occasione delle nozze di Girolamo Mazzaferro, festeggiate presso l'hotel Jolly.

[5] Tripodo e Giorgio De Stefano avevano avuto dei contrasti a causa dell'iniqua spartizione di un carico di contrabbando.

[6] Racconta il pentito Pasquale D'Amico che nel 1974, nel manicomio giudiziale di Sant'Eframo, Cutolo pensò di fondare una nuova camorra, strutturandola sul modello della 'ndrangheta, di cui mutuò anche il sistema e il rituale.

[7] Per il tentato omicidio di Rosso Surace, avvenuto nella primavera del 1963, all'epoca erano stati denunciati il boss Mico Tripodo e alcuni suoi affiliati, ma non il De Stefano.

[8] L'elenco degli amici del boss reggino era lungo. Da Aldo Pascucci, esponente di primo piano della malavita romana, a Guerrino Urbani, il padre di Gianfranco, detto «er Pantera», molto noto negli ambienti dello spaccio di stupefacenti; da Mario Brunetti, capo della malavita nei rioni Ritiro e Giustra di Messina, a Bruno Caccamo, pregiudicato romano implicato in sequestri di persona, da Vincenzo Zullò, imputato di favo-

reggiamento nei confronti di esponenti della nota banda Vallanzasca, a Enrico Torricciani che aveva ospitato Antonio Nirta durante il soggiorno obbligato nel Frusinate; da Giuseppe Nardi, implicato in alcuni rapimenti, a Santo Filippone, un boss calabrese residente a Milano, arrestato per il sequestro di Paolo Belloni.

## VII. *La seconda guerra di mafia*

[1] Rinvio a giudizio di Matacena Amedeo, di cui al procedimento n. 42/97 RGNR/DDA presso la Direzione distrettuale antimafia di Reggio Calabria.

[2] Alcuni pentiti indicarono la presenza e/o l'intervento di Vic Cotroni, boss di Cosa Nostra a Montreal, senza considerare che il vecchio padrino era già morto da tempo (1984).

[3] Il nuovo organo collegiale, secondo gli inquirenti, è riuscito a conseguire alcuni importanti risultati, come la composizione della faida che contrapponeva gli Asciutto-Grimaldi agli Zagari-Viola a Taurianova e quella che ha visto di fronte i Commisso e i Costa a Siderno. Progressi sono stati fatti anche per evitare ulteriori spargimenti di sangue a Locri e Roghudi.

## VIII. *La struttura*

[1] Interrogatorio di Francesco Fonti, 26 gennaio 1994, a Roma, alla presenza del dottor Vincenzo Macrì, sostituto procuratore nazionale antimafia, in un luogo di detenzione extracarceraria non specificato.

[2] Raggruppamento speciale operativo dei carabinieri di Reggio Calabria. Informativa di reato relativo a indagini connesse alla disarticolazione di aggregati criminali di Platì (RC), condotte tra il 2001 e 2002 e coordinate dal tenente colonnello Valerio Giardina e dal tenente Gerardo Lardieri.

[3] Analisi degli autori su dati anagrafici relativi a 47 gruppi operanti nella Locride. Gli affiliati esaminati sono stati 1885, per una media di 40,10 per gruppo.

[4] Prima della nascita della commissione provinciale, le riunioni di Polsi costituivano il momento di assunzione delle deliberazioni più importanti. La località di Polsi ricade nel territorio di San Luca e tale collocazione ha assegnato storicamente al locale di San Luca il ruolo di «sede centrale», di centro propulsore, di punto di riferimento per gli innumerevoli «locali» di 'ndrangheta sparsi nel mondo, di «mamma» della 'ndrangheta.

[5] Operazione «Primavera» citata nell'ordinanza n. 38/97 GIP Santalucia, relativa a misure cautelari nei confronti di Cordì Domenico, 2 marzo 1998, tribunale di Reggio Calabria.

[6] Nell'accezione degli 'ndranghetisti, il contrasto mentre cammina solleva polvere. Con il taglio della coda, e quindi con l'ingresso nell'Onorata Società, è come se camminasse su un tappeto di erba e fiori.

## IX. Il codice della 'ndrangheta

[1] Sezione Accusa, Cantafio Vincenzo + 53, vol. 129, 25 maggio 1888, in E. Ciconte, *'Ndrangheta: dall'Unità ad oggi*, Laterza, Bari, 1992, p. 25.

[2] ASCZ, *Ibid.*, 1904, vol. 407, 9 marzo.

[3] Molti collaboratori hanno descritto agli inquirenti le regole della 'ndrangheta. Un codice venne dettato a verbale il 22 gennaio 1960 al capitano dei carabinieri di Palmi, De Salvo, da un affiliato alla cosca locale. Importante, nella ricostruzione di questi documenti, è stata anche la collaborazione del pentito Pino Scriva.

[4] Tracce dei riti di iniziazione sono state documentate recentemente in un'indagine condotta in Liguria e durante un'intercettazione ambientale condotta in Calabria.

[5] Guardia di finanza, Comando Compagnia di Locri, Relazione conclusiva Procedimento penale n. 1231/2005 RGNR/DDA.

[6] Direzione nazionale antimafia, *La 'Ndrangheta*, Vincenzo Macrì.

## X. L'identikit

[1] E. Ciconte, *'Ndrangheta: dall'Unità ad oggi*, Laterza, Bari, 1992, p. 100.

[2] Saverio Mannino, *Criminalità nuova in una società in trasformazione: il Novecento e i tempi attuali. La 'ndrangheta nella realtà attuale*, Gangemi, Reggio Calabria, p. 371.

[3] Ordinanza custodia cautelare in carcere n. 49/97 RGNR/DDA – n. 44/98 R. GIP DDA, datata 25.10.1999 del giudice per le Indagini Preliminari presso il tribunale di Reggio Calabria.

[4] Dati elaborati dal progetto del Gruppo provinciale interforze, Direzione investigativa antimafia di Reggio Calabria, Comando provinciale Guardia di finanza Reggio Calabria, Comando provinciale Carabinieri Reggio Calabria, Questura di Reggio Calabria, aggiornati al mese di settembre del 2007.

[5] Araniti, Condello (Imerti, Lo Giudice, Iannò-Surace, Marra), De Stefano (D'Agostino, Franco, Morabito, Barreca), Ficara, Garonfalo, Greco, Iamonte, Labate, Latella, Laurendi (Occhiuto-Surace-Oliveri-Bova-Cambareri), Zindato, Maesano-Pangallo-Favasuli, Maesano, Nasone-Gaietti, Paviglianiti, Rosmini, Rugolino, Saraceno-Fontana-Trapani, Serraino (Ficara, intesi Ficareddi), Talia, Vadalà-Scriva, Zavettieri, Zito-Bertuca.

[6] Aquino (Scali), Barbaro U Castanu (Barbaro Pillaro, Barbaro alias Nigro, Barbaro alias Rosy, Papalia), Belcastro, Bruzzaniti-Morabito G.-Palamara, Callà, Cataldo, Cavallaro, Commisso, Cordì, Costa, Cua-Ietto-Pipicella, D'Agostino, Ierinò, Macrì V., Maiorana, Mazzaferro, Mollica-Morabito alias Larè, Nirta alias Scalzone (Giorgi «Ciceri», Strangio «Jancu», Nirta «Versu», Mammoliti «Fischianti», Giorgi «Boviciani»), Palamara «Bruciati»-Scriva-Speranza, Polifroni, Romanello, Romeo alias Staccu-Pelle alias Gambazza (Vottari «Frunzu», Strangio-Barbaro, Giampaolo «Russello»), Ruga-Metastasio, Trimboli-Marando, Ursino, Varacalli.

[7] Albanese-Raso-Gullace, Albano-La Malfa, Alvaro, Asciutto-Neri, Avigno-

ne-Zagari-Viola, Bellocco, Bianchino, Cammaroto, Cianci, Crea, Facchineri, Foriglio, Gallico, Italiano-Papalia, Lamari-D'Agostino-Chindamo, Longo-Versace, Mammoliti, Mercuri-Napoli, Parrello, Pesce, Petullà, Piromalli-Molè, Santaiti-Gioffrè, Zappia.

[8] I dati sono aggiornati all'anno 2007 sulla scorta dei procedimenti penali incardinati presso la Direzione distrettuale antimafia di Catanzaro e riguardanti la sola contestazione del reato di cui all'art. 416 bis.

[9] Catanzariti, Procopio, Gruppo Zingari Germaneto, Gruppo Zingari Lido, Passafaro-Tolone, Cerra-Torcasio, Giampà, Bagalà, De Fazio, Iannazzo, Mercuri-Arcieri-Cappiello, Strangis-Pilichei, Chiefari, Procopio, Gullace-Novella, Procopio-Fiorito-Lentini-Pane-Pisani, Sia, Bubbo, Carpino, Scunnaci.

[10] Locali di Corigliano, Cassano, Altomonte, Sibari, Francavilla, S. Lorenzo, Saracena, Castrovillari, Roggiano, Rossano, cosca Pino-Sena, cosca Perna, cosca Muto, cosca Calvano.

[11] Alessio, Aracri, Arena, Comberiati, Dragone, Farao-Marincola, Ferrazzo, Giglio-Levato, Iona, Maesano, Mannolo, Megna, Nicoscia, Pullano, Santoro, Sestito-Capicchiano.

[12] Mancuso, Pititto, Galati, Santoro, Fiamingo, Anello, Bartolotta, Bonavena, Bonavota, Fiarè, Ioielo, Soriano, Albanese, Evolo.

[13] Relazione annuale della Direzione investigativa antimafia, 2001.

[14] Commissione parlamentare antimafia, sintesi su 'ndrangheta e proiezioni nazionali e internazionali, 2004.

[15] Commissione parlamentare antimafia, *ibid*.

[16] Questo gruppo ha esteso le proprie propaggini in Canada e in Australia dove alcuni accoliti sono stati addirittura sospettati di aver eseguito l'attentato dinamitardo, compiuto il 2 marzo 1994, ai danni della sede della polizia di Adelaide, a seguito del quale perdeva la vita il sergente Geoffrey Bower Leigh e rimanevano feriti altri cinque funzionari.

[17] Eurispes, *'Ndrangheta Holding*, Roma, maggio 2008.

[18] *Ibida*.

[19] *Caso Calabria: la solitudine di fare impresa in una regione a sovranità limitata*. Lettera di Giuseppe Gatto, titolare della Gatto costruzioni di Catanzaro, presidente dell'Ance Calabria, al «Sole 24 Ore», 24 ottobre 2005.

[20] *Legambiente: presentato rapporto Ecomafia 2006: i dati*, «Sesto Potere», 18 giugno 2006.

[21] R. Bocca, *Parla un boss: Così lo Stato pagava la 'ndrangheta per smaltire i rifiuti tossici*, in «L'Espresso», 6 giugno 2005.

[22] A. Nicaso, *'Ndrangheta. Le radici dell'odio*, Aliberti, Reggio Emilia, 2007, p. 185.

## XI. *La 'ndrangheta nella provincia di Reggio Calabria*

[1] Secondo il rapporto 2006 della Confesercenti, il 70 per cento delle imprese di Reggio Calabria paga il pizzo.

## XII. La 'ndrangheta nel resto della provincia

[1] Era già stato coinvolto in un tentato omicidio, in estorsioni e in attività dirette a controllare la produzione e il commercio di materiale estratto da cava. Cfr. operazioni «D-day 1», «D-day 2» e «D-day 3». Secondo Giacomo Lauro, dopo la svolta voluta dai Piromalli con l'introduzione della Santa, Iamonte entrò a far parte della massoneria assieme ad altri boss del suo rango. Fu coinvolto anche in una faida che portò alla decimazione delle famiglie Ambrogio e Familiari.

[2] Il terreno, una decina di ettari in località Pantano di Saline Ioniche, nel comune di Montebello, era altamente instabile. Secondo un testimone ascoltato nel contesto dell'operazione «D-day 3», il sito «si sarebbe staccato, scivolando in mare».

[3] L'intercettazione avvenne tra il 22 aprile e il 10 maggio 1974 all'interno del Reggio Bar di Montreal, gestito da Paul Violi, boss italocanadese originario di Sinopoli e legato alle famiglie Cotroni di Montreal e Bonanno di New York. Molte delle imprese che si aggiudicarono i subappalti per la realizzazione dello stabilimento di Saline erano intestate a società anonime del Liechtenstein, dietro alle quali si celavano imprenditori reggini, indicati come vicini alle famiglie De Stefano e Libri. Cfr. operazione «D-day 3».

[4] Anche in questa seconda circostanza i terreni espropriati appartenevano alla stessa nobildonna napoletana proprietaria di vasti appezzamenti agricoli a Saline Ioniche. Per costringerla al silenzio e per evitare che potesse impugnare i provvedimenti di esproprio, sequestrarono suo figlio.

[5] Negli anni Novanta, gli Iamonte sono stati coinvolti anche in una faida scoppiata a Roghudi tra gli Zavattieri e i Pangallo-Maesano-Verno, e conclusasi dopo 14 omicidi anche grazie alle pressioni della commissione provinciale della 'ndrangheta. I problemi erano iniziati dopo il trasferimento, per dissesti idrogeologici, del vecchio abitato di Roghudi sulla costa, nella zona compresa tra Condofuri e Melito Porto Salvo, territorio controllato dagli Iamonte. La situazione era degenerata dopo il sequestro di Giacomo Falcone, un imprenditore legato da amicizia e parentela con gli Iamonte, avvenuto a Marina di San Lorenzo l'8 aprile 1992.

[6] Commissione parlamentare antimafia, *Relazione sulla 'ndrangheta*, 2008. Relatore onorevole Francesco Forgione.

[7] Commissione parlamentare antimafia, *Ibid*.

[8] ASCZ, Corte d'appello delle Calabrie, Sentenze penali, 1896, vol. 359, 28 luglio.

[9] Il primo processo con imputati di Bova si concluse il 21 aprile 1896. Allora, per entrare nella picciotteria in quel circondario si pagava una «dritta», pari a 7,50 lire. Agli inizi del Novecento il sindaco di Bova si lamentava per la mancanza di collaborazione dei propri concittadini che non avevano preso in alcuna considerazione la grossa taglia di 3000 lire prevista per la cattura del bandito Giuseppe Musolino. ASCZ, Velonà Filippo + 28, 21 luglio 1896, vol. 359.

[10] Negli anni Cinquanta le forze dell'ordine avevano dovuto fare i conti con Pietro Casile e Vincenzo Romeo, il bandito romantico, un tempo alleati.

I rapporti tra i due si incrinarono in occasione delle amministrative del 1952, quando Romeo decideva di non consegnare a Casile una parte dei soldi ricevuti da un candidato di Brancaleone che entrambi avevano appoggiato e sostenuto. Casile venne ucciso nel 1953, Romeo arriva al capolinea nel 1969. Equisone, il boss amico di Tripodo, da bambino era stato adottato da un fratello di Giuseppe Casile, capostipite dell'omonima famiglia e padre di Pietro Casile.

[11] Operazione «Olimpia», pp. 409-427.

[12] Operazione «Betulla» della Dia.

[13] Informativa n. 1789/U.G./GOA/1053 datata 10 novembre 1993 del Nucleo regionale di Polizia tributaria della Guardia di finanza di Catanzaro. L'11 giugno 1993 veniva intercettata una telefonata nella quale due cugini, Domenico Moio e Leo Talia, discutevano della concreta possibilità di acquisire armi pesanti.

[14] Ordinanza di custodia cautelare in carcere n. 14/1998 RGNR/DDA – n. 14/1999 R.GIP/DDA – n. 14/2000 R.OCC/DDA, datata 2 marzo 2000, del giudice per le indagini preliminari presso il tribunale di Reggio Calabria.

[15] A Caraffa del Bianco il 9 novembre 1982 vengono uccisi Rosario Zerilli e il nipote, Giovanni Canturi, appena tredicenne. Zerilli era da poco rientrato dall'Australia, dove aveva scontato una condanna per omicidio e da dove era stato espulso come «indesiderato». Tutto era iniziato il 19 dicembre 1970, quando Zerilli aveva ucciso un suo compaesano, Francesco Alecce, di 24 anni. Mentre sconta la pena in Australia, la faida si sposta in Calabria, dove viene ucciso il figlio di Rosario Zerilli, Giovanni, di 27 anni. Sembra tutto finito. Ma al rientro di Rosario Zerilli a Caraffa del Bianco scatta la vendetta.

[16] In precedenza c'erano stati, comunque, degli screzi. Racconta il collaboratore di giustizia Paolo Romeo: «Lo Scriva Pietro, durante il periodo della sua latitanza, si ammalò di sifilide. Preciso che lo stesso era fidanzato con la sorella di Mollica Antonio, Teresa, attuale moglie di Mollica Saverio, che peraltro era anche cugino. Dopo tale infezione, lo Scriva disse a Mollica Antonio che doveva aspettare almeno uno-due anni prima di decidere se sposare o meno la sorella Teresa, in quanto doveva curare la propria malattia. A seguito di tale circostanza nacquero i primi dissidi tra la famiglia di Scriva Pietro e quella di Mollica Antonio, pur rimanendo gli stessi apparentemente amici. A tali attriti si andarono ad aggiungere la gelosia sorta tra lo Scriva e Mollica Saverio, anche quest'ultimo desideroso di sposare Mollica Teresa. Ricordo infatti che mio padre mi riferì che un giorno, nel centro abitato di Motticella, alla presenza di altre persone, sempre per questi motivi, Scriva Pietro diede uno schiaffo a Mollica Saverio, il quale non poté reagire essendo stato allontanato dai suoi paesani e anche perché non ebbe il coraggio di farlo».

[17] Sentenza a carico di Giuseppe Morabito + 12, del 23 aprile 1997, p. 54. Cfr. Registro sentenze del tribunale di Locri, n. 51.

[18] Ordinanza di custodia cautelare in carcere n. 14/1998 RGNR/DDA – n. 14/1999 R.GIP/DDA – n. 14/2000 R.OCC/DDA datata 2 marzo 2000 del giudice per le indagini preliminari presso il tribunale di Reggio Calabria.

[19] Uno dei figli del boss, Domenico, di 39 anni, è stato ucciso per errore,

subito dopo il suo arresto, da un colpo di pistola sparato da un poliziotto il 5 ottobre 1996.

[20] Facevano parte della «Maggiore» anche la famiglia di Antonio Pelle, detto «Gambazza», quella di Giuseppe Vottari, soprannominato «Massaru», quella dei Giampaolo (il ramo dei Nardò e il ramo dei Russelli) e la famiglia Mesiti. Secondo alcuni collaboratori di giustizia, il Gambazza nel 1999 ricopriva la carica di «crimine», quella più alta in seno alla 'ndrangheta reggina.

[21] A. Nicaso, *Alle origini della 'ndrangheta*, cit., p. 8. Nella lettera si fa riferimento a nove latitanti che imperversavano nella zona di San Luca. A parte i Nirta, gli altri erano: Giuseppe Giorgi fu Carmine, Antonio De Marco, Giuseppe Pelle, Bruno Scriva, Giuseppe Scalia, Vincenzo D'Agostino e Domenico Manglaviti fu Sebastiano.

[22] A quella dei Romeo erano aggregate le famiglie Calabrò, Mammoliti e i superstiti della famiglia Tripodo. Venanzio, figlio dell'ex boss Mico Tripodo aveva sposato la figlia di Sebastiano Romeo.

[23] La famiglia Mammoliti, rappresentata dai tre fratelli Giuseppe, Francesco e Sebastiano, comprendeva anche gli Strangio (sia i Barbaro sia gli Janchini), i Giorgi, della fazione dei Boviciano, e i Versace. Oggi tra i Mammoliti e gli Strangio c'è una relazione più formale, avendo Francesco Strangio sposato Maria Mammoliti, figlia di Giuseppe, detto «Fischiante», deceduto in carcere nel gennaio del 2006.

[24] In questa cittadina veniva aperto un locale della famiglia Romeo, affidato a Venanzio Tripodo, figlio di don Micu, che aveva sposato la figlia di Sebastiano «u Staccu».

[25] Decreto n. 140/93 MP – n. 16/94 provv. datato 14 settembre 1994.

[26] Decreto n. 140/93 MP – n. 16/94 provv. datato 14 aprile 1994 del tribunale di Reggio Calabria.

[27] Rapporto del Ros allegato all'operazione Marine, Procura distrettuale antimafia di Reggio Calabria.

[28] Uno dei Perre, emigrato in Canada sul finire dell'Ottocento, è diventato uno dei più importanti contrabbandieri di liquori al tempo del proibizionismo. Fu fornitore di Al Capone, Joseph Kennedy e Samuel Bronfman. Cfr. A. Nicaso, *Il piccolo Gatsby*, Luigi Pellegrini Editore, Cosenza, 2006.

[29] In almeno un'occasione gli esponenti della cosca Ietto hanno partecipato a un tentativo di sequestro, quello di Antonella Dallea a Luino il 19 giugno 1990, conclusosi con l'uccisione da parte dei carabinieri dell'intero commando dei sequestratori.

[30] L'operazione «Zag» ha scoperto un traffico di eroina, acquisita in Turchia, importata in Italia e diretta in Australia.

[31] Nel 1996 veniva eletto consigliere di minoranza al comune di Careri.

[32] ASCZ, Corte d'appello delle Calabrie, anno 1929, vol. 507, 2 maggio.

[33] D'Agostino ha avuto contatti anche con Luigi Martinesi, segretario provinciale del Msi e segretario particolare del deputato missino Clemente Manco, a sua volta difensore di Franco Freda. Queste informazioni sono contenute negli atti del processo relativo al sequestro del direttore della Banca Salentina, Luigi Mariano, avvenuto il 3 luglio 1975. In particolare, dagli atti

di questo processo emerge che la somma del riscatto (280 milioni) era stata depositata in una banca di Londra, dove era stata riscossa dal Concutelli. I soldi sarebbero stati utilizzati per finanziare un nuovo movimento neofascista, denominato «Milizia rivoluzionaria», che a sua volta sarebbe stato collegato alla 'ndrangheta. In fase istruttoria, Luigi Martinesi, cugino dell'imputato Antonio Martinesi, «ha più volte fatto riferimento alla mafia calabrese. Ne ha parlato come l'organizzazione con la quale "Milizia rivoluzionaria" era stata chiamata a fare i conti. Egli stesso fu mandato a Reggio Calabria ... e nello stesso periodo ebbe contatti con Antonio D'Agostino, esponente mafioso di Sant'Ilario Ionico».

[34] Nel 1993 a Domenico Papalia è stata accordata la revisione del processo. Ha commentato Luciano Violante, ex presidente della Commissione antimafia, parlando davanti al Consiglio regionale della Calabria: «A chi ritiene che la mafia calabrese sia un fenomeno di serie B, dico che un solo boss ha ottenuto la revisione di un suo processo. È un boss di 'ndrangheta». Cfr. D. Minuti e A. Nicaso, *'Ndrangheta*, cit., p. 152.

[35] Operazione «Olimpia», cit., pp. 4903-04.

[36] Domenico D'Agostino venne condannato dalla Corte d'assise di Palmi il 21 luglio 1991 per omicidio continuato e aggravato. All'epoca della strage di Razzà, D'Agostino era sindaco di Canolo. Secondo l'accusa il 1° aprile 1977 aveva partecipato al summit tenutosi in contrada Razzà di Taurianova, interrotto dall'arrivo dei carabinieri. Nel conflitto a fuoco che ne seguì rimasero uccisi due militari dell'Arma e due esponenti di spicco della cosca Avignone.

[37] Operazione «Zagara» condotta dalla Dia.

[38] Procedimento penale n. 61/92 RGNR/DDA di Reggio Calabria.

[39] Fu sindaco quasi ininterrottamente dal 1946 al 1970.

[40] Ordinanza di custodia cautelare in carcere n. 61/92 RGNR/DDA – n. 71/93 R. Giudice delle Indagini preliminari DDA datata 8.11.1993 del giudice per le indagini preliminari presso il tribunale di Reggio Calabria.

[41] Operazione «Europa 1» della guardia di finanza, Procura della Repubblica, presso il tribunale di Locri.

[42] G. Parrello e P. Mazzaferro, *Le faide in Calabria*, Editoriale Samantha, Gioia Tauro, 1986, vol. II, pp. 497-99.

[43] Già nel 1928 in questa zona, in particolare a Gerace Marina, l'odierna Locri, e a Portigliola, le forze dell'ordine accertavano la presenza di una 'ndrina, i cui affiliati durante il rito di iniziazione poggiavano il palmo della mano contro la punta del pugnale (ASCZ, anno 1928, vol. 505, 4 dicembre). Gli imputati vennero prosciolti in appello.

[44] Giuseppe Cataldo venne riconosciuto colpevole, quale mandante dell'omicidio di don Antonio Macrì.

[45] In quegli anni i Floccari, una famiglia alleata dei Cataldo, approfittando dello scontro con i Cordì, riuscivano a mettersi in proprio. La scissione venne tollerata dai Cordì, interessati a indebolire lo schieramento avversario.

[46] La presenza dei Cordì è stata segnalata a Camerino, in Umbria, per cause riconducibili a spaccio di stupefacenti, mentre esponenti dei Cataldo sono

stati arrestati a Maranello, in provincia di Modena, nell'intento di «occultare un consistente quantitativo di armamenti», verosimilmente da utilizzare nella guerra contro i Cordì. L'insieme di materiale bellico risultava costituito da due lanciarazzi, 18 razzi a carica cava, 41 bombe a mano, 14 candelotti di esplosivo, un mitragliatore AK74, due pistole mitragliatrici Skorpion, una pistola mitragliatrice Uzi, 2100 cartucce per le stesse armi. Nella medesima operazione, veniva fermato anche un esponente del clan Longo-Versace di Polistena.

[47] ASCZ, Sezione di accusa, anno 1886, vol. 121, 7 maggio.

[48] Tribunale di Locri, Commisso Francescantonio + 56, b. 3, 19 luglio 1937.

[49] D. Minuti e A. Nicaso, *op. cit.*, p. 24. Cfr. Archivio centrale dello Stato, ministero degli Interni, gab. 1953-56, busta 4, fasc. 1066/1-2.

[50] Agli inizi degli anni Novanta Vincenzo Macrì verrà condannato negli Stati Uniti a quindici anni di reclusione per traffico di droga (operazione «Isola Dora»). Cfr. A. Nicaso, *Global Mafia, the new world order of organized crime*, McMillan, Toronto, 1995, pp. 157-70.

[51] In quegli anni facevano parte del locale di Siderno anche le famiglie Pasqualino, Glioti, Pagliuso e Archinà. Cfr. Sentenza n. 1340/88 datata 6 dicembre 1991 del giudice istruttore presso il tribunale di Locri e ordinanza di custodia cautelare in carcere n. 24/92 RGNR/DDA – n. 110/94 R.G. tribunale di Locri, datata 21 gennaio 1997.

[52] A. Pellegrini, Raggruppamento speciale carabinieri, «Informativa preliminare sul "Siderno Group"», febbraio 1992, pp. 20-21.

[53] I Costa avevano creato canali di smercio nelle zone di Gorizia, Torino e Modena.

[54] Si tratta di Giovanni Costa, ucciso a Thornhill il 26 giugno 1991. Cfr. P. Edwards, A. Nicaso, *Deadly Silence: Canadian Mafia Murders*, MacMillan, Toronto, pp. 142-56.

[55] V. Macrì e R. Pennisi, DDA, Reggio Calabria, Morabito Giuseppe + 161, 1993, pp. 26-30.

[56] Uno dei killer preferiti dalla cosca Piromalli, Nunziato Raso, poi divenuto collaboratore di giustizia, ebbe l'incarico di uccidere alcuni uomini del clan Costa. Cfr. Sentenza n. 19/97 Reg. Sent. del 3 aprile 1997, emessa dal tribunale di Locri nei confronti di Archinà Rocco Carlo + 32.

[57] Ai Commisso apparteneva anche una piccola società con sede a Latina, la Medical Hospital srl, gestita in proprio, la quale nel giro di pochi mesi (1988-90) è diventata una delle principali fornitrici dell'allora Usl di Siderno. Cfr. Decreto n. 132/96 – Decreto n. 95/94 RGMP datato 3 luglio1996 della Corte d'appello di Reggio Calabria.

[58] Cfr. Sentenza n. 19/97 Reg. Sent. del 3 aprile 1997 emessa dal tribunale di Locri nei confronti di Archinà Rocco Carlo + 32.

[59] *Ibid.*

[60] Salvatore Salerno, 38 anni, ucciso il 19 novembre 1988 nell'ambito della faida con i Costa, aveva sposato la figlia di Vincenzo Figliomeni. Il fratello Agostino, 30 anni, era un ex sorvegliato speciale.

[61] ASCZ, anno 1928, v. 504, 9 luglio (Luigi Lucà + 38).

[62] V. Macrì, R. Pennisi, Morabito Giuseppe + 161, cit., p. 221. Renato Macrì, appartenente alla cosca degli Ursino, venne arrestato in Francia con 62 chili di cocaina acquistata in Brasile.

[63] In Lombardia, il clan dei Mazzaferro è riuscito a creare sedici locali di 'ndrangheta, di cui tre a Milano e gli altri tredici a Como, Varese, Fino Mornasco, Senna Comasco, Appiano Gentile, Cermenate, Mariano Comense, Lentate sul Seveso, Monza, Pavia, Lumezzane, Seregno e Rho. Operazione «Notte di san Vito».

[64] Cfr. A. Nicaso, L. Lamothe, *Bloodlines, The Rise and Fall of the Mafia's Royal Family*, Harper Collins, Toronto, 2001, p. 107 e sgg.

[65] *Ibid.*

[66] Si parlò di presunti contatti tra apparati dello Stato e il boss Vincenzo Mazzaferro, interpellato per intercedere a favore di un'immediata liberazione dell'ostaggio. Pare che siano stati promessi vantaggi, non solo patrimoniali, alla famiglia Ierinò responsabile del sequestro. Dopo la liberazione di Roberta Ghidini, gli Ierinò si sentirono traditi e pare abbiano reagito uccidendo Vincenzo Mazzaferro. È stato un caso isolato che non avrebbe inciso sul rapporto tra le due famiglie.

[67] Procedimento n. 61/92 RGNR DDA Reggio Calabria. Le imprese impegnate nell'esecuzione di opere edili nei comuni di Gioiosa Marina e di Roccella Ionica erano costrette a versare alla cosca Mazzaferro una tangente compresa tra il 3 e il 5 per cento dell'ammontare dei lavori.

[68] Operazioni «Rajssa» e «Aneddoto».

[69] Tribunale di Locri, Oppedisano Francesco + 5, b. 3, 8 febbraio 1938.

[70] Carmelo Calautti è stato condannato all'ergastolo, il fratello Salvatore è deceduto per cause naturali nel carcere di Messina nel 1996.

[71] Paolo Alessio, sequestrato a Moncalieri (TO) il 23 novembre 1981, Giorgio Bortolotti, sequestrato a Saronno (VA) il 14 dicembre 1981, Maurizio Gellini, rapito a Pomezia (RM) il 4 maggio 1982.

[72] Una parte della famiglia si è trasferita in provincia di Torino, dove, schermandosi dietro un'azienda operante nell'area della movimentazione terra, ha cominciato a taglieggiare operai dello stesso settore. Cfr. ordinanza di custodia cautelare in carcere n. 2525/98 RGNR – n. 1825/98 R.GIP, datata 6 aprile 1998, del giudice per le indagini preliminari presso il tribunale di Torino.

[73] Cittanova è considerata sede della società Maggiore già sul finire dell'Ottocento. I boss più temuti nel periodo a cavallo tra l'Ottocento e il Novecento sono stati Giuseppe Saffioti, Carmine Ricevuto e Camillo Buzzi. Una ventina di picciotti, guidati da Giuseppe Facchineri, vennero processati davanti alla Corte d'appello delle Calabrie nel 1916 e nel 1926. Nel 1890 Paolo Luci era ritenuto il capo della picciotteria nel comune di Molochio. Anche ad Anoia la picciotteria ha attecchito fortemente sul finire dell'Ottocento.

[74] In questa cittadina i Raso-Albanese potevano contare sulla famiglia Spanò, vicina ai Pesce.

[75] *Il sindaco di Cittanova (RC), sulle intimidazioni in città: «Una situazione intollerabile»*, «Giornale di Calabria», 26 settembre 2006.

[76] ASCZ, Corte d'appello delle Calabrie, anno 1902, vol. 395, 22 aprile. Adornato Salvatore + 121.

[77] Il gruppo Petullà-Bianchino-Foriglio-Ladini si era alleato, durante alcune note faide, con gli Avignone-Giovinazzo di Taurianova e con la famiglia Facchineri di Cittanova. Il clan Petullà era stato coinvolto nel sequestro di Giuseppe Arcangelo Misiti, rapito a Cinquefrondi il 12 maggio 1985.

[78] ASCZ, Corte d'appello delle Calabrie, anno 1908, vol. 428, 28 settembre. Lemma Michelangelo + 56.

[79] In questi due comuni, caratterizzati da una imprenditoria prevalentemente agricola, è segnalata la presenza criminale di esponenti del clan Ciconte, sostanzialmente «assorbito» dal clan dei Vallelunga, uscito vincitore da una sanguinosa faida, nonché dai clan Maiolo e Loiello.

[80] ASCZ, Corte d'appello delle Calabrie, 1888, vol. 315, 1889, 25 marzo. Procedimento a carico di Borgese Rocco.

[81] Durante una perquisizione nell'abitazione di Luigi Longo è stata trovata una banconota proveniente dal sequestro di persona consumato ai danni dell'industriale milanese Pietro Fiocchi, rapito nel 1977. Il clan dei Longo aveva partecipato anche ai lavori per la costruzione della strada a scorrimento veloce Ionio-Tirreno e della diga sul Metramo.

[82] I Longo possono comunque contare su potenziali appoggi anche in Francia, Svizzera, Germania e Australia.

[83] A. Nicaso, *Alle origini della 'ndrangheta*, cit., p. 16. ASCZ, Corte d'appello delle Calabrie, 1901, 25 febbraio.

[84] I Corica-Versace vennero coinvolti anche in uno scontro interno. Il bilancio fu di 5 morti e 2 feriti. Tra le vittime anche un bimbo di 7 anni, ucciso assieme al padre il 29 settembre 1976.

[85] E. Ciconte, *'Ndrangheta: dall'Unità a oggi*, Editori Laterza, Bari, 1992, p. 65. Della presenza di 'ndrine a Varapodio si era già parlato nel 1890. Nel 1899 il capo bastone era Vincenzo Pileci.

[86] Pellegrino, nativo di Varapodio, veniva rilasciato, dopo il pagamento di un riscatto, il 26 dicembre 1982.

[87] I Barca negli anni Novanta hanno anche tentato di condizionare le scelte dell'amministrazione comunale in tema di pianificazione urbanistica. Da segnalare, tra gli altri crimini, il tentato omicidio, nel 1995, del segretario comunale.

[88] ASCZ, Corte d'appello delle Calabrie, anno 1903, vol. 405, 2 dicembre, Mangione Bruno + 53.

[89] E. Ciconte, *op. cit.*, p. 54.

[90] Attorno ai Piromalli-Molè ruotano anche le famiglie Gangemi, Stillitano, Copelli, Stanganelli e Delfino.

[91] Nel corso della faida perse la vita Antonio Piromalli, fratello di Girolamo e Giuseppe. Venne ritenuto responsabile di quel delitto Domenico Carlino, il quale per evitare rappresaglie riparò in Argentina, dove morì nel 1974.

[92] I legami con le famiglie Asciutto e Belfiore sono emersi nel corso di

indagini avviate nel 1991 dai carabinieri di Palermo sul conto di Raffaele La Gaetana. Questi acquistava da pregiudicati calabresi eroina e cocaina, che giungevano nel porto di Gioia Tauro per venire poi smistate tra i vari acquirenti. Ogni richiesta circa la disponibilità della merce passava per Bruno Delfino, rappresentante dei Piromalli, il quale, successivamente, cedeva le varie partite ai Commisso e ai Pesce che ne curavano la commercializzazione nel Norditalia (Torino e Genova).

[93] In Lombardia operava anche una cellula distaccata, guidata da Salvatore Giacobbe, che si occupava di traffico di armi. Ordinanza di custodia cautelare in carcere n. 374/94 RGNR – n. 2545/95 R. GIP, datata 8 giugno 1999, del giudice per le indagini preliminari presso il tribunale di Milano e atti dell'operazione «Giobbe».

[94] G. Ruotolo, *La quarta mafia*, Tullio Pironti Editore, Napoli, 1994, p. 30. Rogoli ricevette anche l'avallo di Carmine Alvaro con il quale il boss pugliese era stato detenuto a Porto Azzurro, assieme a Umberto Bellocco.

[95] Per le operazioni di *transhipment*, cioè il trasbordo da navi di grande tonnellaggio, stoccaggio e trasferimento dei container verso altri scali a mezzo di navi di stazza minore o per rete ferroviaria, le 'ndrine della zona avevano inizialmente preteso il pagamento di 1,50 dollari americani per ogni container scaricato.

[96] ASCZ, Corte d'appello delle Calabrie, anno 1902, vol. 394, 21 febbraio, Anastasio Francesco + 31.

[97] Tra il 1947 e il 1955 i Mammoliti-Rugolo sono riusciti a imporsi in uno scontro con la famiglia Barbaro.

[98] Operazione di custodia cautelare in carcere n. 2041/92 RGNR – n. 1541/95 R. GIP – n. 33/97 R.OCC, datata 24 giugno 1997, del giudice per le indagini preliminari presso il tribunale di Potenza.

[99] Uno dei casi più noti riguarda la tenuta dei baroni Cordopatri. A svelarne i retroscena è stata la baronessa Teresa Cordopatri, dopo l'assassinio del fratello Antonio.

[100] Il primo processo con imputati di Sinopoli celebrato davanti alla Corte di appello delle Calabrie si tenne nel 1892. Nel 1902, dalle indagini condotte dal delegato di pubblica sicurezza, Wenzel, emerse che il «gran bastone» di Sinopoli era Giorgio Stillisano.

[101] Nella sola estate del 1999 le diverse forze di polizia procedevano alla individuazione di undici diverse coltivazioni di cannabis, indicate per complessive 131.471 piante, tutte nell'area geografia sottoposta alla «sovranità» della cosca Alvaro.

[102] A. Nicaso, *Alle origini della 'ndrangheta*, cit., p. 15. ASCZ, Corte d'appello delle Calabrie, anno 1900, vol. 386, 27 novembre.

[103] *Ibid.*, p. 15.

[104] E. Ciconte, *op. cit.*, p. 123.

[105] «L'Adriatico», 84, 26 marzo 1901, in G. Cingari, *Brigantaggio, proprietari e contadini nel Sud (1799-1900)*, Ed. Meridionali Riuniti, Reggio Calabria, 1976, p. 257. Sul versante opposto, quello ionico reggino, nel periodo compreso tra il 1880 e il 1885 erano arrivate decine di mafiosi provenienti dalla

Sicilia nell'ambito del confino di polizia, istituito dalla legge Minghetti il 16 giugno 1875.

[106] I Gallico, che nei primi anni Settanta si erano legati con la famiglia Dinaro di Melicuccà, risultavano collegati anche con la famiglia Pesce di Rosarno e con le famiglie degli Imerti-Condello-Fontana di Reggio Calabria.

[107] Ordinanza di custodia cautelare in carcere n. 1866/98-2294/98-2691/98 RGNR e n. 2329/98 – 2416/98 – 2417/98 R.GIP, datata 6 novembre 1998, del giudice per le indagini preliminari presso il tribunale di Verona.

[108] Ordinanza di custodia cautelare in carcere n. 67/97 RGNR – n. 49/98 R.GIP – n. 16/98 R.OCC, datata 8 luglio 1998, del giudice per le indagini preliminari presso il tribunale di Reggio Calabria.

[109] Un rappresentante dei Garonfalo, Rocco Garonfalo, aveva preso parte al summit di Montalto. Pochi anni dopo, questa stessa famiglia veniva coinvolta in uno scontro mafioso con un altro gruppo locale, quello degli Arena.

[110] In Canada si sono trasferiti Rocco Zito (Toronto), Joe Imerti (Ottawa) e alcuni esponenti della famiglia Garonfalo. Negli Stati Uniti viveva una frangia della famiglia Bueti.

XIII. *Le proiezioni nel resto della Calabria*

[1] Direzione investigativa antimafia, *Situazione della criminalità organizzata di tipo mafioso in Lamezia Terme (CZ)*, marzo 2007, pp. 10-12.

[2] Nel marzo 2007, 12 esponenti della cosca Cerra-Torcasio sono stati arrestati, in esecuzione di ordinanza di custodia cautelare in carcere emessa dall'autorità giudiziaria di Catanzaro, per associazione per delinquere di tipo mafioso, omicidi, tentato omicidio, traffico di armi e droga, ed estorsione. Secondo l'accusa, essi avrebbero condizionato il regolare andamento economico nella città attraverso una richiesta generalizzata del «pizzo» agli imprenditori locali, in un'impressionante sequela di delitti avvenuta nei precedenti 18 mesi nei confronti di commercianti, imprenditori e lavoratori autonomi, che raggiunse l'apice nell'incendio che, il 24 ottobre 2006, devastò la sede della rivendita di gomme e delle soprastanti abitazioni dell'imprenditore Giuseppe Godino. Quell'episodio suscitò grande sdegno nella popolazione che fu indotta a reagire, anche attraverso pubbliche manifestazioni e abbassando le saracinesche dei negozi. Nel febbraio 2007 i Godino ottennero una prima tranche dei fondi stanziati dalla legge n. 44/1999 (Fondo di solidarietà per le vittime del racket). Alla loro impresa, inoltre, venne affidato direttamente l'appalto per la fornitura e la manutenzione di gomme per i mezzi delle Ferrovie della Calabria.

[3] Il capo storico della famiglia, Francesco Iannazzo (classe 1951), ucciso il 20 maggio 1992, aveva saputo trasformarsi in pochi anni da bracciante agricolo in imprenditore edile. Benché non disponesse di consistenti risorse economiche né di adeguate conoscenze tecniche, grazie al rapporto con il suocero, Salvatore Renda, inserito nella realtà imprenditoriale locale in quanto «custode» dello stabilimento Icla di Lamezia Terme (società impegnata in importanti opere infrastrutturali) imparò a impegnarsi in prima persona nella gestione di imprese. Riuscì a coinvolgere imprenditori locali che, in cambio della protezione che

questi garantiva e al procacciamento di commesse da lui ottenute sfruttando la propria capacità intimidatoria, accettavano più o meno liberamente rapporti societari con il boss.

[4] Direzione investigativa antimafia, relazione 2003, p. 106.

[5] Commissione parlamentare antimafia, relazione del 2008.

[6] *Ibid.*

[7] Commissione parlamentare antimafia, 2004.

[8] Arcangelo Badolati, *La giustizia privata della 'ndrangheta*, in «Gazzetta del Sud», p. 27, 19 marzo 2008.

[9] Lo *zirro* è il recipiente di stagno dove viene raccolto l'olio appena spremuto.

[10] Intervista con il direttore del settimanale «Il Crotonese», Domenico Napolitano, 2008.

[11] Commissione parlamentare antimafia, relazione del 2008.

[12] *Ibid.*

## XIV. *Le proiezioni fuori dalla Calabria*

[1] Giuseppe Legato, *I nuovi boss*, in «La Stampa», 21 maggio 2008.

[2] Il consiglio comunale di Bardonecchia è stato sciolto nel 1995 per infiltrazioni mafiose.

[3] Andrea Galli, *La mafia a Milano c'è, mancano i mezzi per combatterla*, in «Corriere della Sera», 10 novembre 2007, p. 3.

[4] Direzione nazionale antimafia, conferenza nazionale sulla 'ndrangheta. Roma, 12 maggio 2004. Relazione di sintesi a cura di Vincenzo Macrì.

[5] I porti di Genova e di Massa Carrara sono storicamente noti quali punti nevralgici dei traffici gestiti dalla 'ndrangheta.

[6] Rapporto Ecomafia 2008, presentato da Legambiente il 14 giugno 2008.

[7] Ministero dell'Interno, rapporto annuale sulla criminalità organizzata, 2003.

[8] Direzione distrettuale antimafia di Perugia, indagine «Black Eagles», proc. n. 6566/00.

[9] De Pascale successivamente sarà indagato anche nell'operazione «Igres» delle DDA di Reggio Calabria e Palermo.

[10] Commissione parlamentare antimafia, relazione sulla 'ndrangheta, 2008.

[11] Sono stati rinchiusi in questi istituti di pena, tra gli altri, anche Saverio Mammoliti, indicato come uno degli ispiratori della mafia dei basilischi; Bruno Polimeni; Domenico Barbaro, detto «l'Americano»; Francesco Macrì; i fratelli Maesano e Giuseppe Fazio.

[12] Direzione nazionale antimafia, conferenza nazionale sulla 'ndrangheta, Roma, 12 maggio 2004. Relazione di sintesi a cura di Vincenzo Macrì.

## XV. *La 'ndrangheta nel mondo*

[1] Direzione nazionale antimafia, conferenza nazionale sulla 'ndrangheta, Roma, 12 maggio 2004. Relazione di sintesi a cura di Vincenzo Macrì.

[2] G. Manfredi, *Platì, un'escalation criminale iniziata con un'alluvione*, in «Il Messaggero», 2 agosto 1993.

[3] Vito Rizzuto è stato estradato negli Stati Uniti dove deve rispondere dell'accusa di concorso in triplice omicidio. I fatti si riferiscono al 1981.

[4] John Papalia, ucciso nel 1998, era figlio di Antonio Papalia, emigrato in Canada agli inizi del secolo scorso e coinvolto nel contrabbando dei liquori, ai tempi del proibizionismo.

[5] Tra gli altri ricordiamo Frank Costello (Lauropoli) e Albert Anastasia (Tropea-Parghelia).

[6] P. Pollichieni, *Traffico di stupefacenti e di banconote false*, in «Gazzetta del Sud», 23 agosto 1988.

[7] «Procedimenti contro Agnifili Gianfranco+121», in N. Palmieri, *'ndrangheta 2005, op. cit.*

[8] E. Ciconte, *Processo alla 'ndrangheta*, Laterza, Roma-Bari 1996, p. 189.

[9] In un certo periodo, i mafiosi calabresi insediarono propri "locali" in Germania. Nel 1985 Giuseppe Mazzaferro avrebbe inviato in loco Giuseppe Costa, Rosario Saporito e Salvatore Moscatelli per battezzare il nuovo locale e assegnare le "doti". Nel 1991 Giuseppe Sorbara e Rosario Saporito aprirono due "locali" a Stoccarda e a Mannheim.

[10] G. Manfredi, *Pizza connection. Nei guai anche un ministro tedesco*, in «Il Messaggero», 15 marzo 1994.

[11] Noticia.info, *Lucha contra el narcotráfico a gran escala. Las FCSE realizaron en 2005 casi 800 grandes operaciones contra el narcotráfico y detuvieron a 2000 personas que pretendían introducir droga en Europa*. Fuente: España, Ministerio del Interior.

# Appendice I

*Processi celebrati in Calabria per associazione
a delinquere dal 1880 al 1906*

| 1884 | Reggio Calabria | Condannate 4 persone, in precedenza ammonite per «mafia e camorra». | Luigi Labate era ritenuto il «capo di un'associazione di mafiosi». |
|------|------|------|------|
| 1886 | Gerace | Condannate 6 persone di Pietrapennata. | Giacomo Barbaro era il capo di questo gruppo di «uccelli di rapina». |
| 1887 | Nicastro | Condannate 3 persone «per ritorsione di arma insidiosa e di contravvenzione a precedente ammonizione». | Giovanni Guzzi, già recidivo, venne ammonito «come ozioso, vagabondo e camorrista». |
| 1890 | Palmi | Condannate 24 persone di Palmi, capeggiate da Carmine Tripodi. | Si tratta della prima organizzazione costituita a Palmi, nota come «associazione dei picciotti». |

| | | | |
|---|---|---|---|
| 1890 | Palmi | Condannato un uomo di Palmi per aver fatto parte di «un'associazione di malfattori a oggetto di delinquere contro le persone e la proprietà». | Il tribunale precisava che «tale associazione prese il nome di associazione dei picciotti». |
| 1890 | Reggio Calabria | Condannate 34 persone appartenenti a un'organizzazione criminale capeggiata da Paolo Scudieri. | C'era una società Maggiore e una società Minore. Della prima facevano parte i camorristi e della seconda i picciotti. |
| 1890 | Palmi | Condannate 68 persone, tra cui una donna domiciliata a San Procopio. Facevano capo a Giovambattista Sciarrone (Iatrinoli e Radicena), a Paolo Luci (Molochio), a Gaetano Ietto (Melicuccà), a Domenico Muratori (Messignadi) e a Pasquale Ferrara (Polistena). In appello 6 verranno assolti. | L'organizzazione, nota come «setta dei camorristi», si era formata in carcere. I capi erano detti mastri. Gli affiliati vestivano in un modo particolare per farsi riconoscere. |

| 1890 | Gerace | Condannate 9 persone, tutte di Platì, guidate da Vincenzo Ciampà. In appello i giudici ribaltarono la sentenza, ritenendo non provato che si fossero associate per commettere reati sotto la direzione di un capo. | |
| --- | --- | --- | --- |
| 1892 | Palmi | 219 imputati nella zona di Palmi, Arena, Melicuccà, Sinopoli, Radicena, Polistena, Rosarno, San Ferdinando e Bellantoni. 156 saranno condannati, tra cui due donne di Rosarno. | È il primo maxiprocesso. Due donne, al pari degli uomini, avevano giurato fedeltà ed erano entrate a far parte dell'organizzazione. |
| 1892 | Monteleone | Condannate 7 persone di Calabrò, guidate da Fortunato Palmieri. Tutte prosciolte in appello. | |
| 1893 | Gerace | Condannate 5 persone di Siderno. In appello una verrà assolta. | Criminali specializzati in furti. |
| 1894 | Reggio Calabria | Condannate 10 persone di Villa San Giovanni, Campo, Cannitello, Fiumara, Messalì, Salice e Rosalì. | Determinante la confessione di uno degli affiliati. |

| 1895 | Palmi | Condannate 11 persone di Cittanova. | Il capo era Antonio D'Agostino, di professione «industriante». Si «teneva banchetto per festeggiare l'entrata di un nuovo affiliato». |
|---|---|---|---|
| 1895 | Monteleone | Condannate 5 persone di Ricadi, guidate da Giulio De Vita. | Secondo l'accusa, avevano concentrato «nelle loro mani, mediante minacce, prepotenze e vie di fatto tutto il potere dell'amministrazione comunale di Ricadi». |
| 1896 | Reggio Calabria | Condannate 29 persone di Casalnuovo e Africo aderenti al clan di Filippo Velonà. | Identificate tutte le gerarchie in seno all'organizzazione (capo, sottocapo, cassiere, maestro di scherma, picciotti di sgarro, di vigilanza, di azione e di onore). |
| 1896 | Reggio Calabria | Condannate 40 persone di Brancaleone, Bova, Roccaforte, Gallicianò, Roghudi, San Lorenzo e Gallina. | Anche quest'organizzazione aveva come referente Filippo Velonà. |

| | | | |
|---|---|---|---|
| 1896 | Reggio Calabria | Condannate 26 persone di Roccaforte, Africo e Casalnuovo. Due saranno assolte in appello. | Specializzati in taglieggiamenti e rapine. Anche quest'organizzazione era capeggiata da Filippo Velonà. |
| 1896 | Reggio Calabria | Condannato un gruppo di benestanti (fatto insolito) di Condofuri, Roccaforte e Casalnuovo, appartenenti alla cosca di Domenico Tropeano. | Dichiarazioni del teste Saverio Pizzi: «Siffatta associazione era notoria, strizzando gli occhi fra loro; portando in sul capo un ciuffo di capelli, nonché il berretto inclinato da un lato alla maffiosa parlando con gergo fra essi, e camminando sempre armati». |
| 1896 | Gerace (l'odierna Locri) | Condannate 4 persone di Melicuccà, guidate da Domenico Tropeano. | «Spandimento di monete false a Cagueri». |
| 1897 | Palmi | 45 condannati, compreso il capo Santo Antonino Scidone. Quattro saranno prosciolti in appello. | Accertata l'esistenza di un codice. Il ritrovamento avvenne a Seminara nel 1896. |

| 1897 | Reggio Calabria | Condannata un'intera «setta tenebrosa» capeggiata da Francesco Cucinotta. 56 persone in primo grado, 55 in appello. | Gli associati parlavano un gergo «a mascolo». Ricostruito un glossario grazie alla collaborazione di una prostituta. Molti facevano «pompa del tatuaggio (un cuore trafitto da spade)». Annotarono i giudici che in questa organizzazione «non manca lo statuto, ma ai soci non si consegna alcuna carta scritta», in quanto dovevano apprendere «a voce le discipline sociali». Si trova scritto in sentenza che il capo bastone veniva eletto a maggioranza di voti. |
| --- | --- | --- | --- |
| 1897 | Nicastro | Condannate 26 persone, tra cui due individui di Sant'Eufemia d'Aspromonte e uno di Gioia Tauro. | Legami tra la mala reggina e quella catanzarese. Gli affiliati a questa organizzazione «per un nonnulla ferivano di rasoio, al maneggio del quale addestravansi fra loro». |
| 1897 | Nicastro | Condannate 30 persone di Sambiase guidate da Francesco Pizzonia. | |

| 1898 | Palmi | Condannate 20 persone legate a un'associazione operante a Melicuccà e a Seminara. | I giudici annotarono che la «mala pianta della camorra» aveva messo «profonde radici ... ne' circondari di Nicastro, Reggio e Palmi per propizio terreno». |
|------|-------|-----------------------------------------------------------------------------------|----------------------------------------------------------------------------------------------------------------------------------------------------------|
| 1899 | Reggio Calabria | Condannate 10 persone di Bova Marina, capeggiate da Giacomo Triveri. | |
| 1900 | Palmi | Condannate 11 persone di Sitizzano, frazione di Cosoleto. | Due donne condannate in primo grado verranno prosciolte in appello. Secondo i giudici a Sitizzano «prosperava la picciotteria, con regole proprie». |
| 1900 | Palmi | Condannate 24 persone di Scido e Santa Cristina d'Aspromonte. | Accertata l'influenza della mala di Radicena. Scrissero i giudici: «Uno dei principali obblighi che avvince gente di siffatta risma è quello di non far rivelazioni di sorta a chicchessia e segnatamente alla giustizia». |

| | | | |
|---|---|---|---|
| 1900 | Palmi | Condannate 26 persone di Maropati, capeggiate da Michelangelo Scarfò. | I camorristi erano detti anche «pampana» e i picciotti «mezze pampane». Minacce a un prete che esortava le donne dei mafiosi a ribellarsi. |
| 1900 | Palmi | Condannate 51 persone, quasi tutte di Palmi. Sette gli assolti in appello. L'associazione faceva capo a Santazzo Scidone, una delle figure più carismatiche della picciotteria. Fu il primo grande boss a venire ucciso in un regolamento di conti nel 1922. | Scrissero i giudici: «Esiste in Palmi una pericolosa società di malviventi denominata, come in tutta la Calabria, picciotteria». Testimoniò un sacerdote: «L'audacia dei malviventi rende pericolosissimo il passaggio per le vie anche prima dell'Avemaria». Condannata una donna di Maropati. Commentarono i giudici: «E come se non bastassero gli uomini, fu notato che anche le donne s'eran messe nell'orribile gioco». |

| 1900 | Palmi | 225 imputati alla sbarra e 221 condanne, tra cui una donna che, scrivevano i giudici, «segue i passi degli affiliati nell'ombra e nel silenzio della notte». Un'altra donna verrà invece prosciolta. I giudici indicarono come capi di questa organizzazione: Carmine Ricevuto, Giacomo Alessi, Giuseppe Andronico, Francesco Gullace, Giuseppe Luci, Vincenzo Pileggi, Angelo Pepe e Demetrio Sorrenti. L'associazione, nata a Radicena, presto si era diffusa in molti comuni del circondario di Palmi. | È il primo maxiprocesso istruito grazie alle rivelazioni di un pentito, Francesco Albanese, detto «Tarra», ex capo bastone di Gioia Tauro. Il Tarra rivelò anche le regole della picciotteria. Tra i precetti ineludibili citò «il tatuaggio, il rasoio, la politica, la falsa politica, l'umiltà, il bacio, il giuramento col pugnale, il rispetto reciproco fra gli associati, l'obbedienza cieca ai camorristi e al capo bastone». |
|------|-------|---------|---------|
| 1900 | Nicastro | Condannate 31 persone, capeggiate da Francesco Greco. | Per entrare nell'organizzazione veniva richiesta una tassa di 7,50 lire, ma si «dispensavano dalla tassa medesima coloro che, per gesta di bravura, se ne rendessero meritevoli». |
| 1900 | Palmi | Condannate 38 persone di Mileto. | Gli associati parlavano «un gergo tutto particolare». |

| 1901 | Reggio Calabria | Prosciolti in istruttoria tutti i presunti affiliati alla picciotteria di Santo Stefano d'Aspromonte, tra cui quattro donne. | Gli arresti erano scaturiti sulla scorta delle indagini sul bandito Giuseppe Musolino. |
|------|------|------|------|
| 1901 | Nicastro | Condannate 63 persone di Sambiase, Gizzeria e Platania. | Si scoprì che anche la picciotteria aveva il proprio tribunale. Venne ricostruita anche la formula del giuramento. |
| 1901 | Palmi | Condannate 32 persone di Tresilico, Oppido e Messignadi. | |
| 1901 | Reggio Calabria | 61 condannati, tutti di Reggio Calabria, tra cui due donne. | L'associazione era nota come «i figli del coraggio o la malavita». Uno sfregio consentiva il passaggio al grado superiore. Per la nomina a camorrista «occorreva che il candidato avesse ferito un altro camorrista e succhiato il suo sangue». |
| 1901 | Palmi | 122 persone alla sbarra, tutte di Maropati, Anoia Inferiore, Cinquefrondi, Galatro e Feroleto. 106 condannate in appello. | Salto di qualità: dal pascolo abusivo alle rapine e agli omicidi. |

| 1901 | Nicastro | Condannate 63 persone di Sambiase. | Il passaggio da picciotto a camorrista avveniva dopo uno sfregio. |
|---|---|---|---|
| 1901 | Monteleone | Condannate 56 persone capeggiate da Pasquale Albano. | |
| 1901 | Palmi | Condannate 15 persone, capeggiate da Antonio Grio. | |
| 1902 | Palmi | Condannato un gruppo di giovani, tutti di Palmi. | Erano dediti all'ozio e allo sfruttamento della prostituzione. |
| 1902 | Palmi | Condannate 45 persone di Sinopoli, Cosoleto, Solano, Sant'Eufemia e Delianova. | Prima operazione sotto copertura. Un delegato di PS, un certo Venzel, riuscì a raccogliere le confidenze del capo bastone di Sinopoli, Giorgio Stillisano, tra le quali la conferma dell'esistenza di uno statuto. |
| 1902 | Palmi | Condannate 17 persone di Palmi. | Molti delitti commessi contro «coloro che avevano deposto contro questa organizzazione nei precedenti processi». |
| 1902 | Palmi | Condannate 50 persone di Pernocari e dintorni. | Accertata l'esistenza di tatuaggi. |

| 1902 | Palmi | Condannate 50 persone di Rombiolo e dintorni. | Un imputato dettò a memoria al brigadiere dei carabinieri di Filandari lo statuto in vigore nella società Maggiore di Monteleone, l'odierna Vibo Valentia. |
|---|---|---|---|
| 1903 | Reggio Calabria | Condannate 41 persone di Africo, San Luca, Casalnuovo, Santo Stefano e Bruzzano, capeggiate da Antonio Favasuli. Due persone prosciolte in appello. | Accertata l'esistenza di un summit annuale a Polsi. Relazione del capitano dei carabinieri Giuseppe Petrella. Un teste, Angelo Princi, descrisse tutta l'organizzazione nota come «Onorata Società». È la prima volta che in atti giudiziari compare questa definizione. |
| 1903 | Cosenza | Condannate 86 persone, guidate da Stanislao De Luca. La struttura ricalcava fedelmente quella della picciotteria reggina e catanzarese. | Trovato un foglio di carta nel pagliericcio di uno degli imputati, nel quale la malavita cosentina veniva definita «Onorata Società». |
| 1903 | Palmi | Condannate cinque persone, capeggiate da Domenico Famà. | Un imputato tagliò la faccia a un associato che si era rifiutato di pagare la tassa. |
| 1903 | Reggio Calabria | Condannati picciotti e camorristi di Africo e San Luca. | |

| | | | |
|---|---|---|---|
| 1903 | Palmi | Condannati 54 individui, tra cui una donna, legati alla picciotteria di Gioia Tauro che faceva capo a Bruno Mangione. | Gli imputati vennero accusati di essersi aggregati «nelle file della mafia». |
| 1903 | Palmi | Condannate 36 persone di Cittanova, Rizziconi, Drosi, Iatrinoli, Maropati e Gioia Tauro. | |
| 1903 | Gerace | Condannate 5 persone, tutte di Portigliola. Il capo era Andrea Spagnolo. | |
| 1903 | Monteleone | Condannate 12 persone guidate da Vincenzo Mancuso. | |
| 1903 | Catanzaro | Condannate 87 persone appartenenti a un'organizzazione nota come «Società della malavita catanzarese». | Durante una perquisizione vennero trovati «due fogli di carta» contenenti le regole sociali con «tutte le norme, specie dell'ammissione ed espulsione». |
| 1904 | Reggio Calabria | Condannate 14 persone di Calanna. | Uno degli imputati, Giuseppe Chirillo, in aula minacciò di tagliare la gola a un teste dell'accusa. Un altro imputato fu accusato di far parte della «maffia di Santo Stefano». |

| 1904 | Monteleone | Condannate 33 persone guidate da Antonio Aiello. | Un imputato «sfregiò nel viso con un rasoio» un testimone che aveva rivelato le confidenze fattegli da un associato. |
|------|------------|---------------------------------------------------|-----------------------------------------------------------------------------------------------------------------------|
| 1904 | Nicastro | Condannate 10 persone di Nicastro, guidate da Antonio Costanzo. | Commentavano i giudici: «La prepotenza e la tracotanza del Costanzo arriva a tanto che, ritenuto qual capo, i danneggiati si rivolgevano a lui per essere favoriti e soccorsi, pur sapendolo principale autore dei reati». |
| 1905 | Nicastro | Condannate 47 persone. | I giudici annotavano che questa associazione aveva uno statuto non scritto. |
| 1905 | Palmi | Condannate 148 persone, capeggiate da Francesco Marino. | Chi tradiva pagava anche con la morte. |
| 1905 | Crotone | Condannate 12 persone di Cirò, guidate da Giovanni Damiano. | Incendiato il municipio durante la campagna elettorale per le elezioni provinciali. |
| 1906 | Reggio Calabria | Condannate 11 persone legate a un clan di Gallico, capeggiato da Giovanni Costa. | Costa era rientrato da poco dagli Stati Uniti, dove aveva fatto parte della «mano nera». |

| 1906 | Reggio Calabria | Condannate 7 persone di Condofuri, capeggiate dal settantenne Leo Marino. | |
|------|-----------------|---------------------------------------------------------------------------|--|
| 1906 | Palmi | Condannate 6 persone di Polistena e Melicucco, tra cui due donne. | |
| 1906 | Palmi | Condannate 24 persone di Radicena, Cittanova, Rizziconi, Iatrinoli, Polistena, San Ferdinando, Anoia, Rosarno, Laureana, Bagnara, Sant'Eufemia e Mammola. | |
| 1906 | Reggio Calabria | Condannate 22 persone capeggiate da Bruno Castagna. | Prese di mira le filandine nell'area di Villa San Giovanni. |

# RITI DI AFFILIAZIONE

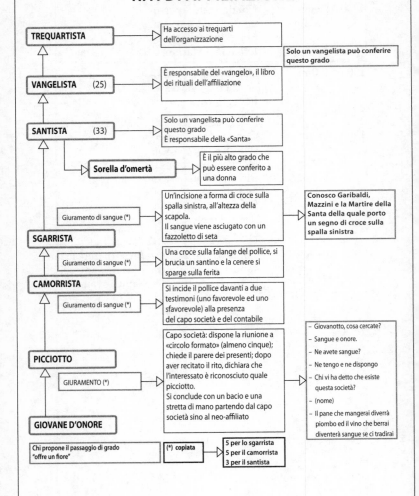

**TREQUARTISTA** → Ha accesso ai trequarti dell'organizzazione

Solo un vangelista può conferire questo grado

**VANGELISTA** (25) → È responsabile del «vangelo», il libro dei rituali dell'affiliazione

**SANTISTA** (33) → Solo un vangelista può conferire questo grado
È responsabile della «Santa»

**Sorella d'omertà** → È il più alto grado che può essere conferito a una donna

Giuramento di sangue (*) → Un'incisione a forma di croce sulla spalla sinistra, all'altezza della scapola.
Il sangue viene asciugato con un fazzoletto di seta

Conosco Garibaldi, Mazzini e la Martire della Santa della quale porto un segno di croce sulla spalla sinistra

**SGARRISTA**

Giuramento di sangue (*) → Una croce sulla falange del pollice, si brucia un santino e la cenere si sparge sulla ferita

**CAMORRISTA**

Giuramento di sangue (*) → Si incide il pollice davanti a due testimoni (uno favorevole ed uno sfavorevole) alla presenza del capo società e del contabile

**PICCIOTTO**

GIURAMENTO (*) → Capo società: dispone la riunione a «circolo formato» (almeno cinque); chiede il parere dei presenti; dopo aver recitato il rito, dichiara che l'interessato è riconosciuto quale picciotto.
Si conclude con un bacio e una stretta di mano partendo dal capo società sino al neo-affiliato

- Giovanotto, cosa cercate?
- Sangue e onore.
- Ne avete sangue?
- Ne tengo e ne dispongo
- Chi vi ha detto che esiste questa società?
- (nome)
- Il pane che mangerai diverrà piombo ed il vino che berrai diventerà sangue se ci tradirai

**GIOVANE D'ONORE**

Chi propone il passaggio di grado "offre un fiore"

(*) copiata → 5 per lo sgarrista
5 per il camorrista
3 per il santista

# Appendice II

*La 'ndrangheta delle parole, le parole della 'ndrangheta.*
*I rituali, i codici, la terminologia, le cerimonie*
*raccontate dai collaboratori di giustizia**

**L'ALBERO DELLA SCIENZA**  «Essa (la 'ndrangheta) è rappresentata dall'albero della scienza, che è una grande quercia alla cui base è collocato il capo bastone o mammasantissima, ossia quello che comanda. Il fusto (il tronco) rappresenta gli sgarristi che sono la colonna portante della 'ndrangheta. Il rifusto (grossi rami che partono dal tronco) sono i camorristi che rappresentano gli affiliati con dote inferiore alla precedente. I ramoscelli (i rami propriamente detti) sono i picciotti, cioè i soldati della 'ndrangheta. Le foglie (letteralmente così) sono i contrasti onorati cioè i non appartenenti alla 'ndrangheta. Infine, ancora le foglie che cadono sono gli infami che, per la loro infamità, sono destinati a morire.»

Il grado, nel linguaggio della 'ndrangheta, è una dote, un fiore.

**LA DOTE**  «La dote può essere definita come un valore di merito che si conferisce a un affiliato, e man mano che

---

* Questa parte è tratta integralmente da rapporti giudiziari e sentenze, senza alcun intervento sui testi né strutturale, né stilistico, né formale.

questo valore aumenta, aumenta la dote stessa, in quanto si passa da un grado a un altro.» La dote, in base alla simbologia dell'albero della scienza, cresce in ordine di «pesantezza», i ramoscelli hanno una dote più leggera del rifusto, il rifusto ha una dote più leggera del fusto e così via.

LA SOPRA-DOTE    «È un termine usato per indicare un'attribuzione di merito che viene conferita a un affiliato cui l'organizzazione riconosce un certo valore, ma gli attribuisce solo una sopra-dote che consentirà allo stesso di svolgere particolari incarichi o funzioni, ma non gli permetterà di salire gerarchicamente al grado superiore.»

IL FIORE È SINONIMO DI DOTE    «Il termine fiore è sempre ricollegato ai gradi della gerarchia della organizzazione, si usa al posto del termine dote quando un affiliato ne acquista una superiore. Infatti si dice che l'appartenente alla 'ndrangheta che propone l'attribuzione di una dote superiore per un altro affiliato è proprio colui che offre un fiore.»

Prima di affrontare l'analitica descrizione delle varie doti, è opportuno spiegare brevemente il significato di alcuni termini che vengono citati nei rituali:

- SOCIETÀ    è la riunione di più affiliati;
- CAPO SOCIETÀ    è colui che presiede la riunione;
- CORPO DI SOCIETÀ    sono i partecipanti alla riunione escluso il capo società;
- MASTRO DI GIORNATA    è una funzione che riveste quell'affiliato che ha mansioni di controllo del territorio e di raccordo tra gli affiliati operanti nella zona di pertinenza;
- LOCALE    è il luogo dove si riunisce la società; il termine indica anche la struttura territoriale di base della 'ndrangheta;
- CONTABILE    è la carica che riveste l'affiliato che ha la responsabilità economica del locale;

- **CRIMINE** è la funzione ricoperta dall'affiliato che ha la responsabilità delle azioni criminali del locale;
- **FORMARE** significa indire una riunione della società per affiliare un nuovo 'ndranghetista;
- **COPIATA** sono i tre nomi che un affiliato deve ricordare. Si riferiscono al capo società, al contabile e al crimine i quali lo hanno affiliato o gli hanno conferito una dote superiore. Per alcune doti la copiata può far riferimento a nomi di personaggi della tradizione. Essa deve essere dichiarata ogni qualvolta un affiliato si presenta in luogo diverso da quello di appartenenza, oppure quando gli venga richiesta da un affiliato di dote superiore. Per gli appartenenti alla società Maggiore, la copiata inerisce ai nomi del capo società, del contabile e del mastro di giornata o del crimine della società Maggiore del locale, mentre per gli appartenenti alla società Minore la copiata fa riferimento ai nomi del capo giovane, del puntaiolo e del picciotto di giornata.

Passiamo ora ad analizzare i vari livelli gerarchici, partendo dal basso.

**CONTRASTO ONORATO** «Ci sono anche i contrasti onorati e sono quelle persone ritenute degne e meritevoli di entrare a far parte della 'ndrangheta. Voglio però precisare che l'espressione contrasti onorati è usata dagli 'ndranghetisti quando parlano tra di loro, si riferiscono ai non affiliati che potrebbero diventarlo, ma non ci si rivolge mai a tali persone chiamandole contrasti onorati. Chi non è affiliato e non ha alcun merito criminale è un contrasto o un contrastone.»

Il contrasto onorato diventa affiliato mediante un particolare rito chiamato rimpiazzo, o più comunemente battesimo.

**GIOVANE D'ONORE** «La qualifica di giovane d'onore è data per diritto di discendenza ai figli maschi degli appartenenti alla 'ndrangheta dei quali si suppone la futura appartenenza all'organizzazione, ma che non comporta di per sé l'adesione alla stessa. Giovane d'onore non è un vero e proprio grado, ma solamente un riconoscimento che spetta per diritto ai figli maschi degli uomini d'onore. A ogni modo essere considerati giovani d'onore non significa che si debba entrare obbligatoriamente nella 'ndrangheta.»

In pratica, quella del giovane d'onore non è una dote. Esprime un concetto di potenzialità che deriva *iure sanguinis*.

**PICCIOTTO**    Definita anche «picciotto liscio», questa è la prima dote che un contrasto, cioè un non affiliato, può acquisire entrando a far parte della 'ndrangheta. Questa dote può essere acquisita solo al compimento del quattordicesimo anno di età. L'iniziazione alla 'ndrangheta avviene attraverso un rito detto battesimo, rimpiazzo o taglio della coda. Per ottenere il grado di picciotto ed entrare nel locale, ciascun aspirante deve essere rappresentato da sette affiliati, di cui uno a titolo di garante. Costoro devono attestare le qualità del soggetto e la mancanza di macchie di onore, di infamità e di tragedia.

**I COMPITI**    I compiti, di solito affidati a colui che ha la dote di picciotto, sono meramente esecutivi, e se nell'attività a esso affidata questi si dimostra «degno e meritevole», ovviamente nell'ottica criminale, può essere destinatario dell'offerta di un fiore, per salire nella gerarchia mafiosa.

**MAI MENO DI UNO**    Una «società», cioè uno stabile raggruppamento di 'ndranghetisti, deve però annoverare tra le sue file sempre un picciotto o un picciotto liscio, e quindi nell'ipotesi in cui una società abbia in organico un solo picciotto, questi non potrà ricevere la dote successiva finché non verrà affiliato qualche altro picciotto. Per tale motivo i picciotti lisci hanno interesse a individuare nuove persone che abbiano i requisiti per essere affiliati. Costituisce questo, pertanto, uno dei compiti tipici della dote di picciotto liscio.

COPIATA     Al termine della cerimonia di affiliazione, sciolto il ferro di cavallo, il capo società avvicina il picciotto e gli passa la copiata.

PROMOZIONI     «I successivi passaggi di grado avvengono per meriti, che possono essere per merito di azione o per merito di comportamento. Il merito di azione è collegato con gli incarichi ricevuti e portati a termine, mentre il merito di comportamento è quello collegato alle capacità di diplomazia, di mediazione, e di trattativa dimostrata dal soggetto.»

SANTA DI RIFERIMENTO     Poiché la 'ndrangheta nei suoi riti si presenta come una sintesi di sacro e profano, nella quale le finalità illecite della organizzazione vengono ammantate da un alone di sacralità religiosa, ogni dote, fino a un certo punto della carriera 'ndranghetistica, ha un riferimento religioso che si identifica con un santo. «Per la dote di picciotto il santo protettore è santa Liberata.»

IL RITUALE DI AFFILIAZIONE     «Il rito di affiliazione di un contrasto onorato viene comunemente indicato con il termine rimpiazzo, battesimo o taglio della coda. Quest'ultimo termine deriva dalla tradizione in quanto nel linguaggio dell'onorata società si dice che il contrasto, camminando, solleva polvere, per cui il taglio della coda lo fa camminare su un tappeto di erba e fiori.»

FERRO, FUOCO E CATENE     «L'affiliazione di società è anche detta di ferro, fuoco e catene, dove il ferro si riferisce al pugnale, il fuoco alla candela che brucia l'immagine sacra e le catene fanno riferimento al carcere in quanto prima o poi ogni affiliato proverà questa esperienza.»

BATTESIMO DEL LOCALE     Il rito avviene nel corso di una riunione, che presuppone altri due rituali: il primo, facoltativo, definito *battesimo del locale*, il secondo, obbligatorio, che spiega come formare la società. In altre parole, mentre quello del battesimo del locale è un rituale che viene rimesso alla discrezionalità del capo società che presiede la riunione, il rituale della formazione della società o del circolo è un prodromo indefettibile, e soltanto quando tale rituale viene concluso la riunione può avere inizio. Il battesimo del locale pertanto consiste nella «purificazione» del luogo fisico nel quale si terrà la riunione.

## LA FORMULA PER BATTEZZARE IL LOCALE

(D = domanda fatta dal capo società; R = risposta dell'assemblea dei presenti)

D: Buon vespero saggi compagni.

R: Buon vespero.

D: State accomodi per battezzare questo locale?

R: Stiamo accomodi.

D: A nome dei nostri vecchi antenati, i tre cavalieri spagnoli Osso, Mastrosso e Carcagnosso, battezzo questo locale, se prima lo riconoscevo per un locale che bazzicavano sbirri e infami, da ora in poi lo riconosco per un luogo sacro santo e inviolabile dove può formare e sformare questo onorato corpo di società.

Un'altra formula per battezzare il locale, utilizzata proprio in occasione delle cerimonie di affiliazione, è stata rinvenuta in un manoscritto da personale della polizia di Stato nella zona di Rosarno (RC). Eccola: «Io battezzo questo locale sacro, santo e inviolabile, come l'hanno battezzato i tre vecchi cavalieri di Spagna Osso, Mastrosso e Carcagnosso, se prima lo conoscevo per un locale di transito e passaggio, da oggi in poi lo riconosco per un locale battesimale dove si battezzano picciotti, giovani d'onore e camorristi».

## LA FORMULA PER FORMARE LA SOCIETÀ    Dopo aver effettuato il battesimo del locale, l'adunata di 'ndranghetisti passa alla formazione della società, cosa questa che avviene

non solo per le riunioni di affiliazione, ma per qualsiasi riunione di 'ndrangheta, quale che sia l'oggetto della stessa, purché riguardi qualsiasi progetto di natura criminale che afferisce al locale. La formula per formare la società è la seguente:

(Apre la riunione il capo società = CS; l'assemblea degli affiliati = A)

CS: Buon Vespero.

A: Buon Vespero.

CS: Siete conformi?

A: Siamo conformi.

CS: Su che cosa?

A: Sulle regole di società.

CS: Nel nome dell'Arcangelo Gabriele e di sant'Elisabetta, il circolo di società è formato. Ciò che si dice in questo circolo a forma di ferro di cavallo, qua si dice e qua rimane, chi parla fuori da questo luogo è dichiarato tragediatore a suo carico e a discarico di questa società.

Un'altra formula per formare società, rinvenuta sempre nei fogli manoscritti di Rosarno, così recita: «Io formo questo corpo di società a ciampa (ferro) di cavallo e sfera di mezzaluna, con parola mia divina formo e sformo fino a mattina, con parola mia severa formo e sformo come una sfera, con parola da minore sottoposto a maggiore, con parola d'omertà è formata società».

C'è un'ulteriore formula per formare società. Così recita:

CS: Siete conformi?

A: Su di che?

CS: A formare società.

A: Siamo conformi.

CS: Calice d'argento, ostia consacrata, parole d'omertà è formata società.

Dopo queste parole i partecipanti si baciano la mano, si mettono a braccia conserte e formano il circolo. Prima

del saluto, tutti gli affiliati, disposti a semicerchio, devono stare a braccia conserte e non scioglierle per nessun
motivo, solo il capo società può muoversi liberamente.
Iniziata la riunione egli rende noto l'ordine del giorno.

IL BATTESIMO   La riunione è presieduta dal capo società:

CS: Siamo qui riuniti per affiliare un contrasto onorato che si è distinto per virtù e umiltà, per lui si fa garante... [si dice il nome della persona che garantisce la pre-
sentazione] se qualcuno dei presenti ha delle obiezioni,
le faccia adesso oppure taccia per sempre [in genere non
vi sono obiezioni quindi la riunione va avanti]. Introdu-
cete il contrasto onorato [il garante introduce la persona
davanti al capo società]: chi siete e che volete?

NA (nuovo affiliato): Mi chiamo... [nome e cognome]
e cerco sangue e onore.

CS: Sangue per chi?

NA: Per gli infami.

CS: Onore per chi?

NA: Per l'Onorata Società.

CS: Siete a conoscenza delle nostre regole?

NA: Sono a conoscenza.

CS: Prima della famiglia, dei genitori, delle sorelle,
dei fratelli, viene l'interesse e l'onore della società, essa
da questo momento è la vostra famiglia e se commette-
rete infamità, sarete punito con la morte. Come voi sarete fedele alla società, così la società sarà fedele con voi
e vi assisterà nel bisogno, questo giuramento può essere infranto solo con la morte, siete disposto a questo? Lo
giurate?

NA: Lo giuro nel nome dell'Arcangelo Gabriele e della Sacra Corona [che è rappresentata dal capo in testa del
locale principale della Maggiore di San Luca] dell'Onorata Società, da questo momento la mia famiglia siete voi,
sarò sempre fedele e solo la morte potrà allontanarmi, mi
rimetto a voi per macchie d'onore, tragedie o infamità,

a mio carico e a discarico di tutta la società, se farò sbaglio verrò punito con la morte.

CS: Se prima vi conoscevo come un contrasto onorato, da ora vi riconosco come picciotto d'onore...

IL BACIO    Da questo momento il contrasto onorato è riconosciuto affiliato con tutti i diritti e i doveri della 'ndrangheta, quindi fa il giro degli altri affiliati seduti e dà due baci sulle guance a tutti riservando tre baci solo al capo società. A questo punto, mentre si avvia per uscire dal locale, gli si avvicina il garante per comunicargli i nomi della copiata a cui deve fare riferimento.

SCIOGLIMENTO DELLA SOCIETÀ    Il capo società, terminato questo rito, si rivolge al circolo formato e recita la formula dello scioglimento della società:

CS: Da questo momento abbiamo un nuovo uomo d'onore, Società ha formato, il circolo è sciolto. Buon vespero.

A: Buon vespero.

ALTRA FORMULA PER L'AFFILIAZIONE DI SOCIETÀ    Dopo aver formato il circolo, il capo società pronuncia queste parole: «Passo alla prima votazione sul conto di... [nome del nuovo adepto]. Se prima lo conoscevo come un giovane in fiore da oggi in avanti lo conosco come un giovane in fiore franco e non libero.

«Passo alla prima e seconda votazione sul conto di... Se prima lo conoscevo come un giovane in fiore franco e non libero da oggi in avanti lo conosco come un picciotto liscio franco e non libero.

«Passo alla prima, seconda e terza votazione sul conto di... Se prima lo conoscevo come un picciotto liscio franco e non libero da oggi in avanti lo conosco come un picciotto liscio e deve giurare di spartire centesimo per centesimo, millesimo per millesimo, e se si macchia d'onore e d'infamità a carico suo e a discarico della società.»

Alla fine di questa cerimonia dopo aver baciato tutti i

componenti del circolo il nuovo affiliato viene avvertito che se lui o qualche altro componente della sua famiglia dovesse tradire, la punizione colpirebbe tutti gli appartenenti alla sua famiglia tranne la madre.

**AFFILIAZIONE SEMPLICE**  Il rituale appena descritto riguarda l'affiliazione di società. Vi è un'altra forma di affiliazione, che è quella semplice, utilizzata per gli affratellamenti in carcere. In questi casi dopo che è stato formato il «ferro di cavallo», di fronte a esso si pone colui che funge da capo società il quale prende un fazzoletto di seta, fa un nodo, lo colloca alla propria destra. Ciò rappresenta la copiata a cui quella riunione fa riferimento, per il resto il rito è identico al precedente.

Un collaboratore, nelle sue dichiarazioni, descrive con maggiore dovizia di particolari l'affiliazione semplice: «Il capo società del carcere è quella persona affiliata alla 'ndrangheta che per grado e collocazione mafiosa è il personaggio più autorevole della comunità penitenziaria; va precisato che questo personaggio appartiene alla 'ndrangheta locale, ossia della giurisdizione ove ha sede l'istituto di reclusione. Dico questo per specificare che nel caso in cui viene temporaneamente associata nella casa circondariale una persona della 'ndrangheta con un grado maggiore, ugualmente la carica di capo società viene mantenuta dal mafioso locale. La qualità di capo società del carcere attribuiva al titolare il potere di affiliare persone sino a quel momento non appartenenti alla 'ndrangheta. La cerimonia di iniziazione si celebrò all'interno della cella di ... Venne costituito un circolo composto dal ... che fungeva da mastro di giornata. All'inizio del rito io dovevo rimanere fuori della cella in quanto ancora del tutto estraneo all'Onorata Società. I cinque cominciarono a pronunciare a bassa voce delle frasi che consacravano il rito della mia investitura. Man mano che si andava avanti venivo invitato a fare un passo verso di loro sino a quando il rito terminava con il mio inserimento all'interno di quel circolo di persone. Questa cerimonia veniva ripetuta per tre volte al termine delle quali venivo battezzato picciotto dal capo società che contemporaneamente appoggiando la mano destra sulla mia testa pronunciava delle parole rituali. Subito dopo io donavo un foulard di seta al capo società ed era questo il momento conclusivo del rito che consacrava il mio inserimento nell'Onorata Società. Di seguito ricevevo gli auguri di tutti i presenti».

L'OBBLIGO DI PRESENTAZIONE    Quando l'affiliazione è semplice comporta il successivo «obbligo di presentazione». Infatti il nuovo affiliato deve presentarsi, appena scarcerato, davanti ai rappresentanti del locale del quale ha assunto la copiata. Questo deve avvenire entro tre giorni dalla scarcerazione, avvertendo del suo arrivo il picciotto di giornata, o altra persona conosciuta come affiliato, per organizzare una riunione di riconoscimento. Avuta questa notizia, il capo bastone indice una riunione per la conferma dell'affiliazione. Naturalmente si dovrà fare la verifica di quanto dice il nuovo affiliato onde evitare che qualcuno possa infiltrarsi nell'organizzazione. Il locale, per ricevere queste informazioni, prende tre giorni di tempo, che possono essere prorogati di tre per volta fino all'acquisizione delle notizie utili: il tutto avviene indicativamente nel termine massimo di tre settimane. Se il nuovo affiliato è conosciuto personalmente dal capo bastone o da altro appartenente al locale, non vi è la necessità di avere queste informazioni in quanto tale conoscenza è già una garanzia.

FORMULA DI RINGRAZIAMENTO    In alcune circostanze il neoadepto prima dello scioglimento della riunione può recitare la seguente formula di ringraziamento, rinvenuta tra l'altro nel manoscritto di Rosarno: «Buon vespero, state conformi che faccio un piccolo ringraziamento a questa sacra onorata società, conforme giusto appunto. Questa sera non ho lingua e cuore per ringraziare questa sacra onorata società che mi ha riconosciuto degno e meritevole e ha liberato la mia traggenza franca e libera di attività su disposto di regola di camorra e comandi di società».

**VINCOLI DI SANGUE**    «Fra gli affiliati della Minore vi sono, inoltre, dei particolari vincoli di sangue che vengono celebrati tra due affiliati che sono legati da una profonda amicizia. Questo rito avviene alla presenza del capo bastone, il quale punge l'indice destro dei due affiliati e, successivamente, li unisce in modo che vi sia un "contatto di sangue" che, mescolandosi, va a cadere su una delle immagini sacre che, successivamente, viene bruciata. Il capo bastone suggella questo vincolo con la sua presenza e con queste parole: "Da questo momento siete fratelli, il sangue di ognuno di voi è nell'altro, solo altro sangue o infamità possono sciogliere questo vincolo"».

**CAMORRISTA**    È la seconda dote della gerarchia della 'ndrangheta. Infatti se da un lato è naturale l'acquisto di un fiore da parte di un picciotto degno e meritevole, dall'altro è possibile però saltare il primo scalino della gerarchia ed essere battezzati direttamente camorristi senza essere stati picciotti. Ciò secondo le regole dell'Onorata Società è consentito soltanto ai giovani d'onore ritenuti più idonei, e in questi casi il camorrista è definito «in corona». La dote di camorrista presenta una serie di sopra-dote: camorrista semplice, camorrista di società, camorrista di fibbia, camorrista formato e camorrista di sgarro.

**CAMORRISTA SEMPLICE O DI SOCIETÀ**    Il camorrista può essere *semplice* o *di società* e questa distinzione deriva dal modo con cui viene conferita la dote, cioè a seconda che avvenga con l'affiliazione di società o con l'affiliazione semplice, quella utilizzata per formare gli 'ndranghetisti in carcere.

**CAMORRISTA DI FIBBIA**  Quando il camorrista ha la sopra-dote della *fibbia* gli viene riconosciuta la facoltà di convocare e presiedere una riunione per l'affiliazione di un picciotto o di un camorrista semplice.

**CAMORRISTA FORMATO**  Quando è *formato*, il camorrista ha la possibilità di sostituire il capo bastone del proprio locale per effettuare affiliazioni. Può assolvere altri compiti e se necessario prendere le adeguate decisioni.

**CAMORRISTA DI SGARRO**  Il camorrista è *di sgarro* quando ha portato a termine azioni ritenute valide nell'ottica delinquenziale, anche se non necessariamente di sangue. Uno dei compiti tipici del camorrista di sgarro è quello di esigere il pizzo dagli estorti.

**LIBERO E VINCOLATO**  Con la sopra-dote dello sgarro il camorrista può conseguire quello status che è definito *libero e vincolato*.

Gli affiliati liberi e vincolati all'interno della 'ndrangheta sono quelle persone che hanno una maggiore autonomia rispetto agli altri appartenenti, nel senso che hanno il diritto di agire in modo indipendente anche nell'ambito dell'organizzazione criminale pur senza essere capi e senza avere mai raggiunto i gradi della scala gerarchica 'ndranghetistica. Per avere questo status è necessario possedere la dote di camorrista di sgarro e aver dimostrato notevole e inequivocabile capacità criminale, specie nella commissione di azioni di sangue.

**SANTA DI RIFERIMENTO**  La santa di riferimento dei camorristi è santa Nunzia.

**IL CONTRADDITTORIO**  Nel rituale per il passaggio alla dote di camorrista, all'interno della cerimonia si crea un contraddittorio tra due 'ndranghetisti, uno dei quali è favorevole al conferimento della dote e l'altro è contrario. Il primo mette in evidenza gli aspetti positivi della persona cui deve essere conferito il fiore, il secondo gli aspetti negativi.

**PUNGITINA** Nella cerimonia del conferimento della camorra, il rituale del giuramento di sangue viene definito in gergo *pungitina*.

**LA FORMULA** Una volta formata la società, per la pungitina è richiesta anche la presenza del contabile; il capo società, di fronte ai due testimoni, quello favorevole e quello contrario, ripete per tre volte la formula della votazione. Se non vi sono opposizioni da parte dei presenti, con un ago o con un coltello punge l'indice destro del picciotto, facendo cadere qualche goccia di sangue sull'icona di santa Annunziata (santa di riferimento del camorrista), accende una candela e tiene il dito punto per qualche secondo sulla fiamma, poi dà fuoco all'immagine sacra. Mentre questa viene distrutta dal fuoco, pronuncia le seguenti parole: «Come il fuoco brucia questa sacra immagine così brucerete voi se vi macchierete d'infamità. Se prima vi conoscevo come un picciotto da ora vi conosco come un camorrista».

**SGARRISTA** Altra dote è lo sgarro. Gli sgarristi nell'albero della scienza sono considerati la colonna portante della 'ndrangheta essendo rappresentati appunto dal fusto. Lo sgarro prevede due sopra-dote: sgarrista *di sangue* e sgarrista *definitivo*.

**SGARRISTA DI SANGUE** Questa sopra-dote è conferita all'affiliato che ha commesso almeno un omicidio.

**SGARRISTA DEFINITIVO** Questa sopra-dote costituisce il grado più alto della società Minore.

**SANTA DI RIFERIMENTO** La santa di riferimento degli sgarristi è santa Elisabetta.

**IL RITUALE** Per poter conferire la dote dello sgarro a un camorrista si segue un rituale che si differenzia da quelli finora descritti. Ogni persona che partecipa alla riunione deve avere la dote di sgarrista, a eccezione del solo camorrista cui deve essere offerto il fiore. Pertanto anche i compiti che di solito spettano ai picciotti quali quello di sentinella d'omertà e quello della perquisizione dei partecipanti saranno assolti dagli sgarristi che per l'occasione si «abbasseranno di grado». La sentinella d'omertà è colui che controlla l'esterno per tutta la durata della riunione ed esegue il compito di perquisire i partecipanti in quanto alla riunione della società di sgarro non si può partecipare armati. Il mastro di giornata, assieme alle sentinelle d'omertà, fa un giro dei partecipanti e si fa consegnare le armi recitando la seguente frase: «Saggi compagni siete invitati a consegnarmi le armature». Chi si rifiuta viene perquisito e in tal caso il mastro di giornata recita la seguente formula: «Saggio compagno, il mio è un intervento d'omertà, con una mano mi riservo e con l'altra vi perquisisco». Oppure quest'altra frase: «A nome dei vecchi antenati conti di Russia e cavalieri di Spagna, che hanno sofferto 29 anni di ferro e catene, Osso, Mastrosso e Carcagnosso vi impongo se armature bianche o nere avete e non verranno consegnate con le stesse sarete praticati». Nel sequestro effettuato a Rosarno il cerimoniale per la perquisizione viene descritto nei minimi particolari:

D: Buon vespero, state conformi a sequestrare queste armature?

R: Siamo conformi.

D: Se prima mi riconoscevo per un mastro di giornata, da questo momento mi conoscerete per un poliziotto d'omertà che fa il suo dovere in società formata. Chi ha armature che le tirasse fuori, ora che sono sequestrate qualsiasi armatura. Guai a chi trovo specchi, coltelli e rasoi, verrà praticato con due e tre zaccagnate [coltellate] nella schiena, come è prescritto dalla regola sociale, con una mano mi ribasso e con un'altra vi passo le pulci. Permettete capo 'ndrina?

Dopo aver perquisito tutti i presenti, il mastro di giornata riprende i suoi gradi e la sua funzione con la seguente formula: «Buon vespero, state conformi che mi raccolgo il mio onore, se prima mi riconoscevo per un poliziotto d'omertà da questo momento mi riconoscerete per un mastro di giornata che fa il suo dovere in società formata, guai a chi parla in società formata e non cerca la parola al mastro di giornata, verrà praticato con due e tre zaccagnate nella schiena come regola di società prescrive. Capo contabile avete libertà e potete formare».

Da questa regola, cioè quella di essere disarmati nel corso delle riunioni di sgarristi, sono esenti soltanto i latitanti, che all'atto della perquisizione si dichiareranno cavalieri erranti e quindi non saranno perquisiti.

Adempiuti questi preliminari si passa a formare la società con la seguente formula:

CS: Buon vespero saggi compagni.

A: Buon vespero.

CS: Siete accomodi per formare società di sgarro?

A: Accomodissimi.

CS: Con bastone d'oro e pomello d'argento, stella mattutina che forma a ciampa di cavallo società criminale e 'ndrina, con parole d'uomo e parole d'omertà è (s)formata società. A nome di Minofrio, Mismizzu e Misgarru è (s)formata la società di sgarro.

Si procede quindi al rito vero e proprio sul conto del camorrista, che nel frattempo stava in disparte, con la seguente formula: «A nome di Minofrio, Mismizzu e Misgarro passo alla prima votazione su ... Se prima lo riconoscevo come camorrista di sangue, da questo momento lo riconosco per uno sgarrista fatto a voce, appartenente e non appartenente a questo corpo di società sacra, santa e inviolabile.

«A nome di Minofrio, Mismizzu e Misgarro passo alla seconda votazione su ... Se prima lo riconoscevo per uno sgarrista fatto a voce, da questo momento lo riconosco come uno sgarrista non ancora consacrato e battezzato».

Viene tagliata la testa della figura di san Michele Arcangelo. E mentre si dà fuoco alla immaginetta, con un coltello si incide una croce sul pollice della mano destra del nuovo adepto, il capo società recita la formula del battesimo:

«A nome di Minofrio, Mismizzu e Misgarro che gli hanno tagliato la testa a san Michele Arcangelo perché è stato molto severo nella sua spartizione e il suo corpo è stato sepolto sotto due pugnali incrociati, la sua testa è stata bruciata e con la sua cenere ti battezzo e ti consacro sgarrista.

«A nome di Minofrio, Mismizzu e Misgarro passo la terza e ultima votazione su ... Se prima lo riconoscevo come sgarrista non consacrato, adesso lo riconosco sgarrista battezzato e consacrato. Io mangerò con lui, dividerò con lui centesimo, millesimo e soldo della baciletta, gli difenderò carne, sangue, pelle e ossa fino all'ultima goccia del mio sangue se raggiri porta macchia donerò infamità a carico suo e a scarico della società».

A questo punto il rito si conclude e la società di sgarro viene sformata seguendo il rituale già descritto.

IL GIURAMENTO   Nel corso del giuramento il neosgarrista giurerà, sulla punta del pugnale, di disconoscere fino alla settima generazione la società di camorra, di essere fedele alla società di sgarro e di essere pronto a uccidere i camorristi pur di salvare uno sgarrista.

Questo particolare trova una sua giustificazione nella tradizione, in quanto in origine la camorra non voleva riconoscere lo sgarro, per cui i camorristi pugnalarono uno sgarrista. Per vendetta furono uccisi novantanove camorristi e quindi è stato tramandato il brocardo [una sintetica massima giuridica] secondo cui per uccidere uno sgarrista ci vogliono novantanove camorristi.

LA COPIATA   Conclusa la cerimonia, il capo società riferisce al neosgarrista la copiata, che è data dal suo nome, da quello del contabile e da quello del crimine o del mastro di giornata del locale. Gli riferisce inoltre la base ferma dello sgarro, cioè i riferimenti della tradizione che sono i tre cavalieri Minofrio, Mismizzu e Misgarro, nonché i doni ideali che la società dà allo sgarrista, e cioè dodici tazzine a forma di piccole coppe e un foulard di seta rossa «fino e finissimo». Le tazzine simbolicamente rappresentano i nomi degli uomini che lo sgarrista porta in copiata, dal grado di picciotto a quello di sgarrista, che sono cinque per il picciotto, cinque per il camorrista e tre per lo sgarrista, ma se ne fanno risultare dodici per rispetto dello sgarrista ucciso, secondo la tradizione, dai camorristi. Il foulard di seta rossa rappresenta la società di sgarro.

I SEGNI PARTICOLARI   Secondo la tradizione i segni particolari di uno sgarrista sono: una crocetta sul dito pollice della mano destra, tre M puntate in oro sulla guancia del piede destro, e una stella d'oro in fronte, in quanto lo sgarrista costituisce una fonte di luce per il mondo.

LA SMAZZOLATINA   Lo sgarrista inoltre deve riconoscere e saper fare la cosiddetta smazzolatina, che è una particolare disposizione di diciassette carte da gioco napoletane o siciliane cui la tradizione attribuisce dei particolari significati. Le carte utilizzate devono essere le seguenti, disposte in questa maniera:

| | | |
|---|---|---|
| Re di spade | Re di denari | Re di bastoni |
| Cavallo di spade | Cavallo di denari | Cavallo di bastoni |
| Donna di spade | Donna di denari | Donna di bastoni |
| 5 di denari | | 7 di denari |
| 3 di denari | 2 di denari | 4 di denari |

6 di denari che viene buttato
Asso di coppe coperto
Asso di denari scoperto

La smazzolatina si legge nel seguente modo:

i tre re rappresentano i cavalieri della tradizione: Minofrio, Mismizzu e Misgarro;

il cavallo di spade rappresenta il conte Ugolino, quello di denari Fiorel di Russia e quello di bastoni i cavalieri di Spagna;

la donna di spade è sorella Elisabetta, quella di denari sorella d'omertà, quella di bastoni sorella Annunziata.

Il sette di denari rappresenta le sette 'ndrine distaccate, il cinque di denari la società di sangue, il tre di denari la società di sgarro, il due di denari la bilancia, il quattro di denari un tavolino di noce fino e finissimo, coperto da un fazzoletto rosso, a indicare la società di sgarro. Il sei di denari invece deve essere buttato perché costituisce la bastarda della società, in quanto, secondo la tradizione, i numeri di riferimento della società sono i dispari.

Infine l'asso di denari rappresenta l'onore dello sgarro, quello di coppe la tomba dello sgarrista, oppure la sentenza di morte quando uno sgarrista viene praticato (giudicato) per qualche macchia.

Tradizionalmente il massimo grado riconosciuto dalla 'ndrangheta era quello di sgarrista, che costituiva il titolo necessario per assumere il comando del locale.

REQUISITI   Per poter meglio comprendere la successiva evoluzione della gerarchia 'ndranghetistica bisogna evidenziare alcuni requisiti personali che l'aspirante all'affiliazione, o meglio colui che veniva «osservato» per essere destinatario di un fiore, doveva possedere.

«Il contrasto onorato non deve essere "cornuto" di moglie, sorella o cognata, cioè nella sua famiglia la moglie, la sorella o la cognata, da intendersi come sorella della moglie, devono essere fedeli al legittimo consorte. Una loro eventuale infedeltà verrebbe considerata una "macchia" e quindi un impedimento per l'aspirante 'ndranghetista. Inoltre non possono essere "battezzati" coloro che hanno testimoniato contro un imputato anche se questo era un avversario, e a maggior ragione coloro che si sono costituiti parte civile nei processi. Tale impedimento ha la sua ragione nel principio della Onorata Società secondo il quale bisogna farsi giustizia da sé, senza mandare il nemico in galera. In altre parole anche nei confronti dei nemici bisogna adoperarsi per evitargli quanto più possibile le condanne; le pendenze si risolvono tra uomini una volta che l'avversario viene scarcerato. Altri impedimenti derivavano dalla cosiddetta sbirragine, cioè dall'aver presentato domanda di arruolamento in qualche corpo di polizia, oppure dall'aver effettuato il servizio militare comportandosi egregiamente secondo regolamento e conseguendo quindi, prima del congedo, il grado di caporale. In altre parole dall'aver dimostrato tendenze verso la legalità.»

Questi obblighi venivano poi esasperati quando l'affiliato conseguiva la dote di sgarrista. La società di sgarro era basata su una netta differenzazione dei rapporti tra la 'ndrangheta e l'autorità statale. Lo sgarrista era così denominato perché doveva vivere al di fuori delle regole e delle istituzioni dello Stato. Era assolutamente proibito frequentare appartenenti alle forze dell'ordine.

LA CHIAVE D'ORO «Possiamo adesso spiegare come avviene il passaggio tra la "Minore" e la "Maggiore". Il simbolo che lo rappresenta è la chiave d'oro che una leggenda narra sia sepolta in fondo al mare e può essere raccolta solo dai "santisti" per accedere alla "Maggiore". Per passare dalla dote di sgarrista definitivo a quella di santista, l'affiliato riceve, dalla riunione dei santisti, questa chiave che resta in suo possesso fino al momento in cui la "Maggiore" di san Luca sancisce il passaggio definitivo; questa fase di stasi è chiamata "santa del Purgatorio". Ottenuto il benestare, il neosantista, ormai inserito a pieno titolo nella "Maggiore", restituisce questa chiave alla riunione dei sette santisti che, per tradizione, avviene in una notte stellata. Quindi questi ultimi provvedono a riportare questa chiave in fondo al mare.»

LA COMPENSAZIONE   «La "Maggiore" e la "Minore" non sono in contrapposizione tra di loro come si era erroneamente creduto, ma sono in perfetto accordo e lavorano in coordinazione risolvendo eventuali malumori di carattere economico con la cosiddetta "baciletta" o "bacinella", vale a dire il versamento di una certa somma che, dalla "Maggiore" più ricca, passa alla "Minore".»

IL SANTISTA   «Il santista esce dalla 'ndrangheta per entrare a far parte di una struttura mista che di certo non possiede le regole dell'Onorata Società. Infatti bisogna prestare un giuramento in forza al quale il novello santista è obbligato a tradire anche i familiari pur di salvaguardare la Santa.»

LE NUOVE REGOLE   I nuovi codici di comportamento prevedono per il santista la possibilità di tradire i membri della propria famiglia allo scopo di salvaguardare la sua organizzazione criminale. In conseguenza di ciò il santista è autorizzato ad avere contatti anche con le forze dell'ordine e può mantenere rapporti di affari con le varie istituzioni pubbliche dello Stato. In altre parole viene sancito all'interno dell'Onorata Società l'intreccio politica-crimine.

NON PIÙ DI 33   In origine i santisti non potevano essere né più, né meno di 33. La regola imponeva, prima di essere stravolta, che non si potesse formare un santista se il numero di 33 fosse completo. Bisognava aspettare che uno di loro morisse per formarne un altro.

RIFERIMENTI   A differenza delle altre doti, la Santa non ha riferimenti religiosi, bensì storici, come il generale La Marmora, stratega di battaglia, e il generale Garibaldi, combattente per la libertà e la giustizia. Il compito dei santisti non è di azione ma di pensiero e di organizzazione. Già in un memoriale di incerta paternità, venuto in possesso delle forze di polizia nel 1984, era descritto il processo di formazione di questa dote.

«La Santa aveva dei programmi delittuosi più vantaggiosi, più lucrosi, più industrializzati e meglio organizzati, con promesse, con maggior guadagno per tutti e maggior possibilità di controllare il processo. I loro programmi uscivano dalle vecchie regole dell'Onorata Società, in quanto la Santa aveva dei propositi come sequestri di persona, traffici di droga, traffico di tutto ciò che portava guadagno. Inoltre lo sterminio totale di chi non si informasse dei loro programmi con la vecchia 'ndrangheta.

«Una volta che tizio viene fratellizzato alla Santa e ne fa parte, tiene nascosto il suo salto di qualità al gruppo originale che ne faceva parte. Pur continuando a frequentare loro e lavorare con entrambi. In caso di scontro si affianca con i santisti come lui scontrandosi con il suo gruppo originale, così gli è più facile combatterli, in quanto lui li combatte dall'interno di essi, e i suoi vecchi associati se ne accorgeranno del tradimento quando è troppo tardi perché saranno uccisi ecc.

«A nome di Garibaldi, Mazzini, La Marmora, formo la società Santa che è presieduta da tre persone: Garibaldi, Mazzini, La Marmora. Garibaldi al centro, Mazzini a destra e La Marmora a sinistra fanno entrare il nuovo affiliato, gli chiedono di che cosa va in cerca, gli risponde che va in cerca di onore, fedeltà e sangue, gli dicono che sei un cannibale, gli risponde no, sono un raccoglitore di sangue, una vena da un fratello esce e nella mia entra. Gli pungono tre dita con un ago, il pollice, l'indice, e il medio e li racchiudono tra essi, gli dicono che suo padre è il sole, la madre la luna e di mestiere fa il carrettiere. E che il numero è il 24. Che è un numero fisso convenzionale di tutti i Santisti.

«Quando si forma la Santa, la formano tre persone e ci

partecipano tutti i santisti di zona o città ecc. Sul tavolo ci sta un fucile, un bicchiere con acqua e un po' di veleno, un limone, un ago d'oro e un pugnale. I santisti hanno la facoltà di eleggere il capo santista e capo crimine. Ogni santista potrà essere eletto capo, anche se generalmente questa carica viene assegnata tenendo conto delle gerarchie. Il capo crimine ha il potere decisionale su tutti i capi santisti e su tutte le famiglie cosche santiste in Italia ed estere. In caso di diverbi e guerre, il capo crimine svolge le funzioni di giudice d'omertà. Tutte le cosche rispondono al Crimine. Garibaldi comanda il gruppo di 15 persone, Mazzini il gruppo di 10 persone, La Marmora il gruppo di 15 persone.

«Il santista fratellizzato ha giurato fedeltà alla Santa e ai fratelli. (Questo è il termine con cui si definiscono, anche se in pubblico preferiscono chiamarsi compari.) Il santista non potrà essere giudicato. Se sbaglia deve giudicarsi da solo. In caso di tradimento si dovrà avvelenare o suicidare. Diversamente verrà ucciso dai santisti che nel loro gruppo annoverano anche un nucleo speciale, quello degli incappucciati [si riferisce al doppio ruolo dei santisti che possono affiliarsi anche alla massoneria], sicari pronti a tutto. Costoro non sempre sono santisti, ma comunque rispondono al capo Santa. Poi c'è il Vangelo, i cosiddetti "vangelisti" che gestiscono il Crimine in tutte le loro forme. Rappresentano il sindacato di tutta l'organizzazione e hanno il controllo di tutte le ramificazioni della società segreta che opera nella vita sociale del paese e viene presieduta dal capo vangelista. Capo santista è capo incappucciato e ai vangelisti gli viene incisa una crocetta sulla spalla, non sempre rimane la cicatrice o il segno, dato che è una formalità. Come segno di riconoscimento si toccano la spalla con la mano oppure incrociano le braccia sulla fronte in segno di croce di sant'Andrea, e come numero di riconoscimento hanno il 25, comunemente si dicono: ho la croce d'oro. La formano Giuseppe Giusti, Carlo Magno, Giuseppe Forma. Cognomi convenzionali e storici. I santisti si riconoscono da loro stessi con altri stringendosi il mento, come dire: mi accarezzo la barba (Garibaldi). Se tra i presenti ci sta un altro santista, fa lo stesso segno per far capire che non è da solo, se poi quello non è convinto gli chiede chi è il padre, se quello gli risponde il vero nome del padre vuol dire che non è niente, diversamente deve rispondere che il padre è il sole.»

GIURAMENTO DEL VELENO    Per quanto concerne l'affiliazione di un nuovo santista si effettua attraverso un rituale diverso, in quanto nel corso della cerimonia del giuramento di sangue si aggiunge anche il giuramento del veleno. Affinché possa essere attribuita questa dote è necessario che l'investitura venga da alcune persone elette *ad hoc* annualmente nella riunione del santuario di Polsi. In altre parole la copiata della Santa deve essere uguale per tutti i santisti cui viene attribuita la dote nello stesso anno. Queste persone sono i rappresentanti della Santa per tutta la 'ndrangheta.

FORMAZIONE DELLA SOCIETÀ DI SANTA

- I e II votazione
- sformazione della società di Santa
- pungitina o giuramento di sangue
- formazione della società di Santa
- giuramento del veleno

La società di Santa si forma con il seguente rituale:
(CS = capo santista, A = assemblea santisti)

CS: Saggi fratelli, buon giorno per ogni giorno, santa sera per i santisti, siete conformi?

A: Su di che?

CS: Per formare società di Santa.

A: Conformissimi.

CS: In questa santa notte, sotto lo splendore delle stelle e della luna che abbraccia tutta la destra dei santisti si forma e si riforma società sacra segreta, con parole di uomo e parole d'omertà è formata la trinità, la società.

A: Grazie, bontà vostra.

CS: Bontà mi date e bontà riceverete.

Il rituale così prosegue:

CS: All'ora sotto il buon ordine del circolo formato passiamo alle votazioni, siete conformi?

A: Conformissimi.

CS: A nome di Giuseppe Mazzini, Giuseppe Garibaldi e Giuseppe La Marmora nostri vecchi antenati e cavalieri d'onore non faccio altro che passare la prima votazione sul conto di...

Se prima lo conoscevamo come uno sgarrista franco, libero e affermato, da questo momento lo riconosciamo per un santista né franco, né libero, né appartenente a questo corpo di società. Confermate?

A: Confermiamo.

CS: A nome di Giuseppe Mazzini, Giuseppe Garibaldi e Giuseppe La Marmora passi la prima e seconda votazione sul conto di... Se fino a poco fa lo conoscevamo per un santista né franco, né libero, né appartenente a questo corpo di società da questo momento lo riconosciamo per un santista fatto a voce.

Effettuate le due votazioni senza che vi siano obiezioni, si sforma la Santa con lo stesso rituale con cui si è formata, e si passa al rito del giuramento di sangue o pungitina. Si fa entrare il neosantista e il mastro di giornata, che è denominato mastro settimanale quando ha la dote di santista, procede con la punta di un coltello o con un ago a pungere il dito medio della mano destra di... e subito dopo provvede a bruciare un'immagine sacra e a posare un po' di cenere sul dito appena punto. Ciò che rimane della cenere, verrà sparsa al vento. Il rituale così prosegue: «Se qualcuno riuscirà a raccogliere questa cenere sparsa al vento, non sarai più riconosciuto come santista».

Dopo questo rituale si riforma la società, sempre con la stessa formula, e si passa alla terza votazione:

CS: Saggi, siete conformi?

A: Su di che?

CS: A passare la prima seconda e terza votazione sul conto di...

A: Conformissimi.

CS: Con il permesso di Giuseppe Mazzini, Giuseppe Garibaldi e Giuseppe La Marmora e tutti i santisti a mano girando passo la prima seconda e terza votazione sul conto del saggio compagno e fratello, che, se prima lo riconoscevamo per un santista fatto a voce né franco, né libero, né appartenente a questo corpo di società, da questo momento lo riconosciamo per un santista fatto affermato e appartenente a questo corpo di società di Santa e lo riconosciamo perché prescritto nei patti e nelle prescrizioni delle regole sociali.

A: E così sarà.

Dopo la terza votazione i presenti si alzano e vicendevolmente si scambiano auguri e strette di mano, successivamente il neosantista recita la formula del giuramento: «Giuro sulla punta di questo pugnale di essere fedele alla società di Santa, di salvaguardarla anche a costo di tradire tutta la società criminale da me sino a ieri conosciuta, al fine di salvare i miei saggi compagni della fratellanza santista e di disconoscere tutta la settima generazione se può recare danno alla società oggi da me conosciuta».

Mentre recita questa formula, al neosantista vengono consegnati una pastiglia di veleno e un bicchiere d'acqua che servono per suicidarsi nel caso in cui dovesse tradire la Santa, in quanto per regola sociale un santista non può essere ucciso da un altro santista.

Simbolicamente, al momento della formazione, al neosantista si fa vedere un limone sul quale, all'atto della pungitina, si è fatto scorrere del sangue. Gli si mostra inoltre una carabina a sette o più colpi che serve a salva-guardare le spalle e difendere la società di Santa.

LA REGOLA SEGRETA «Conoscete la famiglia dei murato-ri? No, all'occorrenza ce l'abbracciamo in pelle, carne e ossa giurandole la fedeltà che ci verrà chiesta alla fami-glia del Sacro Ordine dei Muratori».

VANGELO Dopo qualche anno dal riconoscimento della Santa si verificò un'inflazione di questa dote. Per accon-tentare tutte le richieste, si andò oltre il tetto massimo dei 33 santisti. Fu pertanto introdotta una nuova dote, quella del Vangelo, che costituisce un rango ristretto del quale possono entrare a far parte soltanto 25 persone.

Un collaboratore riferisce che la dote di Vangelo è nata quando coloro che erano santisti misero in discussione la validità del riferimento al generale La Marmora in quan-to militare, e pertanto cercarono una dote maggiore per differenziarsi.

PERSONAGGI ECCELSI Il Vangelo è formato da personag-gi eccelsi della 'ndrangheta, conoscitori dei diritti e dei doveri dell'Onorata Società con mansioni decisionali al massimo livello.

SANTI DI RIFERIMENTO «Le figure religiose di cui il Vangelo fa riferimento sono tutti gli apostoli e i santissimi Pietro e Paolo. Le figure storiche sono Mazzini come fondatore e promotore della società segreta in generale, e Cavour come somma mente di statista. I Vangeli sono segreti e sono i governanti della 'ndrangheta.»

FORMULA Il Vangelo è formato con la seguente formula: «In nome di Gaspare Melchiorre e Baldassarre, con una bassata di sole e un'alzata di luna è formata la santa ca-tena. Sotto il nome di Gaspare Melchiorre e Baldassar-re e di nostro signore Gesù Cristo che dalla terra è mor-to, risuscitò in cielo, noi saggi fratelli formiamo questo sacro Vangelo».

**LE TRE VOTAZIONI**

Celebrante (CE): Saggi fratelli, siamo pronti per la federizzazione?

Assemblea (A): Prontissimi.

CE: A nome di Gaspare, Melchiorre e Baldassarre e di nostro signore Gesù Cristo passo la prima votazione sul conto del nostro fratello... Se fino adesso era un uomo riconosciuto alla Santa (o alla Sacra) Corona adesso lo riconosciamo per un nostro fratello non ancora riconosciuto e federizzato.

Si passa quindi alla seconda votazione:

CE: A nome di Gaspare... si passa alla seconda votazione: se fino adesso era riconosciuto fratello non ancora appartenente, adesso lo riconosciamo appartenente e non federizzato.

A questo punto al neovangelista viene incisa una forma di croce sulla spalla sinistra che sarà baciata da colui che presiede la riunione. Poi il neovangelista recita la formula del giuramento: «Giuro sopra quest'arma e di fronte a questi fratelli di non partecipare a nessuna società e a nessuna organizzazione tranne al Sacro Vangelo, giuro di essere fedele dividendo sorte e vita con i miei fratelli».

Successivamente si arriva alla terza e conclusiva votazione: «A nome di Gasparre, Melchiorre e Baldassarre e di noi tutti saggi fratelli presenti e assenti si passa alla terza e ultima votazione. Al nuovo fratello amato, abbracciato, federizzato e baciato con giuramento già fatto e con la croce sulla spalla sinistra, giurando con lui di essere fedele con gioia e sangue».

Il conferimento della nuova dote è così avvenuto e il Vangelo viene sformato: «A nome di Gaspare Melchiorre e Baldassarre, in questo sacro giorno e con la luce del cielo, noi saggi fratelli cavalieri d'onore, sformiamo il sacro vangelo».

**ALTRE DOTI SUPERIORI**    In seguito sono nate le doti superiori al Vangelo, ma solo per comodità di alcuni personaggi che volevano rimanere particolarmente segreti. Pertanto venne istituita la dote di quartino o trequartino, del quintino e della associazione, termine quest'ultimo che deriva dal linguaggio giuridico per la definizione del reato di associazione per delinquere, che compare nel codice penale. Su tali ultime doti non si hanno copiose notizie per la particolare segretezza che inerisce i gradi più elevati della 'ndrangheta.

**FORMULA DELLA COPIATA**    A ogni buon fine, per quanto concerne la dote di trequartino, un collaboratore ha riferito la formula della copiata, che è la seguente: «A nome di Peppe Giusti, a nome di Peppe Ignazio, nostro fedelissimo Carlo Magno che con i suoi fedeli spadaccini hanno formato il trequartino, io mi presento con la croce di cavaliere sulla spalla destra che corrisponde al pollice della mano destra, sotto il piede destro porto una rosa smeralda che illumina tutto il mondo, così illumino tutto il mondo io che ho il trequartino».

**SEGNI**    Da questa formula è possibile però ricavare quanto meno alcuni elementi che contraddistinguono il trequartino dalla dote inferiore del Vangelo, che sono: croce sulla spalla destra, mentre quella del vangelo è a sinistra; rosa smeralda sotto il piede.

**ASSOCIAZIONE**    Con riferimento poi all'associazione, occorre evidenziare che essa è una carica speciale riservata ai capi supremi. «Queste persone fanno delle riunioni alle quali possono partecipare solamente loro e non sono tenuti a informare quelli di grado inferiore, anche se hanno compiti importanti come quello di capo società. Appare quindi ovvio che tali persone aventi la dote dell'associazione hanno poteri decisionali che non sono sottoposti a censure da parte degli affiliati aventi cariche inferiori.»

**SORELLA D'OMERTÀ**  Questo titolo è riconosciuto a donne legate in qualche modo agli uomini d'onore, ma ciò avviene molto raramente e comunque le donne non fanno giuramento di fedeltà alla 'ndrangheta perché il loro primo dovere è quello di essere fedeli ai propri uomini, a prescindere che siano uomini d'onore o no. Nei casi in cui alle donne viene riconosciuto tale titolo, queste hanno il compito di dare assistenza ai latitanti, di far circolare le imbasciate, di mantenere i contatti attraverso i colloqui tra i detenuti e l'organizzazione esterna.

**IL LOCALE**  Il locale può essere definito come l'organismo a livello territoriale su cui si articola la 'ndrangheta. Esso solitamente ha competenza su uno o più paesi della stessa area. «Il locale è la struttura di base della 'ndrangheta che sorge in un determinato paese, allorché si supera il numero minimo di 49 affiliati, a qualunque "copiata" appartengano. Allorquando si forma un locale, si deve dare notizia alla "Mamma" di san Luca, da dove viene inviato un rappresentante, il quale organizza la riunione del locale alla presenza di tutti gli affiliati di quel paese.»

**IL LOCALE PRINCIPALE**  «Una volta accertata l'esistenza di almeno 49 affiliati, per esercitare il controllo su un determinato territorio bisogna chiedere l'autorizzazione al "locale principale" che da sempre ha avuto sede nel paese di San Luca, in quanto territorio in cui quasi la totalità degli abitanti di sesso maschile appartiene alla 'ndrangheta e anche perché fin dai tempi remoti è stato il santuario di Polsi (contrada di San Luca) il luogo di riunione degli affiliati.»

**LA RIUNIONE DI POLSI**  Questa riunione si tiene annualmente nei giorni 2, 3 e 4 del mese di settembre in concomitanza con la festa patronale della Madonna custodita nel santuario di quel luogo; a queste riunioni partecipano tutti i rappresentanti dei locali sparsi nel territorio nazionale e, a volte, anche dei locali «aperti» all'estero.

ATTIVAZIONE DEL LOCALE   Nel corso della riunione iniziale del nuovo locale, viene nominato il capo bastone, il contabile e il crimine e da quel momento il locale è «attivo». Se un soggetto è stato affiliato fuori del locale del luogo ove risiede (per esempio un carcere), per poter essere inserito nel locale deve chiederne ufficialmente il posto nel corso di un'apposita riunione. Dopo la richiesta, il capo locale si riserva di decidere entro tre giorni, nel corso dei quali vengono chieste informazioni presso i personaggi che egli ha assunto in copiata. Ottenute le informazioni, si indice la seconda riunione, nel corso della quale alla copiata originaria si aggiunge la copiata del locale, e da questo momento il neofita è inserito a tutti gli effetti nei diritti e nei doveri del locale. Ciascun picciotto può conseguire tutti i gradi successivi, anche al di fuori del locale di appartenenza, e questi gradi gli sono riconosciuti nel locale di origine.

LOCALE APERTO   Un locale è «aperto» quando il «principale», cioè il locale di San Luca, ne ha dato l'assenso.

LOCALE CHIUSO   Un locale si definisce «chiuso» in mancanza di assenso da parte del «principale».

LOCALE ATTIVO   Il locale è considerato «attivo» quando si tengono riunioni di 'ndrangheta almeno una volta al mese.

LOCALE PASSIVO   Il locale è «passivo» quando anche se è «aperto» non si svolgono regolari riunioni.

LE RIUNIONI   La data della riunione mensile generalmente è fissata nel giorno 29 di ogni mese al «vespero» (per tradizione le riunioni di 'ndrangheta avvengono sempre al calar del sole). Le riunioni del singolo locale avvengono in aperta campagna, e almeno una volta al mese. È il capo società a indire la riunione del locale e a dare incarico al mastro di giornata di avvisare della riunione tutti gli affiliati almeno tre giorni prima. Alle riunioni del locale è obbligatorio andare disarmati.

LA COSCA   La cosca è la famiglia di 'ndrangheta ed è formata dai componenti della famiglia e dai loro affiliati. È possibile che ciascun capo famiglia possa «rimpiazzare» nuovi elementi di sua fiducia che poi presenterà al locale per ufficializzarne l'affiliazione. È possibile anche che il capo famiglia non comunichi al locale gli appartenenti alla sua cosca, per poterli utilizzare in attività particolari.

'NDRINA DISTACCATA   «Quando un capo famiglia raggiunge un numero di 50 o 60 affiliati ha la facoltà di comunicare al capo bastone la propria intenzione di costituire una "'ndrina" distaccata, termine equivalente a quello di cosca, che non fa parte del linguaggio di 'ndrangheta. Il capo famiglia si reca quindi a San Luca e chiede l'autorizzazione ad avere la 'ndrina distaccata [dal locale], comunicando inoltre il territorio sul quale questa nuova entità sarà operante. Il territorio può essere interno al locale o comprendere territori di più locali. In questo secondo caso il capo della 'ndrina ha l'obbligo di recarsi dal capo bastone del locale sito fuori dal territorio di origine e di comunicargli la presenza della nuova 'ndrina, con l'impegno reciproco di "passarsi le novità" e cioè di darsi comunicazione delle attività rispettivamente compiute. In gergo la 'ndrina distaccata si chiama "la bastarda", perché si è allontanata dalla matrice originaria. Il capo 'ndrina può anche chiamarsi fuori dal locale e in tal modo ha piena autonomia rispetto al locale di origine che viene così svuotato di parte dei suoi poteri. Il capo bastone del locale non viene più informato dell'attività della 'ndrina se non alle riunioni annuali di Polsi. A volte una 'ndrina può avere un numero di affiliati maggiore del locale di origine. Nell'ambito di uno stesso locale possono formarsi più 'ndrine distaccate, ognuna con un proprio territorio. Il capo di una 'ndrina può creare altre 'ndrine distaccate in altri territori. In questi casi non deve chiedere alcuna autorizzazione ma deve solo passare parola al capo del locale nel cui territorio la 'ndrina distaccata va a insediarsi. Generalmente il capo 'ndrina tenta di entrare in territori dove i locali sono deboli e possono addirittura avere interesse a ospitare una 'ndrina potente da cui traggono protezione e prestigio; in caso contrario possono sorgere dei contrasti con conseguenti guerre. Quando intende operare fuori della Calabria, il capo 'ndrina può aprire un locale là dove non esiste, oppure presentarsi come 'ndrina distaccata là dove esiste un locale.»

L'OBOLO    Nel caso di apertura di un nuovo locale, il capo 'ndrina deve sempre chiedere l'autorizzazione al locale di San Luca che la concede senza difficoltà. Nella maggior parte dei casi il locale di San Luca non invia un proprio rappresentante nel luogo dove deve sorgere il locale, ma concede l'autorizzazione riservandosi di inviare un proprio rappresentante quando si presenterà l'occasione. Nelle riunioni annuali di Polsi, i capi dei nuovi locali si presentavano per ricevere il riconoscimento ufficiale e versavano un obolo alla «Mamma», rappresentata dal locale di San Luca.

SETTE'NDRINE    «Con il termine "sette 'ndrine distaccate" si intende il numero massimo delle 'ndrine, che all'origine potevano essere distaccate dai rispettivi locali e che corrispondono al numero dei santisti per formare il circolo della Santa. Successivamente, però, il numero delle 'ndrine aumentò a dismisura e fu questo il motivo per cui quelle in soprannumero vennero chiamate "bastarde".»

Il locale è articolato su due branche: la società Maggiore e la società Minore.

SOCIETÀ MAGGIORE    «Fanno parte della società Maggiore tutti gli 'ndranghetisti che posseggono le doti di santista, Vangelo, e quelle superiori.»

SOCIETÀ MINORE    «Fanno parte della società Minore i picciotti, i camorristi e gli sgarristi.»

Le due società hanno una struttura speculare. Infatti presentano le stesse cariche, anche se il capo locale sarà sempre un esponente della società Maggiore.

## LE CARICHE DELLA MAGGIORE

- **CAPO SOCIETÀ**   È colui che comanda l'intero locale, ha funzioni direttive e organizzative, decide l'attività che deve essere compiuta dagli affiliati.

- **CONTABILE**   È il responsabile economico della Maggiore, gestisce i proventi delle attività illecite, gestisce la baciletta o bacinella, che è uno speciale fondo in cui confluisce una parte dell'insieme dei proventi posta in essere dagli affiliati del locale e che serve per dare assistenza agli affiliati in difficoltà. Con questo fondo infatti vengono integrati gli stipendi degli adepti, l'assistenza ai detenuti, le spese legali ecc.

- **CRIMINE**   Si riferisce alla carica rivestita da colui che gestisce e coordina le azioni criminose e di sangue che devono essere attuate dagli appartenenti a un determinato locale. Il crimine «gestisce» tecnicamente il gruppo di fuoco.

- **IL GRUPPO DI FUOCO**   È composto dagli affiliati più capaci nell'uso delle armi ed è utilizzato per la commissione degli omicidi. Esso dipende direttamente dal capo bastone, anche se è il crimine che ne dispone l'impiego. Nella 'ndrina il gruppo di fuoco dipende solo dal capo 'ndrina anche perché in questa struttura manca l'equivalente del crimine. Spesso il gruppo di fuoco non è conosciuto dagli altri affiliati della 'ndrina. Le armi del locale sono sotto la disponibilità diretta del crimine, il quale attraverso alcuni giovani affiliati provvede all'occultamento e alla manutenzione.

- **MASTRO DI GIORNATA**   È colui che controlla e informa gli affiliati di ogni novità. È la persona incaricata di tenere i contatti con i singoli componenti, distribuisce gli incarichi e svolge funzioni di raccordo. Ha il compito di vigilare su tutto ciò che accade sul territorio, e di avvisare gli affiliati sulla convocazione delle riunioni. Quando esegue questi avvisi porta un *camuffo* [foulard] rosso con un nodo laterale.

LE CARICHE DELLA SOCIETÀ MINORE   Per quanto riguarda la società Minore le funzioni che i singoli affiliati possono ricoprire sono le seguenti: capo giovane, puntaiolo e picciotto di giornata, che sono gli omologhi, per quanto riguarda le mansioni, del capo società, del contabile e del mastro di giornata.

IL DISTACCATO   «Una particolare figura è quella del distaccato. Il distaccato è l'affiliato che per motivazioni varie, quali problemi di salute o di famiglia o di trasferimento territoriale, dovuto anche all'applicazione di misure di prevenzione, richiede al locale di essere tenuto in distacco per il tempo necessario. Il mastro di giornata, informato al riguardo, riferisce al capo società e al capo locale che danno o meno il loro consenso a seconda della validità dei motivi esposti. Il distaccato perde l'eventuale carica all'interno del locale ma non la dote. Non viene impiegato nelle attività del locale, né edotto su ciò che accade. Nel periodo del distacco, se questo è motivato da ragioni di salute o da serie situazioni familiari, il distaccato continua a ricevere lo stipendio mensile. Esiste un ulteriore e diverso distacco, che riguarda chi abbia deciso volontariamente di uscire dall'organizzazione. La procedura per il nulla osta del locale di appartenenza è la medesima. Tuttavia, per gli affiliati di dote, da santista in su, inseriti quindi a un livello più elevato nell'organizzazione, il distacco può essere annullato in qualsiasi momento per le esigenze dell'organizzazione.»

RITO DEL DISTACCO   «Anche quando un affiliato si deve allontanare per più di tre giorni dal locale a cui appartiene, c'è un determinato rito da compiere alla presenza del capo bastone, detto "rito del distacco". Mentre l'affilia-to si accinge a parlare in piedi, davanti al capo bastone, contemporaneamente fa tre passi indietro e così inizia: "Io mi distacco, io mi distacco, io mi distacco, non sono io che mi distacco, ma è la necessità... [spiega il motivo per cui si deve allontanare], il mio cuore rimane con voi e con questa società riservandomi il posto che occupo fino al mio ritorno, salvo infamità, tragedia o macchia d'ono-re, sempre a mio carico e a discarico della società. Quan-do ritorno chiederò di essere convocato entro tre giorni dal mio arrivo, se ciò non avviene, mi riservo la dote e vi dichiaro 'tragediatori' a vostro carico e a mio discari-co. Io mi distacco, io mi distacco, io mi distacco". Detto ciò, fa altri tre passi indietro e si allontana.»

**CRIMINE DELLA MONTAGNA** «Si riferisce alla circostanza che ogni anno si svolgono le riunioni di tutti i locali di 'ndrangheta, definite "crimine della montagna", in oc-casione della festa della Madonna della Montagna, il cui santuario è proprio a Polsi, che secondo la tradizione è protettrice di tutti gli 'ndranghetisti.»

**CRIMINE DI POLSI** Al crimine di Polsi partecipano i rappre-sentanti dei locali di tutta l'Italia settentrionale e centrale. Ogni rappresentante riferisce dell'attività del proprio lo-cale. Naturalmente non tutte le attività vengono dichia-rate e questo per non scoprire tutte le proprie carte.

**IL CONTRIBUTO ALLA MAMMA** Ciascun locale conferisce un contributo alla «Mamma», cioè al locale di San Luca. Si tratta di somme dell'ordine di alcune decine di milioni di lire che il capo società di San Luca gestisce a sua di-screzione. In queste occasioni vengono decise le strate-gie dell'organizzazione, si discute dei traffici e di even-tuali contrasti fra i gruppi.

**IN CASO DI FAIDE** In caso di contrasti violenti in un locale, le famiglie interessate ne danno notizia al capo società. Questi sospende il locale e avvisa il locale di San Luca. A questo punto il capo crimine si informa dal capo società di quali sono state le cause della faida. Se vi è già stato un fatto di sangue, autorizza l'apertura della faida perché il sangue non è riparabile. Se non vi è già stato un fatto di sangue, tenta una ricomposizione. Qualche volta le faide si chiudono con matrimoni tra persone delle due fazioni. Questa decisione viene adottata nelle riunioni del crimine che si tengono annualmente a Polsi e che sono presiedute dal capo del crimine per tutta la Calabria.

OMICIDI «Per quanto riguarda gli omicidi, la regola è la seguente: se la persona che deve essere uccisa è estranea all'organizzazione e non è un appartenente alle forze dell'ordine né riveste cariche particolari, il locale è per così dire sovrano, nel senso che decide autonomamente, a patto che la vittima sia uccisa nel suo stesso territorio. Se la vittima, sempre estranea all'organizzazione, deve essere uccisa in territorio di altro locale, occorre il consenso del vertice di quest'ultimo locale.

«Diverso è il caso in cui la vittima è un "uomo d'onore", cioè affiliato alla 'ndrangheta, a Cosa Nostra, alla camorra, alla Sacra Corona Unita, o appartiene a categorie particolari, come forze dell'ordine, magistratura, esponenti politici o comunque personaggi in vista. In questo caso occorre che la richiesta venga preventivamente discussa a un livello superiore. In questo caso è necessario indire una riunione di tutti i capi locale, e la cosca che ne ha interesse chiede la convocazione del crimine, che è composto dai sette crimini più importanti della provincia e cioè: San Luca capo crimine, Africo, Platì, Rosarno, Gioiosa Ionica, Cirò Marina, Sinopoli. La presenza del crimine di Cirò è dovuta al ruolo che questa città ha avuto nell'organizzazione dell'omicidio di Canale Francesco, detto "il tragediatore". Queste riunioni sono presiedute dal capo crimine che è stato eletto in una riunione presso il santuario di Polsi, dove erano presenti tutti i crimini dei vari locali, tenendo in considerazione le capacità criminali e organizzative nella preparazione degli omicidi. Questa carica viene conferita a vita e attualmente la detiene un personaggio di San Luca. Una volta che la decisione viene adottata il crimine del locale che ha chiesto l'omicidio eccellente ne curerà l'esecuzione.»

**SISTEMA SANZIONATORIO**   Dopo aver illustrato la quasi totalità della struttura della 'ndrangheta è il caso di osservare come questa organizzazione si fondi esclusivamente sulle regole sociali che permettono la sua esistenza, al di fuori dello Stato e in contrapposizione a esso. Come in ogni società, tuttavia, la regola funziona se la sanzione, cioè la minaccia di una conseguenza che colpirà colui che viola la regola, è rapida ed effettiva. In altre parole la regola è tanto più efficace quanto più è efficace l'applicazione della sanzione. È questo il vero punto di forza della 'ndrangheta, in quanto si caratterizza per la certezza dell'applicazione della sanzione, che una volta comminata prima o poi verrà in ogni caso eseguita.

**TRASCURANZE E SBAGLI**   «I cosiddetti reati cui possono incorrere gli affiliati si dividono tra "trascuranze" e "sbagli". Le prime sono infrazioni di lieve entità quasi sempre di carattere informale e che vengono punite con la sospensione per un mese dal locale o con il pagamento di un'ammenda, generalmente nell'ordine di qualche centinaia di migliaia di lire. Gli "sbagli", invece, vengono puniti con la morte oppure, qualche volta, portano alla spogliazione completa dell'affiliato a cui viene tolta la qualità di malandrino ed è ridotto allo stato di contrasto senza onore. In queste circostanze la persona viene definita "tralasciata".»

**TRALASCIATO**   «Nel caso del "tralasciato", esiste un vero e proprio rito nel quale costui viene spogliato e cosparso di escrementi. Allorquando due affiliati si danno appuntamento e uno di loro ritarda, la prima mezz'ora è tolleranza, oltre mezz'ora è trascuranza, oltre un'ora è sbaglio. Se il ritardo non è giustificato da validi motivi, l'affiliato incorre in una sospensione dal locale, in una pena pecuniaria. La parola trascuranza è usata nel linguaggio della 'ndrangheta per significare che un affiliato può permettersi alcune lievi libertà (per esempio: se un affiliato attraversa la strada davanti a un altro con dote maggiore, viene richiamato per questa trascuranza, alla quale deve rispondere: "La trascuranza è degli uomini").

«In caso di violazione delle regole dell'organizzazione, se il responsabile fa parte della Minore, è la riunione di tutti i componenti della "Minore" stessa che lo giudica e lo condanna; la stessa cosa fa la riunione della Maggiore per le violazioni dei suoi componenti. Se però il responsabile ha una dote almeno di santista, il compito di giudicarlo e applicarne la punizione spetta alla riunione dei sette crimini riuniti.

«A livello di Maggiore, era stata portata una regola di Cosa Nostra e cioè che il santista che si fosse reso responsabile di uno sbaglio poteva con il suicidio salvaguardare l'onore e la sopravvivenza della famiglia. Si tratta di una regola che in Calabria non ha mai avuto applicazione.

«Gli sbagli si riconducono sempre a macchie d'onore, d'infamità e di tragedia, che hanno come sanzione la condanna a morte.»

MACCHIA D'ONORE  «L'offesa d'onore, o la macchia d'onore, si ha quando un affiliato sposato ha rapporti sessuali con la figlia di un altro, oppure quando un affiliato ha rapporti con la moglie di un altro. In questi casi l'offeso ha il diritto e il dovere di punire l'altro con la morte, e se non lo fa è lui stesso a essere "tralasciato" perché ha dimostrato di non avere onore.»

MACCHIA D'INFAMITÀ  «La macchia d'infamità si ha quando uno 'ndranghetista testimonia contro altri affiliati in tribunale o rende pubbliche notizie della organizzazione.»

**LA TRAGEDIA**   «Si ha la tragedia quando invece uno 'ndranghetista per fini personali pone in essere condotte tali da far ricadere proprie colpe su altri affiliati, o a seguito di tali condotte scoppiano guerre tra più clan che portano direttamente o indirettamente vantaggi per il tragediatore.»

**IMPOSSIBILE SCIOGLIERE IL VINCOLO ASSOCIATIVO**   È assolutamente impossibile per gli affiliati sciogliere il giuramento e il vincolo associativo. Questo legame può essere reciso solamente con la morte dell'affiliato, con il tradimento, o per decisione dei capi, nel caso l'affiliato non sia più ritenuto degno e meritevole di essere considerato uomo d'onore. L'ipotesi che un espulso dalla 'ndrangheta continui a rimanere in vita è assai remota, e anche se l'organizzazione dovesse decidere di non uccidere un ex affiliato, a questi verrebbe tolto il saluto e nessun uomo d'onore potrebbe più frequentarlo.

**SPOGLIATO**   Nel gergo della 'ndrangheta l'affiliato espulso dall'organizzazione è definito «spogliato», cioè privato della «veste» o «camicia» che simbolicamente e in senso metaforico viene consegnata al momento dell'affiliazione. La decisione per l'applicazione delle relative sanzioni è rimessa ai tribunali della società d'appartenenza del reo, qualora questi abbia una dote inferiore alla Santa. Questo organismo è composto dal capo società, che funge da giudice, dal crimine, che rappresenta l'accusa, e dalla «carità», che ha funzioni di difesa del reo.

**COME FARSI RICONOSCERE**   C'è un frasario, fatto di domande e risposte, per farsi riconoscere.

Domanda: Siete lupo, lapa o cacarocciolo di capra? Risposta: Sono lupo per mangiarti, lapa (l'ape) per pungerti e cacarocciolo di capra per seguirti. Inoltre, domanda: Camminate sopra o sotto della strada? Risposta: Cammino sopra e sotto perché sono «malandrino». Quando tra due affiliati c'è una sfida, lo sfidante così si esprime: Se siete «conforme», vi aspetto a... (dichiara il luogo e l'ora).

Risposta: Sono «conforme» e sono a vostra completa disposizione (a questo proposito diciamo che lo «sfidato», essendo un affiliato, non può tirarsi indietro). L'affiliato può anche rispondere così: In questo luogo e fuori da questo luogo sono a vostra completa disposizione (vale a dire che l'affiliato si pone a disposizione sia nel locale che altrove). Risposta: Come voi, e siamo pari. Tra affiliati ci si rivolge la parola chiamandosi compare e, quando si parla con un personaggio della Maggiore, lo si interpella chiamandolo «Zì»... (inteso come «zio» in senso di rispetto).

**TERMINI DI USO CORRENTE**    «Nel gergo della 'ndrangheta, la parola "avanti", letteralmente tradotta, è sostituita da "entrate", in quanto la prima è intesa con riferimento ai cavalli. Lo stesso per la parola "altezza", che è sostituita da "capacità", perché la prima è riferita ai somari. Inoltre la parola "comodità" è sostituita da "agio", in quanto la prima si riferisce alle prostitute.

«Quando tra affiliati si pronuncia la frase "tre, non più di tre, non meno di tre" s'intende specificare che la dote "dispari" è lo sgarro.

«Allorquando un affiliato si avvicina a due o più affiliati, deve recitare questa frase: "È lecito?". A questa gli altri rispondono: "Per voi è lecito e, se non fosse stato lecito, si sarebbe fatto".

«Generalmente, tra affiliati si evitano frasi scurrili e bestemmie; quando si parla di "falsa politica" è da identificarsi con l'atteggiamento usato dagli affiliati nei riguardi di chi è fuori dal loro ambiente; si usa la "politica" quando parlano tra loro. Inoltre questi non parlano di 'ndrangheta con i contrasti, anche se qualcuno cerca di approfondire, comunque l'affiliato risponde sempre che "di queste cose non ne capisce".»

**LE DONNE**    «La donna, sia essa familiare o fiancheggiatrice di un affiliato, è in ogni caso sottomessa alle decisioni della "famiglia", anche se essa non potrà mai essere un'affiliata. Nel caso in cui si organizza una riunione di 'ndrangheta nella sua abitazione, essa non sarà mai presente, ma avrà solo la funzione di vivandiera. La donna di un affiliato non manifesta mai curiosità sulle discussioni o attività del suo uomo, ma tacitamente si adegua al proprio ruolo.

«Con il passar degli anni, il suo ruolo è cambiato, in quanto è divenuta meno remissiva nei confronti dell'uomo. Certamente non sarà mai partecipe delle situazioni di 'ndrangheta, tuttavia è diventata la confidente del proprio uomo e pertanto custodisce taluni segreti a lui utili.

«Vi sono infatti delle donne, mogli di qualche capo bastone, che sono prodighe di consigli anche nelle situazioni più difficili. Un solo caso smentisce la regola della 'ndrangheta in cui una donna è stata affiliata, ed è quello in cui la nipote del capo bastone di Nicastro ha ammazzato l'uomo che l'aveva sedotta e abbandonata, vendicando così il suo onore.»

# Appendice III

*Il documento che segue è stato recapitato per posta a uno degli autori da una cittadina del Vibonese nel 2005. Sarebbe stato scoperto nel 1975 nella soffitta di un'abitazione di Stefanaconi. Viene pubblicato e diffuso per la prima volta.*

## FORMARE LA SOCIETÀ IN UN GIORNO DI FESTA

D: Buon vespero.

R: Buon vespero.

D: State conformi.

R: Su di che?

D: Per formare società oggi che è festa.

R: Conformissimo. Con una mano accendo la lampa e con un'altra la faccio giorno alla società.

D: Buon giorno.

R: Buon giorno.

Umiltà bella come mi insegnasti, di rose e fiori mi copristi, alla fonte d'onore mi portasti. Nel 1870 scoppiò una guerra tra Napoli, Sicilia e Spagna. Il nostro principe Giuseppe Montalbano raccoglieva il sangue sparso della società e lo metteva in un calice d'oro fino finissimo e conservandolo bene diceva: Amiamoci noi cari fratelli con sventura e con coltelli come si amavano i tre nostri vecchi antenati, i primi fondatori della camorra. Amandosi con ferre catene e camicie di forza, così ci dobbiamo amare e confortare noi fedeli compagni.

## COME SI FORMA LA SOCIETÀ

D: Buon vespero.

R: Buon vespero.

D: State conformi.

R: Su di che?

D: A formare la Società.

R: Conformissimo.

Con i piedi di piombo, la mia pancia una tomba, il petto è una balata, la mia bocca di fata; parola d'umiltà e formata la Società.

Grazie.

#### IL POSTO

D: Buon vespero.

R: Buon vespero.

D: State conformi.

R: Su di chi?

D: A chiamarmi il posto.

R: Conformissimo.

D: Giusto a punto con questo buon vespero e col permesso del capo di Società, della Corona che porta in testa da destra a sinistra, capo giovane e puntaiolo vi passo per novità ch'è arrivato un picciotto franco libero e affermativo per ogni attività, che si chiama la sua diritta a bene e a male come ci aspetta qua, fuori di qua, in qualunque località. Se comandi mi dovete dare sono sempre pronto a servire voi e l'intera Società.

R: Grazie, la Società prega e non comanda.

#### IL GIURAMENTO

Giuro su questo pugnale e su questa tomba battesimale larga e profonda al livello del mare dove nessuno la potrà scoprire di essere fedele con i miei compagni e tutti i saggi mastri. Di non trasgredire le regole sociali e di essere sempre pronto a ogni chiamata dell'Onorata Società.

Fine.

#### RINGRAZIAMENTO

D: Buon vespero.

R: Buon vespero.

D: State conformi.

R: Su di chi?

D: Per fare un piccolo ringraziamento a questa Onorata Società.

R: Conformissimo.

Non ho bisogno e mi onoro di poter ringraziare questo onorato circolo sociale, che mi ha riconosciuto degno e meritevole e mi ha dato la mia diritta a bene e male come mi aspetta franco libero e affermativo per ogni attività. Ringrazio il saggio capo, a tutti i saggi mastri e capo giovane puntaiolo e i miei fedeli compagni se comandi mi dovete dare sono sempre pronto a servire voi e l'Onorata Società. Fine.

**VOTAZIONE**

D: Buon vespro a questo Onorato Circolo di Società.

R: Buon vespero.

D: State conforme.

R: Su di chi?

D: A passare le votazioni.

R: Conformissimo.

*1ª Votazione*

Con la parola del camorrista la corona che porta in testa dalla destra a sinistra, capo giovane e puntaiolo passo la prima votazione sul conto di: *dire il nome*.

Se fino a oggi lo conoscevo per un contrasto da questo momento lo conosco per un giovane d'onore, appartenente e non appartenente a questo Corpo di Società.

*2ª Votazione*

Con la parola del camorrista e la corona che porta in testa da destra a sinistra capo giovane e puntaiolo passo la prima e seconda votazione sul conto di...

Se fino a questo momento lo conosco per un giovane d'onore, da oggi in poi lo riconosco per un picciotto fatto a voce appartenente e non appartenente a questo Onorato Circolo di Società.

*3ª Votazione*

Con la parola del camorrista e la corona che porta in testa da destra a sinistra, capo giovane e puntaiolo passo la prima, seconda e terza votazione sul conto di...

Se fino a questo momento lo conoscevo per un picciotto fatto a voce da oggi in poi lo riconosco per un picciotto affermativo appartenente a questo Corpo di Società, dividere con lui spartere con lui, centesimo per centesimo, millesimo per millesimo, difenderlo fino a l'ultima goccia di sangue me l'abbraccio in carne pelle e ossa, se porta fallo e rifallo, tragedie e infamità e macchie d'onore a carico suo e a disposizione (altri codici, parlano di discarico) della Società.

Fine.

Dare un bacio per uno e una stretta di mano. Più uno al capo giovane.

### COPRIMENTO

Vi coprisco di rose e di fiore. Vi garantisco per uomo d'onore alla mia spalla, vi voglio portare con coltelli e con senza nessuna trascuranza. Se oggi in poi trascurerai, col sangue la pagherai. Umiltà bella come m'insegnasti pieno di rose e fiore mi copristi. Alla nostra spalla tre specialità di uomini non possono appartenere sbirri, 'nfami e quelli che fanno lavori speciali. Giusto appunto questa mattina m'incontro con un soldato col cuore di leone e con un pugnale in mano per incontrare la sedia di recluso e quella sedia camorrestale.

Fine.

### MODO DI FORMARE LA SOCIETÀ

R: La Società si forma larga e rotonda a forma di un anello col picciotto di giornata con un'armatura in mano dietro le spalle del capo giovane.

D: E perché stava dietro le spalle del capo giovane con l'armatura in mano?

R: Perché guardava le spalle del capo giovane e a disposizione della Società.

Fine.

## IL GIURAMENTO

Giuro su questa fonte battesimale larga e profonda al livello del mare di non trasgredire le regole sociali e di essere sempre pronto a ogni chiamata della Società.

Fine.

## BATTEZZARE IL LOCALE

D: Buon vespero.

R: Buon vespero.

D: State conformi.

R: Su di chi?

D: Per fare battezzare questo locale.

R: Conformissimo.

Giusto appunto con questo buon vespero e a nome del nostro severissimo san Michele Arcangelo e dai tre nostri vecchi antenati i primi fondatori della Camorra non faccio altro che battezzare questo locale, come l'hanno battezzato loro, con ferre catene e camicia di forza lo battezzo io, se l'hanno battezzato, con fiori e gelsomini in mano, con fiori e gelsomini in mano lo battezzo io, e riservo spille specchi tufe e località, se fino a questo momento era un locale bastardo, di adesso lo battezzo per un locale, sacro, santo e inviolabile e che nessuno lo scoprirà. E chi lo scoprirà la pagherà. Parola d'umiltà, è battezzata questa località.

Fine.

## COME SI RACCOGLINO LE VOTAZIONE

D: Buon vespero.

R: Buon vespero.

D: State conformi.

R: Su di chi?

D: Per raccogliere queste belle votazione.

R: Conformissimo.

Giusto appunto questa mattina non faccio altro che chiudo e richiudo, e raccolgo queste belle votazioni e li metto dentro questa tomba battesimale larga e profonda al livello del mare dove nessuno li potrà scoprire e chi li scoprirà col sangue la pagherà per come prescrivono le regole sociali.

### SFORMARE SOCIETÀ

D: Buon vespero.

D: State conformi.

R: Su di chi?

D: A sformare la Società.

R: Conformissimo.

I miei piedi di piombo, la mia pancia una tomba, il mio petto una balata, la mia bocca di fata. Parola d'umiltà è sformata la Società.

### COME SI INSACCA UN PICCIOTTO

D: Buon vespero.

R: Buon vespero.

D: State conformi.

R: Su di chi?

D: Sui regoli sociali.

R: Conformissimo.

Con molto dispiacere al cuore con una mano vi accetto e con l'altra vi traghetto «oppure vinzacco» a scarico mio e a carico dell'Onorata Società finché non sarete giudicato.

Rispondere «grazie».

### COME SI SCANTUNA UN PICCIOTTO

D: Scusate giovanotto dove siete state rimpiazzato?

R: In un luogo sacro santo e inviolabile.

D: Scusate amico quel luogo era una chiesa una stalla o un convento?

R: Scusate amico quel luogo non era né una chiesa né una stalla e né un convento, bensì era un giardino di rose e fiori dove non possono entrare né sbirri né carogna e né l'infame. Parlando con loro, ma rientrano solo gli uomini di vita e giovani d'onore.

### RINGRAZIAMENTO DOPO ESSERE STATO GIUDICATO

Non ho lingua e né cuore di poter ringraziare questo onorato circolo sociale che con logica e saggezza mi ha saputo giudicare la mia trascuranza, dandomi la mia trangenza franca libera e affermativa, per ogni attività. Ringrazio a voi saggio capo e tutta l'Onorata Società se comandi mi dovete dare sono pronto di servire voi e tutto questo corpo di società.

D: Quanto erano quando hanno rimpiazzato a voi?

R: Cinque più di cinque e no meno di cinque.

D: Che segno portate di picciotto?

R: Onore in fronte, una croce d'oro in petto e arma d'argento in mano.

D: Cosa rappresenta l'onore?

R: Una stella d'oro che illumina per me e per tutta l'Onorata Società.

D: Scusate ma voi prima di entrare in Società non avevate onore?

R: Sì io avevo onore. Onoro ho dato e onore ho ricevuto.

D: Scusate giovanotto sempre a bene e mai a male dove lo conservate l'onore?

R: Lo conservo molto bene dietro le mie spalle.

D: E dove lo conservate?

R: In un vasetto di cristallo fino finissimo.

D: Scusate ma quel vasetto non si potrebbe rompere?

R: No, ma se per disgrazia si dovrebbe rompere il mio onore sarà portato in bello alla Società.

D: Scusate giovanotto come vi ha conosciuto la Società per battezzarvi?

R: Per onore, saggezza e umiltà così credendomi degno e meritevole sono rientrato nell'Onorata Società.

Fine.

### DOTAZIONE DEL PICCIOTTO

D: Che cosa vi ha dotato la Società?

R: Sette belle cose.

D: E cosa sono?

R: Politica. Farsa politica. Rasoio. Sperra. Matita. Carta e Specchio.

D: A che cosa vi servono queste sette belle cose?

R: La politica...

(parte illeggibile)

R: La sperra per difendere i miei compagni e saggi maestri.

Matita per segnalare i nostri avversari.

Carta per intragettare ogni giocata con i contrasti.

Specchio per guardare le spalle al saggio capo giovane e all'Onorata Società.

D: Scusate amico il vostro saggio capo aveva tanto bisogno di voi?

R: Scusate il mio saggio capo con una mano buttava carte di mille e con un'altra mano raccoglieva centesimi e millesimi.

D: Come cammina un picciotto?

R: Sopra un marciapiede fino finissimo che non traballa né da una parte né dall'altra.

Fine

#### COME SI CHIAMA IL POSTO COL PICCIOTTO DI GIORNATA

D: Buon vespero saggio compagno. State confermo?

R: Su di chi?

D: Su le regole sociale.

R: Confermissimo.

Giusto appunto con questo buon vespero vi passo per novità ch'è arrivato un picciotto franco e libero affermativo in attività di transito e passaggio che si chiama la sua diritta a bene e a male come ci aspetta e sequestra la baciletta a mano di chi la dirige.

La divisione è stata fatta appunto questa mattina se comandi mi dovete dare sono pronto a servire voi e l'intera società e mi traghetto da me stesso finché la società non prende conto e sotto conto interno e esterno degli essere miei. Grazie alla Società.

Fine.

## RINGRAZIAMENTO ALLA SOCIETÀ

D: Buon vespero alla Società.

R: Buon vespero.

D: State confermi.

R: Su di chi?

Per fare un piccolo ringraziamento a questo onorato corpo di società.

Giusto appunto questa bella mattina non ho né lingua né cuore e né fiato per poter ringraziare questo onorato corpo di società. Prima a voi in qualità di capo e poi a tutta l'onorata società che mi ha conosciuto degno e meritevole in questo corpo di società qua e fuori di qualsiasi corpo di società. Se comandi mi dovete dare sono sempre pronto a servire voi e tutta l'onorata società. Grazie la società prega e non comanda.

Fine

## POSTO IN CIRCOLO

D: Buon vespero alla società.

R: Buon vespero.

D: La società è formata o sformata?

R: Qui siamo quattro amici che ci stiamo divertendo.

D: Scusatemi amico questo non è un posto di divertimento, perciò fatemi di grazia la società è formata o sformata?

R: È formata.

D: Allora prima impono a voi in qualità di capo giovane che mi fate rientrare in linea diretta e in canna regolare.

R: Avanti.

D: Scusate saggio capo giovane avanti vanno i cavalli.

R: Allora andate indietro.

D: Scusate indietro vanno gli infami parlando con loro e riservando questo corpo di società. Perciò v'impono per la prima seconda e terza volta che mi fate rientrare a circolo in linea diretta e a canna regolare.

R: Rientrate.

D: Dove debbo rientrare in qualche cantina per bere un bicchiere di vino con i miei saggi mastri e fedeli compagni?

R: No voi rientrate in un giardino di rose e fiore dove non ci possono rientrare i carogna e l'infami, riservando l'onore della società ma rientrano solo gli uomini di vita e giovani d'onore.

Grazie alla società.

Fine.

D: Cosa porta il giovane dietro le spalle?

R. Porta un bastone per bastonare e non essere bastonato.

Fine.

D: Cosa rappresenta il picciotto di giornata?

R: Il picciotto di giornata rappresenta una colombella di umiltà che gira e riggira da mattina a sera pigliando le novità e portando le novità ogni 24 ore all'onorata società.

Fine.

D: Cosa rappresenta il capo giovane a circolo formato?

R: Il capo giovane a circolo formato rappresenta un giudice d'umiltà che giudica e sarà giudicato.

D: Cosa rappresenta un picciotto sera di giovedì santo?

R: Rappresenta la Vergine addolorata con un manto vestito di nero che riceve grazie di ogni corpo di società.

Fine.

DISTACCAMENTO

Io mi distacco e non sono io che mi distacco se si distacca una vena del mio cuore. Io non mi distacco per infamità né per macchia d'onore e né per tragedia bensì mi distacco per affari familiari e mi riservo entrata franca e uscita libera a mano dei tre nostri vecchi antenati che portavano una letterina con tre lettere cifrate in oro con una parola scritta d'umiltà e mi distacco di questa onorata società.

Fine.

[MANCANO DUE PAGINE]

D: Come è composto l'albero della scienza?

R: Di cinque parte. Fusto. Semi Fusto. Rami. Ramoscelli e Fiori.

D: Scusate amico se per caso il fusto cade?

R: Resta il semi fusto.

D: E se cade il semi fusto?

R: Restano i rami.

D: E se cadono i rami?

R: Restano i ramoscelli.

D: E se cadono i ramoscelli?

R: Restano i fiori.

D: E se cadono i fiori?

R: Restano le radici.

D: E se cadono le radici?

R: Le radici non possono cadere mai, ma se per caso cascono rimane la località battezzata e sarà sempre società formata.

Fine.

#### COME SI SPIEGA L'ALBERO DELLA SCIENZA

D: Cos'è il fusto?

R: Il capo di Società.

D: Cos'è il semi fusto?

R: Il contabile.

D: Cosa sono i rami?

R: I camorristi.

D: Cosa sono i ramoscelli?

R: I picciotti.

D: Cosa sono i fiori?

R: I giovani d'onore.

Fine.

#### RINTAGLIARE LA FAVELLA

D: Buon vespero.

R: Buon vespero.

D: State conformi.

R: Su di che?

D: A rintagliare la favella?

R: Conformissimo.

V'impono una per tre a nome del nostro severissimo San Michele Arcangelo che a una mano porta la bilancia e all'altra la spada, che taglia e rintaglia lingua, passo a favella qua fuori di qua a qualsiasi punto di località così vi rintaglio io fedeli compagni e che nessuno parlerà senza chiedere parola di trangenza libera al picciotto di giornata, riservo capo contabili e cariche speciali, e se qualcuno parlerà sarà distaccato e praticato per come giudica la società.

Fine.

#### SEQUESTRARE L'ARMATURA

V'impono a nome del nostro Severissimo San Michele Arcangelo e dai tre nostri vecchi Antenati i primi fondatori della camorra Osso, Mastrosso e Carcagnosso per depositare qualsiasi specie d'armatura alla farfalla d'umiltà, e chi non la depositerà verrà distaccato e praticato con la sua stessa armatura da tre a cinque zaccagnate dietro la schiena per come prescrivono le regole sociali.

Fine.

#### RIGETTARE L'ARMATURA RACCOLTA DALLA SOCIETÀ FORMATA

D: Buon Vespero.

R: Buon Vespero.

D: State conformi.

R: Su di che?

D: Per rigettare queste belle armature.

R: Conformissimo.

A nome del nostro Severissimo San Michele Arcangelo, io che rappresento la farfalla d'umiltà da questa onorata società non faccio altro che le rigetto e le deposito nella fonte battesimale dove nessuno le potrà scoprire. Se il mio capo mi chiama io sono pronto a rispondere e mi trovo sempre dietro le sue spalle per difendere lui e tutta l'onorata società.

Grazie saggio picciotto di giornata.

Fine.

#### FARE LA PULICIATA

D: Buon vespero.

R: Buon vespero.

D: State conformi.

R: Su di che?

D: Per fare la puliciata a questo onorato circolo di società.

R: Conformissimo.

Giusto appunto con questo buon vespero e a nome dei tre nostri vecchi antenati vi riservo quello che in testa portate e mi vesto di sentinella d'umiltà e mi metto i guanti bianchi per passare la puliciata a tutti quanti.

Fine.

D: Con una mano mi riservo e con l'altra vi faccio la puliciata.

Grazie.

Fine.

#### SE VEDETE UN UOMO SCONOSCIUTO SUL PROPRIO LOCALE

D: Scusate amico di dove venite?

R: Di una lunga strada.

D: E che cosa andati in cerca?

R: Di onore amici e compagni.

D: Scusate amico se vi occorre cosa e vi posso essere utile io sono un amico e sarò a vostra disposizione.

R: Grazie con molto onore e piacere.

Fine.

D: Cosa c'era intorno a voi quando vi hanno rialzato.

R: Un giardino di rose e fiore e in mezzo una fonte battesimale, che battezzavano picciotti camorristi e giovani d'onore.

Fine.

D: Cosa rappresenta il capo giovane in un giorno di festa?

R: Il capo giovane in un giorno di festa rappresenta una barchetta d'oro a mezzo mare che batte e ribatte per non essere battuto dagli altri locali foresti.

Fine.

**SVINCOLARE**

D: Scusate amico questo bicchiere di vino è vincolato o svincolato?

R: È vincolato.

D: Chi l'ha vincolato?

R: La vincolato chi parla con voi.

D: Se voi l'avete vincolato ve lo svincolo io.

R: Voi non lo potete svincolare.

D: Allora v'impono a nome del nostro severissimo San Michele Arcangelo, come lui ha svincolato l'armatura al demonio così svincolo a voi questo bicchiere di vino.

Fine.

D: Perché fate l'uomo?

R: Per sigere, transigere, mantenere l'onore mio e quello della società.

Fine.

D: Scusate saggio compagno sopra dove camminate?

R: Cammino sopra un taglio di coltello a filo di capello.

D: E se cascate?

R: Se casco a destra mi alzo.

D: E se cascate a sinistra?

R: Se casco a sinistra casco nella tomba.

Fine.

**COME FARSI CONOSCERE IN UN ALTRO LOCALE CHE NON SIE-TE CONOSCIUTO**

Vi mettete in una strada che fa crocevia e incominciate ad accendere fiammiferi quando passa un uomo di società. Lui sospetta che volete fare riconoscenza e vi farà delle domande.

D: Scusate bel giovanotto cosa avete perso che accendete fiammiferi?

R: Voglio ritrovare una chiave.

D: Giusto appunto l'avete trovata?

R: Si se ve la sapete conquistare.

D: Scusate fatemi di grazia con chi ho l'onore di parlare?

R: Con quella pietra.

D: Scusate giovanotto quella pietra non ha occhi per vedere né orecchi per sentire e non ha bocca per parlare, v'impono per la prima volta fatemi di grazia con chi ho l'onore di parlare?

R: Con quel muro.

D: Scusatemi v'impono per la prima e seconda volta a nome del nostro Severissimo San Michele Arcangelo che in mano porta la spada e all'altra la bilancia fatemi di grazia con chi ho l'onore di parlare.

R: Con quell'albero.

D: V'impono per la prima volta seconda e terza volta a nome dei tre vecchi fondatori della camorra: Osso, Mastrosso e Carcagnosso. Se loro hanno imponuto con ferre, catene e camicie di forza, così vi impono io ditemi per grazie con chi ho l'onore di parlare.

R: Parlate con un uomo come voi.

D: Grazie saggio compagno.

D: Allora passate per novità ch'è arrivato un picciotto di turno franco libero e affermativo in ogni attività, se comandi mi dovete dare sono pronto a servire voi e tutta l'intera società.

Grazie la società prega e non comanda. Ma è il mio dovere che mi chiama.

Fine.

### IL POSTO IN UN ALTRO LOCALE

D: Giusto appunto con questo buon vespero vi passo per novità ch'è arrivato un picciotto franco, libero e affermativo in ogni attività, e mi chiamo la mia diritta a bene e a male come mi aspetta qua fuori di qua o qualsiasi località, mi tragetto da me stesso a finché questo onorato circolo di società non prende conto e sotto conto di me mi riservo entrata franca e uscita libera. Se comandi mi dovete dare sono pronto a servire voi e tutta l'onorata società.

R: Grazie saggio compagno la società prega e non comanda pigliatevi la vostra diritta.

Fine.

D: Quali sono le virtù dell'uomo e quanti sono?

R: Le virtù dell'uomo sono tre.

D: Come si chiamano?

R: L'uomo deve essere: 1. freddo come il ghiaccio, 2. forte come l'acciaio e 3. umile come la seta.

Fine.

D: Quanto pesa un uomo?

R: Quanto pesa una piuma al vento.

Fine.

Come formare la società

D: Com'era formata la società quando avete rientrato?

R: A forma di cerchio.

D: Che cosa c'era in mezzo a quel cerchio?

R: Un tavolino di noce fino finissimo.

D: E che cosa c'era su quel tavolino di noce fino finissimo.

R: Tre fazzoletti con un anello d'oro al centro.

D: Che colore erano i tre fazzoletti?

R: Verde, bianco e rosso.

D: Che cosa rappresenta il verde?

R: La speranza della società.

D: Che cosa rappresenta il bianco?

R: L'onore della società.

D: Che cosa rappresenta il rosso?

R: Il sangue sparso dell'onorata società.

D: Che cosa rappresenta l'anello d'oro?

R: La fonte battesimale dell'onorata società.

D: Con quale fazzoletto era coperto l'anello d'oro?

R: Con il fazzoletto bianco.

D: E perché non era coperto di un altro colore ch'era coperta con il bianco?

R: Perché il colore bianco è l'onore della società.

Fine.

D: Che cosa rappresenta il capo di società a circolo formato?

R: Il capo di società a circolo formato rappresenta un giudice supremo d'umiltà che oggi giudica e domani sarà giudicato.

Fine.

D: Cosa rappresenta il capo giovane a circolo formato?

R: Il capo giovane a circolo formato rappresenta un giudice d'umiltà che oggi giudica e domani sarà giudicato.

D: Cos'è il capo giovane per la società Minore?

R: Un camorrista fatto a voce riconosciuto dalla società Maggiore.

D: Cos'è il capo giovane per la società Maggiore?

R: Un servo d'umiltà che oggi serve e domani può essere servito.

Fine.

D: Cosa rappresenta il puntaiolo a circolo formato?

R: Rappresenta la madre addolorata coperta con un mantello nero e col suo manto copre di grazie ogni picciotto.

Fine.

D: Chi ha formato la società d'onore?

R: I tre vecchi antenati che si partirono dalla Spagna formando società d'onore.

D: Come si chiamano i tre vecchi antenati?

R: Osso, Mastrosso e Carcagnosso.

D: Chi è il difensore della Società?

R: San Michele Arcangelo che porta la spada e la bilancia. Con la spada difende e con la bilancia pesa l'onore della Società.

Fine.

## IL SEGNO DI UN PICCIOTTO

D: Che segno portate di essere picciotto?

R: Una stella d'onore in fronte una croce d'oro in petto e una palla d'argento in mano.

D: Scusate giovanotto che cosa rappresenta per voi la stella d'onore che portate in fronte?

R: Rappresenta la luce che illumina me e tutta la società.

D: Scusate ma voi prima di entrare in società non avevate onore?

R: Sì io ho avuto onore. Onore ho dato e onore ho ricevuto.

D: Scusate giovanotto sempre a bene e mai a male dove lo conservate l'onore?

R: Lo conservo bene dietro le mie spalle.

D: E dove lo conservate?

R: In un bottiglino di cristallo fino finissimo.

D: Scusate ma quel bottiglino non si potrebbe rompere?

R: No ma se per disgrazia si dovrebbe rompere il mio onore sarà portato in bello alla Società.

D: Come vi ha riconosciuto la società per battezzarvi?

R: Per onore saggezza e Umiltà così credendomi degno e meritevole sono battezzato nell'onorata società.

Fine.

## DOVE ABITA IL VOSTRO CAPO

D: Scusate giovanotto dove abita il vostro capo?

R: A mezzo mare dentro un castello d'argento fino finissimo.

D: Scusate giovanotto e come fa per venire in società?

D: Ci ha una barchetta a vela che quanto è chiamato naviga a mezzo mare.

R: Scusate e se piove quando viene non si bagna?

D: No perché ci ha un ombrellino di pura seta fina finissima col manico d'oro e la punta d'argento tocca un bottone e l'ombrellino si apre e così se piove si copre e navigando in mezzo mare arriva a terra e si presenta in società.

D: Quante volte il saggio capo viene in società?

R: Tre volte all'anno.

D: E in quali giorni?

R: Pasqua, Natale e Corpus Domini.

Fine.

#### COME AVETE FATTO A TROVARE LA STRADA DELLA SOCIETÀ

D: Scusate giovanotto come avete fatto a trovare la strada della società?

R: Una bella mattina di sabato all'alba mentre spuntava e non spuntava il sole mi sono messo a camminare e camminando sono arrivati alla riva del mare, li mi son fermato ed ho visto una barchetta a vela in mezzo al mare che navigava con tre vecchi marinai e una bandiera che sventolava di tre colori.

D: Scusate giovanotto se vi rintaglio a bene e mai a male: di che colore era la bandiera?

R: Verde, Bianco e Rosso.

D: E voi quando avete visto quella bandiera cosa avete fatto?

R: Mi son messo a chiamare ad alta voce e vedendo che non mi sentono ho preso il mio fazzoletto bianco bianchissimo di pura seta finissima e gli ho fatto segno e così vedendo quel fazzoletto bianco che io sventolavo loro si sono avvicinati alla riva e mi hanno detto, cosa andate in cerca, e io ho risposto che vado in cerca di amici e compagni e della mala vita così mi hanno preso con loro in quella barchetta e navigando mi hanno sbarcato nella vecchia isola della Favignana dove c'era un giardino di rose e fiori con a mezzo una tomba battesimale che battezzavano picciotti, camorristi e giovani d'onore, così ho trovato la strada della società onorata.

Fine.

#### IL DOVERE DI UN PICCIOTTO

D: Scusate giovanotto quale è il dovere di un picciotto la mattina?

R: Il dovere di un picciotto quando all'alba si alza la mattina sarà di andare in chiesa rubare il calice d'argento e portarlo in bello alla società.

Fine.

D: Quale è il dovere e comportamento di un picciotto con i saggi mastri?

R: Il picciotto è un servo d'umiltà e il dovere lo chiama di essere pronto a ogni chiamata ed essere umile e saggio nei comportamenti di andare sempre a apprendere, e di servire i suoi saggi mastri.

Fine.

D: Quante strade ci ha la società?

R: Nella Società ci sono tre strade.

D: E come sono composte?

R: Di piede di gallina.

D: E voi quale strada avete preso per essere un picciotto?

R: Ho preso la strada a destra.

D: E perché avete preso quella a destra e non quella a sinistra?

R: Perché vedevo i miei saggi mastri camminare così posso andare in cerca per la sedia camorrestale.

D: E la strada a sinistra cosa c'era?

R: Sbirri impami e tragiratori.

Fine.

# Appendice IV

*Quella che segue è la riproduzione del codice sequestrato dalla Squadra mobile di Reggio Calabria e dalla Criminalpol calabrese, nel giugno del 1987, nel covo del superlatitante Giuseppe Chilà.*

1

COME-SI-FORMA-IL-VANGELO-

D. SOTTO-IL-NOME-DI-GASPARE-
MALCHIORRE-E-BALDASSARRE-E-DI-
NOSTRO-SIGNORE-GESÙ-CRISTO-CHE-
DALLA-TERRA-MORTO- ~~xxxxxx~~ -
RISUSCITÒ-IN-CIELO [cosi] NOI-SAGGI-
FRATELLI-FORMIAMO-QUESTO-SACRO-
VANGELO.

GIURAMENTO-DEL-NUOVO-FRATELLO-

D. GIURO-SOPRA-QUESTA-ARMA-E-DI-
FRONTE-A-QUESTI-FRATELLI-DI-NON-
PARTECIPARE-A-NESSUNA-SOCIETA-E-
A-NESSUNA-ORGANIZZAZIONE-TRANNE-
AL-SACRO-VANGELO.-GIURO-DI-ESSERE-
FEDELE-DIVIDENDO-SORTE-E-VITA-
CON-I-MIEI-SAGRI-FRATELLI. ~~xxxx~~

RITO-DELLA-FEDERIZZAZIONE.

D. SAGGI-FRATELLI-SIAMO-PRONTI-PER-
LA-FEDERIZZAZIONE-?
R. SIAMO-PRONTISSIMI-
D. A-NOME-DI-GASPARE-MALCHIORRE-
E-BALDASSARRE-E-DI-NOSTRO-

2

SIGNORE GESÙ CRISTO PASSÒ LA
PRIMA VOTAZIONE SUL CONTO DEL
N.CO FRATELLO SE FINO ADESSO
ERA RICONOSCIUTO PER UN UOMO
APPARTENENTE ALLA SANTA CO
ALLA SACRA CORONA ADESSO LO
RICONOSCIAMO PER UN NOSTRO
FRATELLO NON ANCORA RICONOSCIUTO
E FEDEREZZATO.

D. A NOME DI GASPARE MALCHIORRE
E BALDASSARRE E DI NOSTRO SIGNORE
GESÙ CRISTO SI PASSA ALLA SECONDA
VOTAZIONE SE FINO ADESSO ERA
RICONOSCIUTO FRATELLO NON ANCORA
APPARTENENTE ADESSO LO RICONOSCO
APPARTENENTE E NON FEDEREZZATO
A QUESTO PUNTO SI FA LA CROCE SULLA
SPALLA SINISTRA E SI BACIA SOPRA.

D. A NOME DI GASPARE MALCHIORRE
E BALDASSARRE E DI NOSTRO SIGNORE
GESÙ CRISTO E DI NOI TUTTI SAGGI
FRATELLI PRESENTI E ASSENTI

SI - PASSA - ALLA - 3 - TERZA -
... È L'ULTIMA - VOTAZIONE - AL -
NUOVO - FRATELLO - AMATO - ABBRACCIATO -
FEDERIZZATO - E - BACIATO - CON -
GIURAMENTO - GIA - FATTO - E - CON -
LA - CROCE - SULLA - SPALLA - SINISTRA -
GIURANDO - CON - LUI - DI - ESSERE -
FEDELE - CON - GIOIA - E - SANGUE. -
- SFORMARE - IL - VANGELO -
A - NOME - DI - GASPARE - MALCHIORRE -
E - BALDASSARRE - IN - QUESTO - SACRO -
GIORNO - E - CON - LA - LUCE - DEL -
CIELO - NOI - SAGGI - FRATELLI - E -
CAVALIERI - D'ONORE - SFORMIAMO -
IL - SACRO - VANGELO. -
- 1 - 3 - CAVALIERI - D'ONORE - DELLA - COPINTA -
1 - GASPARE -
2 - MALCHIORRE -
3 - BALDASSARRE -

1

COME-SI-FORMA-LA-SANTA-

D. SANTA-SERA-ALISANTISTA !.

R.- SANTA-SERA-

D. SIETE- PRONTI-PER-FORMARE-LA-SANTA.?.

R. SIAMO- PRONTISSIMI.. (GRAZIE)

D. GIUSTO- APPUNTO-QUESTA-SANTA-SERA-

NON-FACCIO-ALTRO-CHE-NELLA-SOLITUDINE-

E-NEL-SILENZIO-DI-QUESTA-SANTA-NOTTE-

ILLUMINATA-DELLA-LUCE-DELLE-STELLE-E-

DELLO-SPLENDORE-DELLA-LUNA-A-FORMARE-

QUESTA-SANTA-CORONA-DAL-CAPO-

SANTISTA-SOTTOCAPO-SANTISTA-MASTRO-

DI-CONTROLLO-E-SCORTA-DISTACCATA-(R-GRAZIE

VOTAZIONI-PER-FEDEREZZARE-E-GIURAMENTO-

GIURO-SU-QUESTA-ARMA-E-DI-FRONTE-A-

QUESTI-NUOVI-FRATELLI-DI-SANTA-DI-

RINNEGARE-LA-SOCIETA-DI-SGARRO-E-

QUALSIASI-ORGANIZZAZIONE-E-FARE-

PARTE-ALLA-SANTA-CORONA-E-DIVIDERE-

SORTE-E-VITA-CON-QUESTI-NUOVI-FRATELLI-

IL-NUOVO-ELETTO-DEVE-RISPONDERE-LO-GIURO

D. SAGGI-FRATELLI-SIAMO-PRONTI-PER-

## 2

LA FEDERIZZAZIONE 3 -
R. SIAMO - PRONTISSIMI -
D. A NOME DELLA - SACRA - CORONA PASSO -
LA PRIMA VOTAZIONE SU? - SI PRIMA - LO
RICONOSCEVO PER UN ~~⬛⬛⬛⬛~~
UOMO APPARTENENTE ALLA SOCIETA DI SGARRO
ADESSO LO RICONOSCO PER UN FRATELLO DI
SANTA NON ANCORA APPARTENENTE
D. A NOME DELLA SACRA CORONA PASSO LA
SECONDA VOTAZIONE SU? SI FINO ADESSO
ERA RICONOSCIUTO UN FRATELLO DI SANTA
NON ANCORA APPARTENENTE ADESSO LO
RICONOSCO APPARTENENTE E NON FEDERIZZATO
A QUESTO PUNTO SI FA LA CROCE SULLA
SPALLA DESTRA E CON UN BACIO SULLA
CROCE E IL GIURAMENTO DEL VELENO
( GIURAMENTO DEL VELENO )
D A NOME DELLA SANTA CORONA E DI FRONTE
A QUESTI FRATELLI DI SANTA GIURO DI PORTARE
SEMPRE CON ME QUESTA BOCCETTA
DI VELENO E SE PER DISGRAZIA DOVREI
TRADIRE QUESTI NUOVI FRATELLI

3

DI-SANTA-DI-AVVELENARMI-CON-
LE-MIE-STESSE-MANI-

D.A-NOME-DELLA-SACRA-CORONA-E-DI
NOI-TUTTI-SAGGI-FRATELLI-PRESENTI-
E-ASSENTI-PASSO-LA-3ª E-ULTIMA.VOTAZIONE-
AL-NUOVO-FRATELLO-AMATO-ABBRACCIATO-
FEDERIZZATO-E-BACIATO-CON-GIURAMENTO-
GIA-FATTO-E-CON-LA-CROCE-SULLA-
SPALLA-DESTRA-GIURANDO-CON LUI-DI-
ESSERE-FEDELE-CON-GIOIA-E-SANGUE-
        ( SFORMARE-LA-SANTA )

D.-SANTA-SERA-ALISANTISTA-
R.-SANTA-SERA-
D.-SIETE PRONTI-PER-SFORMARE LA-SANTA-?
R.-SIAMO-PRONTISSIMI-....
D.-IN-QUESTA-SANTA-NOTTE-SOTTO-
LA-LUCE-DELLE-STELLE-E LO-SPLENDORE-
DELLA-LUNA-E-SFORMATA-LA-SANTA
                        CORONA

( 1-3-CAVALERI-D ONORE )

1º GIUSEPPE-MAZZINI-
2º GIUSEPPE-GARIBALDI-
3º GIUSEPPE-LA-MARMORA-

(REGOLE-DI-SANTA) 1

D. DA-CHI-E-FORMATA-LA-SANTA?_

R. DAL-CAPO-SANTISTA-SOTTOCAPO-SANTISTA

A-DESTRA-MASTRO-DI-CONTROLLO: A-

SINISTRA-E-SCORTA-DISTACCATA-DIETRO-LE-SPALLE-

D. QUANDO-E-NATO-IL-PRIMO-SANTISTA?_

R. E-NATO-IL-GIORNO-DELLA-NASCITA-DEL-NOSTRO-SANTO-

CRISTO-

D. QUANDO-E-STATO-SANTIZZATO-IL-PRIMO-SANTISTA

R. IL-25-DICEMBRE-QUANDO-IL-SANTO-CRISTO-

E-NATO-IO-SONO-STATO-SANTIZZATO-

D. PER-MEZZO-DI-CHE-COSA-DIMOSTRATE-

DI-ESSERE-UN-SANTISTA-?

R. PER-MEZZO-DI-UNA-CROCE-DIETRO-LA-

SPALLA-DESTRA-CHE-IL-CAPO-SANTISTA-

ME-LA-DATA-IO-L'O-ACCETTATA-E-

TUTTA-LA-SANTA-CORONA-ME-LA-CONFERMATA_

D. DI-QUANTI-SANTISTI-E-FORMATO-IL-

CONSIGLIO-LOCALE-?_

R. E-FORMATO-DI-9-SANTISTA_

~~████████████████████████~~

D. DI-QUANTI-LOCALI-E-FORMATO-L'ALTRO-

CONSIGLI-(DIRETTIVO)-GENERALE-?_

R. E-FORMATO-DI-5-LOCALI-

2

D. CHE COSA RAPPRESENTA IL CAPO SANTISTA?.

R. RAPPRESENTA IL CAPO GIUDICE SUPREMO CHE
DAL SUO GIUDIZIO PROPONE E DA QUELLO DI TUTTI
I SUOI GIUDICI DISPONE E IMPARTISCE REGOLE
SANTE GRAZIE E PRESCRIZIONE SEVERE PER
TUTTI I LOCALI CHE VOGLIONO STARE AL
GIUDIZIO DELL'ALTO CONSIGLIO GENERALE.

D. CON QUALI VINCOLI VI ANNO SANTIZZATO?.

R. CON VINCOLO DI NON TRADIRE LA FEDE
E LE PRESCRIZIONI DI QUESTO CORPO DI SANTA
FORMATA ALTRIMENTI GIUDICATO DISTACCATO
E RISCACCIATO IN OGNI PUNTO CHE DI QUESTO
ALTO CONSIGLIO SARAI SEGNALATO
E PER FARE CONOSCENZA CON ALTRI SANTISTI

D. BUONGIORNO AMICO?.

R. BUONGIORNO

D. DI DOVE SIETE?.

R. DI TAL PUNTO.

D. CONOSCETE LA FAMIGLIA MURTARE?.

R. NON LA CONOSCO

D. IMPOSSIBILE?.

R. EPPURE NON LA CONOSCO HO CONOSCIUTO

3

SOLAMENTE-3- FRATELLI-CHE LAVORAVONO
PRESSO- L'IMPRESA- DELL' SC.-
D. E.COME- LAVETE- CONOSCIUTI.?.
R. L'O- CONOSCIUTI-PER-TRAMITE- UNA-
CERTA- SCORTA-SANTA- ED-HO- -
LAVORATO- ASSIEME.--
D. E- CHE- LAVORO- FACEVATE.?.--
R. TRASPORTAVAMO- GLI-ARCOMI-E- I-
MEMBRI- DI- UNA-STATUA- CHE- SI-
DOVEVA- COSTRUIRE- ABBRACCIATA-
E-LEGATA- CHE- DOPO- ESSERE-
COSTRUITA- RAPPRESENTAVA- TUTTA-
LA- SANTA- CORONA- FORMATA...

| COME - SI - FORMA - LO - SGARRO |
| --- |

D. BUON - VESPORO - SAGGI COMPAGNI ?.

R. BUON - VESPORO -

D. SIETE - ACCOMODI - PER - FORMARE - LA - SOCIETA - DI - SGARRO ?

R. ACCOMODISSIMI. (GRAZIE)

D. A - NOME - DI - MINOFRIO - MISGRIZZI - E -
MI - SGARRO - E - FORMATA - LA - SOCIETA - DI - SGARRO -

COME - SI - FEDERIZZA - UNO - SGARRISTA

R. A NOME - DI - MINOFRIO - MISGRIZZI - E - MISGARRO -
PASSO - LA - PRIMA - VOTAZIONE - SU ? - SE -
PRIMA - LO - RICONOSCEVO - CAMORRISTA -
DI - SANGUE - DA - QUESTO - MOMENTO - LO -
RICONOSCO - PER - UN - CAMORRISTA - DI - SGARRO
FATTO - A - VOCE - APPARTENENTE - E - NON -
APPARTENENTE - A - QUESTO - CORPO - DI -
SOCIETA - SACRA - SANTA - E - INVIOLABILE -

( SECONDA - VOTAZIONE )

D. A NOME - DI - MINOFRIO - MISGRIZZI - E -
MISGARRO - PASSO - ALLA - SECONDA - VOTAZIONE
SU ? - SE - PRIMA - LO - RICONOSCEVO - PER -
UN - CAMORRISTA - DI - SGARRO - FATTO - A -
VOCE - DA - QUESTO - MOMENTO - LO -
RICONOSCO - UN - CAMORRISTA - DI - SGARRO

2

ANCORA)
NON CONSACRATO E BATTEZZATO.
A QUESTO PUNTO SI TAGLIA LA TESTA
DELLA FIGURA DI SAN MICHELE ARCANGELO.
E SI BRUCIA NELLA MANO DESTRA DEL
NUOVO ELETTO E SI FA UNA CROCE
SUL DITO POLLICE DELLA MANO SINISTRA
E SI SPARGE LA CENERE SOPRA DICENDO
A NOME DI MINO FRIO MISGRIZZI
E MISGARRO CHE GLI ANNO TAGLIATO
LA TESTA A SAN MICHE ARCANGELO
PERCHE E STATO ~~TROPPO~~ MOLTO ~~TROPPO~~ SEVERO
NELLA SUA SPARTIZIONE E IL SUO
CORPO E STATO SEPOLTO SOTTO DUE
PUGNALI INCROCIATI LA SUA TESTA E
STATA BRUCIATA E CON LA SUA
CENERE TI BATTEZZO E TI CONSACRO
CAMORRISTA DI SGARRO.

TERZA VOTAZIONE

A NOME DI MINOFRIO MISGRIZZI
E MI SGARRO PASSO LA TERZA E
ULTIMA VOTAZIONE SUA SE PRIMA
LO RICONOSCEVO CAMORRISTA DI

3

SGARRO- NON- CONSACRATO- ADESSO-
LO-RICONOSCO- CAMORRISTA-DI- SGARRO
BATTEZZATO- E- CONSACRATO- IO-MANGERO-
CON-LUI- DIVIDERO- CON- LUI- CENTESIMO
MILLESIMO- E- SOLDO- DELLA- BACILETTA
E- GLI- DIFENDERO- CARNE- SANGUE-
PELLE- E- OSSA- FINO- ALLULTIMA-GOCCIA-
DEL- MIO- SANGUE- SE- RAGGIRI- PORTA-
MACCHIA- DONERRO- INFAMITÀ- A- CARICO-
SUO- E- A-SCARICO- DELLA- SOCIETA-
A-QUESTO- PUNTO- SI- SFORMA- LA-
SOCIETA- DI- SGARRO- CON- LO- STESSO-
RITO- DI-COME- SIE FORMATA-

COME- SI- FORMA- LA- SOCIETA- COMUNE)

D. BUON-VESPORO-SAGGI- COMPAGNI?

R. BUON- VESPORO-

D. STATI- ACCOMODI.?

R. SÙ- CHÈ- COSA.

D. A-FORMARE- SOCIETA_ INTESTA. (●●●)

R. ACCOMODISSIMI. ( GLAZIE)

D. A-NOME- DEI-NOSTRI-E-VECCHI- ANTENATI-
CAVALIERI. SPAGNOLI. OSSO- MASTRO SSO_
E- SCARCA GNOSSO_ CHE- DOVE- CERANO-
DUE_ CARETTI. PIANTARONO- DUE- LUNGHI-
SPADINI- E- FECERO- GUERRA- IN- CALABRIA-
IN- SICILIA_ E- IN- TUTTO- LO-STATO- NAPOLITANO
DOVE- CERA- UNA_ PALLA- CHE- ANDAVA-
IN-GIRO- IN- TUTTO- IL- MONDO_ CALDA-
COME- IL- FUOCO- FREDDA- COME- IL- GHIACCIO-
E- UMILE- COME _ LA- SETA_ E- GIURIAMO-
SAGGI- COMPAGNI- CHE- CHI-LA- SCOPRIRÀ
(DI- NOI)
LA- PAGHERÀ- DA- 3- A- 5- COLPI- DI- PUGNALI-
COME- E- PRESCRITTO- PER- REGOLA- SOCIALE-
CALICE-D'ARGENTO_ OSTIA- CONSACRATA_
CON- PAROLA_ D'UMILTA_ LA- SOCIETA_
E- FORMATA_ (R. GRAZIE.)

DOPO-CHE- SI- FANNO-PRATICHI-o-SI-PASSANO-PARDLI-

A- NOME- DEL-NOSTRI- VECCHI- ANTENATI-
3- CAVALIERI- SPAGNOLI- COGLIO- E-RACCOGLIO-
TUTTI- QUESTI- PAROLE- SPARSI- AL-VENTO-
E- LE- SEPELLISCO- IN- UN- POZZO- PROFONDO-
SOTTO- IL- LIVELLO- DEL- MARE- E- GIURIAMO-
SAGGI- COMPAGNI- CHE- NON- VERRANNO-
SCOPERTI- NON- OGGI- E- NON- DOMANI-
NEMMENO- LORA- DEL- GIUDIZIO- UNIVERSALE-
E- SE- QUALCUNO- LE- SCOPRIRA- LA- PAGHERA-
DA- 3- A- 5- COLPI- DI- PUGNALI- COME-
PRESCRITTO- PER- REGOLA- SOCIALE.

COME- SI- BATTEZZA- UN- LOCALE- DOVE- SI-
FORMA- SOCIETA- PER- LA- PRIMA- VOLTA.

D. BUON- VESPORO- SAGGI- COMPAGNI?
R. BUON- VESPORO-
D. STATE- ACCOMODI- PER- BATTEZZARE- QUESTO- LOCALE?
R. STIAMO- ACCOMODI.
A- NOME- DI- NOSTRI- VECCHI- ANTENATI-
3- CAVALIERI- SPAGNOLI- OSSO- MASTROSSO- E-
SCARCAGNOSSO- BATTEZZO- QUESTO- LOCALE-
SE- PRIMA- LO- RI- CONOSCEVO- PER- UN- LOCALE-
CHE- BAZZICAVONO- SBIRRI- E- INFAME-

2

DI ORA IN POI LO RICONOSCO PER UN
LUOGO SACRO SANTO E INVIOLABILE
DOVE PUÒ FORMARE E SFORMARE QUESTO
ONORATO CORPO DI SOCIETA
D. QUANTO COSE INDOSSA UN UOMO?
R. UN UOMO INDOSSA 7 COSE E SONO
1. UMILTA 2. FEDELTA 3. POLITICA E FALSA
POLITICA 4. CARTE 5. SPECCHIO 6. SFERRA
7. E BUONORDINE.

REGOLE SOCIALI

D. CHE-COSA- RAPPRESENTA.UN CAORRISTA? -

R. UN- CAMORRISTA-RAPPRESENTA-UN LEONE-
LEGATO-CON UNA CATENA-DI 24 MAGLIE-
E 25 ANELLI-CHE-NON SI PUÒ DISTACCARE-
SENZA-L'ORDINE DELLA SOCIETA

D. FATIMI GRAZIA-SAGGIO COMPAGNO DOVE
RISIEDONO CAPO-E CONTABILE ? —

R. ALTO SAGGIO COMPAGNO CAPO E —
CONTABILE RISIEDONO IN MEZZO AD
UNA ISOLETTA IN MEZZO AL MARE CON
UNA CAMICIA DI FORZA E FERRI E
CATENE CHE COMBATTONO E RICOMBATTONO
PER NON ESSERE RIBATTUTI DA ALTRI
CAPI DI SOCIETA

D. CHE COSA RAPPRESENTA LA CAMORRA ?

R. LA CAMORRA RAPPRESENTA UNA PALLA
DI SANGUE CHE GIRA IN TUTTO IL
MONDO E PER OGNI 24 ORE COMPIE IL SUO GIRO

D. QUANTO VALE UN CAMORRISTA ?

R. UN CAMORRISTA VALE QUANTO UNA
PIUMA DORO ESPOSTA AL VENTO

D. CHE COSA RAPPRESENTA UN CAMORRISTA

2

A-CIRCOLO - FORMATO:?..
R. UN- CAMORRISTA - A- CIRCOLO-FORMATO-
RAPPRESENTA - UN- GIUDICE- CHE- IN- QUEL-
MOMENTO- GIUDICA - E- DA- QUEL·MOMENTO-
IN- AVANTI- PUÒ- ESSERE- GIUDICATO-
D. DA-CHE-COSA-E-FORMATO-UN-CAMORRISTA?..
R. UN- CAMORRISTA - E- FORMATO- DURO- COME-
IL- FERRO- FORTE- COME- LA- SETA- E- LEGGERO-
COME- UNA- PENNA- LASCIATA- AL-VENTO-
D. FATEMI- GRAZIA- SAGGIO- COMPAGNO-
QUALI- SEGNI- PORTATE- PER- ESSERE- UN- CAMORRISTA?..
R. IO- PORTO- UNA- STELLA- DORO- IN- FRONTE-
SPADA- E- PUGNALI- NELLE- MANI- ED- UNA-
PALMA- NEL- PETTO.
D. IO- NON- VI- RICONOSCO?..
R. VOI- MI- DOVETE- RICONOSCERE- PERCHE'-
IO- VENGO- SPEDITO- DAL- VENTO- E- PROVENGO-
DAL- NOSTRO- VECCHIO- CONTE- E- CAVALIERE-
BRINDESSARRO.
D. QUANTO- PESA- UN- CAMORRISTA?..
R. UN- CAMORRISTA- PESA- QUANTO- UNA-
PINNA- ABBANDONATA- AL- VENTO-

3

E-VALE- QUANTO- L'ORO-DI-TUTTA-LA-FRANCIA.

D.-QUANTO-MANGIA-UN-CAMORRISTA?...

R.-UN-CAMORRISTA-MANGIA-QUANTO-UN-CARDILLINO-AFFAMATO-STA-ZITTO-O-SI-PIOMBA-COME-UNA-PALLA-CHE-GIRA-E-BATTE-DI-QUA-E-DI-LA- PERCHÉ-DEVE-ESSERE-COME-UNA-MOLLA-SPIRALE-CHE-SEMPRE-RITORNA-E-NON-PUO-STARE-MAI-FERMA.

D.-FATIMI-GRAZIA- SAGGIO-COMPAGNO-COME-VI-ANNO-BATTEZZATO-CAMORRISTA?...

R.-ALTO-SAGGIO-COMPAGNO-A-ME-MI-ANNO-BATTEZZATO- SENZA-CAPPELLO-E-SENZA-CAMICIA-A-MEZZO-BUSTO-COME-L'ANGELO.

D.-CHE-COSA-AVETE- VISTO?...

R.-UN-TAVOLO-DI-NOCE-FINISSIMA-CON-UN-DAMASCO-D'ORO-DI-SETA-FINISSIMA-CON-CINQUE-ARMATURE-QUATTRO-PARI-E-UNA-DISPARA-CHE-RAPPRESENTAVA-IL-CAPO-DELLA-SOCIETÀ.

D.-PERCHÉ-RAPPRESENTAVA-LUI-IL-CAPO-

4

DELLA SOCIETA? PERCHÈ ERA PIÙ GROSSO
(PIOV)
E MALANDRINO D'EGLIALTRI?

R. NO NON ERA NE PIÙ GROSSO NE PIÙ
MALANDRINO POICHE IN QUEL MOMENTO
DUE
AVEVA CARICHE SPECIALI E INVIOLABILE
CHE ERA STATA ELETTA DI TUTTI NOI
CAMORRISTI COME A UN PADRE IN UNA FAMIGLIA

D. DOVE VI ANNO BATTEZZATO?

R. SOPRA A UN MONTE DOVE VI ERA UN
GIARDINO DI ROSE E FIORE E C ERANO
I NOSTRI 3 FRATELLI E CAVALIERI
SPAGNOLI OSSO MASTROSSO E SCARCAGNOSSO
CONVENZIONATI PER LA MIA CONSACRAZIONE.

D. COME SONO VESTITI I CAMORRISTI
A SOCIETA FORMATA?

R. I CAMORRISTI A SOCIETA FORMATA
DEVONO ESSERE VESTITI DI VERDE DI
ROSSO E DI BIACO.

D. PERCHE DEVONO ESSERE VESTITI DI VERDE
DI ROSSO E DI BIANCO?

R. PERCHÈ RAPPRESENTONO IL SIMBOLO
DELLA SOCIETA.

5

D. E IN SOCIETA SFORMATA COME SONO VESTITI?

R. DI BIANCO. PERCHE RAPPRESENTONO L'ONORE DELLA SOCIETA.

D. PARLO CON VOI SAGGIO COMPAGNO FATIMI GRAZIA DOVE RISIEDE LA CAMORRA?

R. SULLA PIÙ ALTA MONTAGNA DELLA SPAGNA DOVE L'O VISTA L'O SERVITA E L'O LASCIATA PER NON ESSERE SCOPERTA DALLA SBIRRAGLIA.

D. FATIMI GRAZIA SAGGIO COMPAGNO COME AVETE FATTO PER GIUNGERE ALLA FONTE BATTESIMALE?

R. ALTO SAGGIO COMPAGNO IO PER ESSERE BATTEZZATO E RESO FEDELE PRESSO LE FONTI BATTESIMALI HO LOTTATO CON DUE LEONI INFEROCITI E COSI SONO ENTRATO.

D. FATIMI GRAZIA SAGGIO COMPAGNO ALL'ENTRATA CHE COSA AVETE VISTO?

R. HO VISTO UN CORRIDOIO FORMATO DI FINISSIMO MARMO UNA GRANDE STANZA ILLUMINATA ED UN GROSSO LEONE INCATENATO CON UNA CATENA DI

6

VENTIQUATTRO MAGLIE E 27 ANELLI.
D. FATEMI GRAZIA. COME AVETE FATTO
AD ENTRARE NELLA STANZA?
R. PER PASSARE MI SONO IMPOSTO AL
GROSSO LEONE A NOME DEL NOSTRO
SEVERISSIMO SAN MICHELE ARCANGELO
E MI HA FATTO PASSARE.
D. CHI ERA QUEL GROSSO LEONE?
R. ERA IL NOSTRO VECCHIO CAVALIERE
VENERANDO CHE IVI STAVA PER
IMPEDIRE L'INGRESSO A TUTTI QUELLI CHE
NON ERANO BATTEZZATI PRESSO LE FONTI
BATTESIMALI E COSÌ SONO PASSATO.
D. CHE COSA AVETE VISTO DENTRO LA STANZA?
R. HO VISTO UN TAVOLO ROTONDO COPERTO
CON UN DAMASCO DI PURISSIMA SETA E
DUE CALICI D'ORO FINISSIMO ED IO SONO
ANDATO PER PRENDERE DIRITTI E
DISPOSIZIONI MA DA UNA VOCE MI
SENTO CHIAMARE NON SO PERCHÉ
E NON SO COSA FARE PER RISPONDERE
PER REGOLE SOCIALI.

# Indice dei nomi

Saraceno (famiglia), 61, 97-98
Saraceno, Enzo, 59
Saraceno, Giovanni, 55
Saracini, Antonio, 55
Saracini, Vincenzo, 56
Saviano, Roberto, 5, 227
Scaduto (famiglia), 53
Scaduto, Tommaso («Masino»), 53, 115
Scali (famiglia), 52-53, 57, 144
Scalise (famiglia), 181
Scambia, Antonio, 141
Scarfò (famiglia), 154
Scarfò, Giuseppe, 236
Schauble, Thomas, 248
Schettini, Antonio, 108
Schimizzi, Giuseppe, 65
Schröder, Gerard, 246
Sciabica, Pietro, 29
Sciascia, Leonardo, 5
Scidone, Santazzo, 169-70
Sciglitano (famiglia), 170
Scofano (famiglia), 187
Scopelliti, Antonino, 62-63, 100
Scopelliti, Francesco, 42
Scriva (famiglia), 112-15, 119, 158, 215
Scriva, Giuseppe («Pino»), 71, 159
Scriva, Pietro, 115
Scriva, Placido, 113
Scriva, Salvatore («Turi»), 112-13
Scudieri, Paolo, 37
Scumaci (famiglia), 181
Seminara, Francesco, 159
Sena (famiglia), 184, 186
Sena, Antonio, 183
Sergi (famiglia), 108-09, 127, 129, 142, 217, 228, 234-36
Sergi, Anthony, 236
Sergi, Pantaleone, 151
Sergi, Paolo, 232
Sergio, Francesco, 153
Serpa (famiglia), 183, 187, 225
Serpa, Giuliano, 186
Serraino (famiglia), 60, 61, 97-98, 133, 225
Serraino, Francesco, 60, 159

Setti Carraro, Emanuela, 168
Sgrò (famiglia), 170
Sia (famiglia), 182, 193
Siciliano, Carmelo, 56
Simonetti, Antonio («'Ntoni»), 170
Simonetti, Giuseppe, 170
Simonetti, Gregorio, 170
Sisinni (famiglia), 156
Sisinni, Rosario, 156
Sorbara (famiglia), 147
Sorrenti, Demetrio, 154
Spadaro (fratelli), 135
Spagnuolo, Mario, 12, 216
Spataro, Armando, 109
Speranza, Gianni, 181
Spinelli (famiglia), 173
Spinelli, Diego, 173
Stajano, Corrado, 114
Staltari, Antonio, 46
Stanganelli, Domenico, 162
Starkman, Bessie, 238
Stillitano (famiglia), 158, 161
Stillitano, Carmelo, 160
Stilo (famiglia), 108, 119
Strangio (famiglia), 54, 120-22, 215, 224
Strangio, Giovanni, 125
Strangio, Maria, 122, 124-26
Strangio, Sebastiano, 123-24, 250
Strangis (famiglia), 180
Strati, Saverio, 30
Stummo (famiglia), 187
Surace (famiglia), 52, 97, 175
Surace, Antonio, 172
Surace, Giuseppe, 59-60

Tagliavia (fratelli), 135
Talarico, Angelo, 218
Talarico, Ettore, 218
Talia (famiglia), 107, 111-13, 116, 118
Talia, Leo, 116
Tambroni, Fernando, 28
Tamponi, Paolo, 132
Tancrè, Carmelo, 215
Tassone (famiglia), 151

«Fratelli di sangue»
di Nicola Gratteri e Antonio Nicaso
Piccola Biblioteca Oscar
Arnoldo Mondadori Editore

Questo volume è stato stampato
presso Mondadori Printing S.p.A.
Stabilimento NSM - Cles (TN)
Stampato in Italia - Printed in Italy